동학의 정치철학

: 도덕, 생명, 권력

동학학술총서 402

동학의 정치철학
: 도덕, 생명, 권력

오 문 환

머리말

동학에 관하여 지난 9년여에 걸쳐 발표했던 논문들을 「동학의 정치철학」이라는 제목으로 엮어서 펴내게 되었다. 이 책은 동학의 도와 덕, 동학의 생명사상, 도덕의 정치철학 세 부분으로 구성되었다. 책의 부제를 '도덕, 생명, 권력'으로 한 것은, 이 책의 내용이기도 하며 도덕, 생명, 권력의 문제를 불가분리적 관계로 보는 동학의 성격을 담아 보기 위함이다.

동학은 '천주를 모시는' 종교이자 본성 · 천심에 대한 깨달음의 철학이며 인격 수련이고, 19세기 말 조선의 전제왕권과 일제의 침략에 대한 혁명과 전쟁을 한 정치 · 사회적 운동이었다. 이 책은 이와 같은 동학의 종합적 · 통합적 성격을 조금이라도 분명하게 하기 위하여 한 권의 책으로 엮었으나 논문들간에 내용이 중복되는 경우도 있고, 책 전체의 일관성이 조금 떨어지는 것을 피하기 어려웠다. 그럼에도 불구하고 향후 보다 넓고 깊은 연구를 위한 주춧돌로 생각하여 출판하게 되었다.

동학을 연구하면서 마주칠 수밖에 없는 19세기 말의 비감(悲感), 암울(暗鬱), 국권상실(國權喪失)은 비통을 느끼게 하였다. 그러나 득도(得道)의 희열을 통한 새로운 도와 덕의 지평 열림, 생명살림의 길, 처절한 절망과 압도적 무력 앞에서도 포기할 줄 모르는 구도(求道)정신과 개벽(開闢)을 지향했던 혁명과 전쟁의 열정은 대반전을 보여 주었다. 개인적으로는 이 책을 통하여 지금까지의 동학 연구의 한 단락을 짓고 싶은 마음이다.

이 책에 실린 11편의 논문들은 모두 이 분야를 전공하시는 선생님들의 진지하고 관심어린 토론 과정을 거쳐서 나왔다. 이름은 알 수 없지만 논문에 대하여 좋은 토론을 해 주신 여러 선생님들께 이 자리를 빌어 감사의 말씀을 드린다.

동학·천도를 진정으로 아끼는 마음으로 기꺼이 책의 출판을 맡아 준 박길수 대표와 상세한 부분까지 마음으로 살펴 준 박성기 선생님 그리고 김혜경 님을 포함한 편집부 식구들께도 감사의 말씀을 드린다. 보이지 않는 곳에서 끊임없이 보살펴 주신 참으로 많은 분들께 진심으로 감사의 마음을 전하고 싶다.

2003년 9월

오문환 拜

동학의 정치철학

차　례

제2부 동학의 생명사상

제3부 도덕의 정치철학

제1부 동학의 도와 덕

제1장 천주관天主觀 : 영성과 창조성*

제1절 머리말

동학은 수운 최제우의 천주[1] 체험에서부터 시작한다. 경신년(1860) 4월 5일 천주 체험에서 수운은 천주로부터 "내 마음이 네 마음이다吾心卽汝心", "귀신이라는 것도 나다鬼神者吾也"(「論學文」)[2]라는 말을 들은 것

* 「동학의 천주관 : 영성과 창조성」, 『한국문화연구』1, 이화여자대학교 한국문화연구원, 2001.9.

1 수운은 영원불멸의 궁극적 존재를 한자로 표기할 때는 '천주天主'라 하였고, 세상 사람들은 '상제上帝'라 한다고 하였으며, 계미판 용담유사에는 'ᄒᆞᄂᆞᆯ님'으로 표기되어 있다. 천도교에서 천주의 공식 호칭은 '한울님'이다. 현대 표준 문법에 따를 때 '천주'의 우리말은 하느님이다. 이 글에서는 인용문의 경우 천도교의 공식 호칭에 따르고, 기타의 경우에는 표준말에 따르며, 혼동을 피하기 위해 천주라는 한자도 사용한다.

2 水雲의 저서는 1883년(癸未) 五月(仲夏) 慶州에서 간행되고 崔時亨의 跋文이 붙은 癸未版을 저본으로 한다. 韓國學文獻硏究所에서 영인하여 編集한 『東學思想資料集』 壹貳參을 참고로 한다. 韓國學文獻硏究所 編, 『東學思想資料集 壹貳參』, 亞細亞文化社, 1979. 해월의 저술은 「內修道文」, 「內則」, 「遺訓」이 있으며 서울대 중앙도서관 奎章閣圖書 문서번호 17295 東學書 30책에 실려 있다. 「內則」, 「內修道文」은 원문이 한글로 되어 있다. "최시형의 「內則」, 「內修道文」, 「遺訓」", 『韓國學報』12(1978), 198-202쪽; "東學 第二代 敎主 崔時亨의 理氣大全", 『韓國學報』21(1980), 150쪽. 1898년 大韓帝

으로 기록하고 있다. 천주 체험 없이는 동학은 있을 수 없었을 것이므로, 수운은 자신이 체험한 천주를 어떻게 묘사하고 있으며 어떤 논리로 설명하고 있는지를 살펴보는 일은 매우 중요하다. 최동희는 수운이 사용한 상제 · 화공 · 조물자 · 천주 · ᄒᆞ놀님이란 용어를 자세히 분석했으며, 동학이 신앙하는 대상이 무엇인지를 세밀하게 살펴 주었다.[3] 신학자인 김경재는 수운의 신관은 서구신학적 개념이라고 할 수 있는 '무신론', '유신론', '휴머니즘'을 넘어서는 것으로 본다. 그럼에도 불구하고 수운에게 있어서는 "하늘은 스스로가 갖고 있는 그 생명의 무궁함, 그 덕의 광활함, 인간보다 더 그 진리와 성실의 깊음에서 스스로 저절로 주(님)가 되신다."[4]고 하여 서구신학적 맥락에서 분석했다. 이재봉도 천天 개념을 인격적 특성을 가지는 천신天神, 자연계의 보편 법칙이자 도덕 인륜의 근거로서의 천도天道, 만물의 근원으로서의 천기天氣로 분석하여 동학의 천주는 인격적 속성이 강한 천신에 배속시켰다.[5] 노길명도 동학의 천주관은 성리학(주로 주자학)의 강한 이

國 法部가 최시형을 체포하여 같은 해 7월 처형할 때까지의 공식적 문서기록도 발표되었다. "東學第二世教主 崔時亨調書-判決書", 『韓國學報』 2(1976). 愼鏞廈 교수가 이들 문헌에 대하여 해설을 붙였다. 최근에는 해월이 발한 敬通과 通諭文 등을 모은 『海月文集』이 발견되었다. 해월의 이차적인 기록들로는 다음의 자료들이 있다. 천도교 쪽에서 나온 『天道教會史草稿』(프린트본), 『本教歷史』, 『海月神師實史』, 『海月先生七十二年史』, 『天道教書』(1920), 시천교본부에서 펴낸 『侍天教宗歷史』(1915), 시천교총부에서 펴낸 『侍天教歷史』(1920), 천도교 구파에서 펴낸 『天道教會史』(1930), 이돈화의 『天道教創建史』(1933, 昭和8年), 오지영의 『東學史』(1938, 昭和13年). 특히 해월의 언행에 관한 2차 자료들은 해월 사후 동학의 복잡한 내부 분열로 인하여 크고 작은 편차를 보이고 있다. 의암의 저작은 崔起榮 · 朴孟洙 編, 1997, 『韓末天道教資料集』1 · 2에 잘 정리되어 있다. 이 책에서는 수운, 해월, 의암의 저작들을 이들 문서를 토대로 천도교중앙총부에서 펴낸 『天道教經典』 포덕138년(1997)판을 참고로 하였고, 수운 · 해월 · 의암의 각 편의 인용은 편명만 본문 중에 표기하도록 하였다.

3 최동희, 「동학의 신앙대상」, 『아세아연구』8-2, 고려대 아세아문제연구소, 1965.
최동희, 「동학의 신관」, 『철학연구』4, 고려대 철학회, 1965a.

4 金敬宰, 「崔水雲의 神概念」, 『韓國思想』12, 1974, 61쪽.

법천理法天적 성격보다는 경외지심을 일으키는 일반인의 종교적 심성에 호소하는 인격천人格天의 성격을 갖는다고 분석했다.[6] 살아 움직이는 인격천에 주목하여 박경환은 동학의 신관은 "천인합일적 천인 관계의 사유는 계승하되, 주자학의 이기이원론적 존재론을 기일원론적 존재론으로 전환시켰다"[7]고 본다.

동학에서 천주가 인격천의 의미를 갖는다는 점은 수운이 "'주主'라는 것은 존칭해서 부모와 더불어 같이 섬긴다는 것이요"[8](「論學文」)라고 해석한 것만 보아도 자명하다. 부모처럼 '나'를 낳고 기르는 존재이기 때문에 천주는 부모처럼 공경해야 할 존재인 것은 분명하다. 그렇다고 해서 어떤 초월적 주재자 혹은 절대자는 아니라는 점을 수운은 다음처럼 상기시킨다. "아는 바 천지라도 경외지심 없었으니 아는 것이 무엇이며 천상에 상제님이 옥경대 계시다고 보는 듯이 말을 하니 음양 이치 고사하고 허무지설 아닐런가."(「도덕가」). 김상일은 동학의 신관을 인격신적인 측면과 함께 비인격적인 측면의 종합으로 보아 이 점을 서구의 현대 서구철학 및 화이트헤드 철학과 비교 분석하고 있다.[9]

수운의 불연기연에 대한 현대적 해석을 기본 논리로 하여 필자는 '시천주' 주문에서 모실 시侍자에 대한 수운의 주석인 "안으로는 신령이 있고 밖으로는 기화가 있어 한 세상 사람들이 각자 알아서 옮기

5 이재봉, 「동학의 본체론」, 『대동철학』 5, 대동철학회(부산), 1999.
6 노길명, 「동학에서의 신관념의 체계화 과정」, 『인문대 논문집』13, 고려대,1995.
7 박경환, 「동학의 신관」, 『동학학보』2, 동학학회, 2001.
8 "主者 稱其尊而與父母同事者也"
9 김상일, 『동학과 신서학』, 지식산업사. 2001, 『수운과 화이트헤드』, 지식산업사, 2000.
김상일, 『수운과 화이트헤드』, 지식산업사, 2001.

지 않는다內有神靈 外有氣化 一世之人 各知不移"를 상세하게 논하면서 수운의 천주관의 '이원적 일원성'에 대하여 이미 논한 바 있다.[10] 동학은 천주를 모심으로써 시작한다. 천주를 모시게 되면 천주는 '나'에게 두 갈래 방향으로 나타난다. 먼저 안으로는 지금껏 없었다고 할 수 있는 신령이 새로이 드러나고, 밖으로는 우주와 연결된 하나의 기운과 통한다. 모실 때 천주는 나의 안과 밖에서 새로이 드러나고, 그 자리에서 한 걸음도 이동하지 않을 때 천주의 조화 권능이 내 안에 자리잡는다造化定. 천주 조화가 내 안에 정해지면 나와 천주는 하나로 통하여 우주 만사를 알게 된다萬事知고 하겠다.[11] 동학에서 천주는 지기로부터 고립시킬 수 없으며, 존재Being를 활동Becoming으로부터 단절시킬 수 없는 이원적 일원론임을 수운, 해월, 의암의 언행을 중심으로 이 글에서 고찰하고자 한다.

제2절 본체 · 현상의 일원론: 불이不二

수운은 「교훈가」에서 "천생만민 하였으니 필수지직 할 것이오 명내재천 하였으니 죽을 염려 왜 있으며 한울님이 사람 낼 때 녹 없이는 아니내네."(「교훈가」)라고 하여, 사람을 탄생시키고 목숨을 유지시키고, 생활을 뒷받침하여 주는 존재로 천주를 그리고 있다. 경신년 천주

10 오문환, 『사람이 하늘이다: 해월의 뜻과 사상』, 솔, 1996 ; 이 책은 절판되었으나 최근(2003)에 도서출판 모시는 사람들에서 『해월 최시형의 정치사상』으로 개정판을 발간하였다.

11 오문환, 「水雲 崔濟愚의 人間觀 - 侍定知를 통해 본 '新人間'」, 『東學硏究』第4輯, 韓國東學學會, 1999.

체험을 묘사하는 대목에서도 천주는 깨달음을 주신 존재로 그려지고 있으며 천주의 뜻에 따를 뿐이라는 묘사를 볼 수 있다. "만단의아 두지마는 한울님이 정하시니 무가내라 할 길 없네."(「교훈가」). 이렇게 본다면, 천주는 인간이 태어나 생활하고 깨닫는 모든 활동 안에서 작용하고 있다고 하겠다. 자식들에게 가르침을 주는 형식으로 지은 노래인 「교훈가」에서 수운은 "나는 도시 믿지 말고 한울님을 믿었어라." 라고 하여 오직 천주께 정성을 다하라고 가르친다. 그러면 이처럼 우주 만물의 모든 것을 낳고, 기르고, 생활하는 중심이라 할 수 있는 천주를 어디에서 찾을 것인가에 대하여 수운은 "네 몸에 모셨으니 사근취원 하단말가"(「교훈가」)라고 하여 천주를 먼 곳에서 찾아 밖으로 헤맬 것이 아니라 몸 안에 모셔 있으니 가까이서 찾으라고 한다. 해월은 이 점을 분명히 하여 "천주는 만물을 낳고 그 안에 살고 있다"[12](「기타」)고 하였으며, 의암도 천주란 다름아닌 '본래아本來我'로서 천지를 만들어 놓고 그 안에 살고 있다고 하였다.[13](「무체법경」).

동학에서 천주는 인간을 포함한 우주 만물을 생성하며 동시에 인간을 포함한 우주 만물 안에서 살고 있는 존재로 이해하고 있음을 알 수 있다. 천주는 한편으로는 우주 만물을 생성하는 초월적 존재로 그려지고, 다른 한편으로는 우주 만물에 내재된 존재로서 이해되고 있다. 그러므로 동학의 천주관을 '초월적 내재론'이라고 말할 수 있다. 두 시각이 아무런 충돌 없이 융합하고 있는 점이 동학 천주관의 특성이

12 "天은 萬物을 造하시고 萬物의 內에 居하시나니, 故로 萬物의 精은 天이니라."

13 "我有一物 物者我之本來我也 此物也欲見而不能見 欲聽而未能聽 欲問而無所問 欲把而無所把 常無住處不能見動靜 以法而不能法 萬法自然具體 以情而不能養 萬物自然生焉 無變而自化 無動而自顯 天地焉成出 還居天地之本體 萬物焉生成 安居萬物之自體 只爲天體因果 無善無惡 不生不滅 此所謂本來我也"

라 할 수 있다. 동학이 제시하는 천주관을 좀더 상세하게 분석함으로써 동학의 천주관의 특성과 의의를 찾아보자.

수운을 이어서 동학을 조선 땅에 뿌리내린 해월 최시형은 천주와 인간의 거리를 완전히 붕괴시켜 둘을 하나로 통합시킨다. 그리하여 해월은 '천天' 은 더 이상 일상생활을 떠날 수 없다고 말한다. "도는 높고 멀어 행하기 어려운 곳에 있는 것이 아니라 일용행사가 다 도 아님이 없나니, 천지신명이 만물과 더불어 차차 옮겨 나가는지라. 그러므로 정성이 지극하면 한울이 감동하니 여러분은 사람이 알지 못함을 근심하지 말고 오직 일에 처하는 도를 통하지 못함을 근심하라."(「기타」). 천주는 일상생활을 떠나 따로 있지 아니하므로 오직 정성을 다하여 생활하는 것이 곧 천주를 모시는 길임을 강조한다. 해월에게 있어서 일상생활은 곧 천주의 일이므로 성스러움과 속됨의 이원성이 사라지게 된다. 그러므로 해월은 "우주는 한 기운의 소사요 한 신의 하는 일이라, 눈앞에 온갖 물건의 형상이 비록 그 형상이 각각 다르나 그 이치는 하나이니라. 하나는 즉 한울이니 한울이 만물의 조직에 의하여 표현이 각각 다르니라."[14](「기타」)라고 말한다. 모든 존재자의 중심에는 하나의 천주가 작동하고 있다는 것이다. 만약 그 중심에서 작동하고 있는 하나의 존재를 통하고 본다면 "무엇이든지 도 아님이 없으며 한울 아님이 없는지라."(「기타」)라는 해월의 언명은 자연스럽게 들릴 것이다. 왜냐하면 삼라만상이 모두 이 하나로 통하기 때문이다.

동학에서 천주는 우주 삼라만상을 낳고 기르는 부모로 이해된다는 점에서 서구 신학자들이 이야기하는 일신론적 성격을 갖는 것처

14 "宇宙는 一氣의 所使며 一神의 所爲라, 眼前에 百千萬像이 비록 其形이 各殊하나 其理는 一이니라. 一은 卽 天이니 天이 物의 組織에 依하여 表顯이 各殊하도다."

럼 보인다. 그렇다고 허공이나 우주의 어느 곳에 사람을 닮은 천주가 있는 것은 아니다. 천주는 우주 삼라만상을 떠나서 지배하고 통제하고 주재하는 존재가 아니라, 만물의 가장 깊은 내면에서 살아 있고 활동하는 존재로 그려진다. 달리 말하면 하늘 안에도, 내 안에도, 돌맹이 안에도 우주 만물을 낳고 기르는 자비로운 손길이 똑같이 작용하는 것이다. 그러므로 동학의 신관은 지배, 통제, 주재의 절대 유일신관과는 다르다. 또한 만물에는 각각 개체신이 존재한다는 범신론과도 다르다. 동학을 따른다면 개체신은 존재하지 않는다. 오직 하나의 신만이 존재할 뿐이다. 하나란 다수 가운데 최고 높은 하나를 뜻하는 것이 아니라 '둘이 아니다.不二' 라는 의미로 이해할 수 있다. 둘이 아니라는 것은 천주와 우주 만물이 둘이 아니라는 것이다. 성속聖俗이 하나라는 의미이다. 의암 손병희는 "성인도 또한 큰 장애요 세상도 반드시 작은 장애"[15](「삼신관」)라 하여 성속을 떠난 경지를 말했다. 성속의 양변만 떠나는 것이 아니라 하나一와 여럿多의 양변도 떠나고, 보이는 세계色와 보이지 않는 세계空도 관통하는 경지로 보아야 할 것이다.

수운이 체험한 천주는 삼십삼천三十三天의 눈부신 보좌에 앉아서 천상천하를 호령하는 옥황상제인가? 아니면 우주를 마음대로 창조하고 지배하고 호령하는 무시무시한 절대적 주재자인가? 아니면 삿갓 쓰고 두루마기 걸친 신선 할아버지인가? 역사적으로 각 문명권은 천주를 다양한 형상으로 그려 왔다. 종교와 문명에 따라서 천주는 다양한 모습으로 표현되고 있다.

15 "聖亦大障 世必小障"

수운 자신은 동방 땅에서 나서 동방 땅에서 득도하고, 동방 땅에서 그 뜻을 폈기 때문에 자신의 가르침을 '학' 으로는 '동학' 이나 '도' 로는 '천도' 라 하였다.(「論學文」). 학문은 시공간과 사람이라는 상대성에 매이기 때문에 동서남북이 있을 수 있으나, 도道는 지역이나 방위에 매이지 않으므로 같은 천도라고 한다고 했다. 천도는 하나이며 천도의 운동 또한 하나이지만 이를 설명하는 이치와 철학은 다르다는 것이다.[16](「論學文」). 그러나 "천도는 형체가 없는 것 같으나 자취는 있다."[17](「論學文」)라는 말에서 알 수 있듯이 비록 형태나 색깔은 없지만 그 자취는 있다고 하였다. 천도가 형상을 넘어선다고 해서 이른바 완전한 허공이거나 진짜 없는 것은 아니다. 왜냐하면 천도의 자취와 흔적은 분명히 있기 때문이다. 천도는 언제나 흔적을 통하여 나타난다. 수운에게 내려와서 이야기를 나눈 천주는 분명 인격적 존재로서 천주의 자취와 흔적이라 하겠다. 수운은 천주의 "형상形은 태극太極이요 궁궁弓弓이라" 했다.(「布德文」). 해월은 수운이 천주의 형상을 태극과 궁궁이라는 영부靈符로 드러낸 것은 세상 사람들이 마음이 곧 하늘임을 알지 못하므로 천주가 쉬임없이 활동하는 마음이라는 점을 알려 주기 위해서라고 해석하고 있다.[18](「기타」). 좀더 쉽게 말하자면 천주는 끊임없이 약동하는 마음으로 사람의 마음에 내려와 있다는 사실을 가르치기 위하여 궁을弓乙을 말했다는 것이다. '궁을' 이란 약동하는 천주의 기운 자체라고 할 수 있다. 수운이 체험한 천주는 인간의 형체를 한

16 "然而運則一也 道則同也 理則非也"

17 "夫天道者 如無形而有迹"

18 "弓乙은 우리 道의 符圖니, 大先生 覺道의 처음에 세상 사람이 다만 한울만 알고 한울이 곧 나의 마음인 것을 알지 못함을 근심하시어, 弓乙을 符圖로 그려내어 心靈의 躍動不息하는 形容을 表象하여 侍天主의 뜻을 가르치셨도다."

절대신과 같은 존재가 아님을 알 수 있다. 비록 무형무색이지만 그 자취는 분명한 존재임을 알 수 있다. 동학에서 천주는 오직 유일하고 형상화할 수 없으며, 보려고 하여도 볼 수 없고, 들으려 하여도 들을 수 없는 존재임을 알 수 있다. 단지 자취만 있을 뿐이다.

'우주 만물이 어떻게 생겼는가' 라는 문제에 대한 수운의 이해를 통해서도 이 점을 확인할 수 있다. 수운은 우주 순환의 현상에 대해서 두 가지 사고가 가능하다고 말한다. "사시성쇠와 풍로상설이 그 때를 잃지 아니하고 그 차례를 바꾸지 아니하되 여로창생은 그 까닭을 알지 못하여 어떤 이는 한울님의 은혜라 이르고 어떤 이는 조화의 자취라 이르나, 그러나 은혜라고 말할지라도 오직 보지 못한 일이요 조화의 자취라 말할지라도 또한 형상하기 어려운 말이라. 어찌하여 그런가. 옛적부터 지금까지 그 이치를 바로 살피지 못한 것이니라."[19](「論學文」). 전자는 마치 옥황상제가 있어서 우주 만물 모든 것을 창조하고 선한 자에게 복을 주고 악한 자에게 벌을 주는 절대자로 생각하는 사유 경향이며, 후자는 우주 만물은 무위자연으로 저절로 이루어진 조화의 자취에 불과하다고 생각하는 사유 경향이다. 그러나 이 두 가지 생각은 중中에 이르지 못한 생각이라는 것이 수운의 입장이다. 현대적 용어로 보면 일신론과 무신론의 대립으로 볼 수 있으며, 동양사상사적 맥락으로는 상제를 신봉하는 원시유학적 태도와 무위자연을 주장하는 노장老莊적 태도의 대립으로 볼 수 있다. 이 두 가지 견해는 중심을 잡지 못한 견해라는 것이 수운의 지적이다. 동학은 신 혹은 상제에 매인 견해나 물질 혹은 우주에 걸린 생각을 해체시킨다. 그렇게 함

19 "四時盛衰 風露霜雪 不失其時 不變其序 如露蒼生 莫知其端 或云天主之恩 或云化工之迹 然而以恩言之 惟爲不見之事 以工言之 亦爲難狀之言 何者 於古及今 其中未必者也"

으로써 천주에 대한 새로운 이해를 제시하였다.

수운이 경신년 4월 5일 천주로부터 들었다고 하는 "귀신이란 것도 나니라"는 말씀에서 알 수 있듯이, 유일신이 되었든 개체신이 되었든 어떤 종류의 신이라도 천주이며 따로 존재하는 것이 아님을 알 수 있다. 뿐만 아니라 "내 마음이 네 마음이라"는 천주의 말씀에서 하늘 마음과 사람 마음이 하나임을 알 수 있다. 형이상의 세계에서만 그러한 것이 아니라, 해월의 말에서 형이하의 수많은 세상사와 사물들이 모두 천주物物天事事天이므로 또한 천주와 사물이 둘이 아님을 알 수 있다. 그러므로 천주는 형이하와 형이상을 하나로 꿰뚫는다 하겠다. 요약해서 말하면 자연 사물도 천주요, 자연 사물을 움직이는 귀신이라는 존재도 천주라 하겠다.

우주 만물이 한치의 오차도 없이 자신의 궤도를 돌아가는 것도 어떤 절대자가 있어서 그 뜻대로 돌리는 것도 아니며, 사물이 알아서 저절로 돌아가는 것도 아니다. 천주는 우주 만물과 둘이 아니기 때문에 어느 한쪽이 다른쪽을 그렇게 만드는 것이 아니다. 〈포덕문〉에서 "저 옛적부터 봄과 가을이 갈아들고 사시가 성하고 쇠함이 옮기지도 아니하고 바뀌지도 아니하니 이 또한 한울님 조화의 자취가 천하에 뚜렷한 것이로되"[20](「布德文」)라는 데서 잘 나타나듯이 우주 순환은 천지 조화와 다른 것이 아니다. 천지는 우주 만물 안에 있고, 우주 만물은 또한 천지 마음 안에 있으니 양자가 어김이 없는 것이라 할 수 있다. 천지 안에 조화가 있고 조화 안에 천지가 있는 것이다. 무형의 하늘과 유형의 하늘을 회통하여 거느릴 수 있는 것은 사람의 마음이다. 우주

20 "盖自上古以來 春秋迭代四時盛衰 不遷不易 是亦天主造化之迹 昭然于天下也"

만물을 떠나서 천도가 따로 있지 않으며, 천도를 떠난 우주도 없는 것이다. 그러나 일반 사람들은 둘이 아님을 알지 못하고 어느 한쪽에 기울기 때문에 진리의 중심을 잡지 못했다고 하겠다. 천주는 무형이기에 보이지 않으며, 우주 만물은 유형화되어 나타난 천주의 자취일 뿐이다. 수운은 〈포덕문〉을 통하여, 동양 고대문명이 옛 성인들인 오제五帝 이후 일동일정一動一靜과 일성일패一盛一敗를 천명에 부쳐 문명이 시작된 것처럼 이제 동학에 의하여 귀신이나 자연의 운행이 모두 천도에 부쳐져 있음을 마음으로 알아 새로운 문명의 시작을 알리고 있다.

무형과 유형의 상관성이 가장 잘 나타난 곳이 바로 시천주侍天主 주문에 대한 수운의 침묵에서이다. 시천주侍天主 주문 21자를 수운은 자상하게 주석하고 있으나 '하늘 천天' 자는 해석하지 않고 있다. 수운이 천天 자를 해석하지 않은 점은 부처의 침묵과 연관시켜 볼 수 있다. 부처는 "신이 존재하는가?"라는 제자들의 질문에 침묵으로 응하였다고 한다. 부처의 침묵을 둘러싸고 일부 제자는 신의 존재를 긍정하는 대답으로 해석하고, 다른 일부는 신의 부재를 뜻하는 것으로 해석하였다고 한다. 그러나 진정으로 불심에 이른 사람은 부처의 침묵이 긍정과 부정, 있음有과 없음無을 넘어선 진공묘유眞空妙有 혹은 색즉시공 공즉시색色卽是空 空卽是色의 자리를 가르치기 위함이라고 하였다. 마찬가지로 수운은 분명 천주의 소리를 들었다고 기록하고 있다. 수운은 천주와 여러 가지 대화를 나누기도 한다. 수운 자신이 가지고 있던 문제의식에 대하여 천주는 매번 답변을 한다. 대화를 통하여 수운은 천주로부터 영부靈符라고 하는 천주의 형상과, 주문呪文이라고 하는 천주의 소리를 받는다.(「布德文」). 그럼에도 불구하고 수운은 천天을 주석하지 않았다. 비었지만 도리어 있는眞空妙有 그 자리를 가르치기 위함인 것으로 이해할 수 있다.

영부와 주문이 천주의 자취라면, 도는 바로 수운이 천주로부터 들었던 "내 마음이 네 마음이다"라는 말이라 하겠다. 즉 천주 마음과 수운의 마음이 하나인 것이다. 천주 마음과 사람 마음이 둘이 아님을 수운은 천주로부터 직접 들었다. 인간이라고 하는 극과 하늘이라고 하는 극이 실질적으로 사라지는 그러한 경지라 할 수 있다. 수운은 그러한 경지를 무극대도無極大道라 불렀다. 도로 말하면 무극대도인 것이며 학으로 말하면 동학인 셈이다.

제3절 본체론: 무극대도無極大道, 불택선악不擇善惡

수운은 여러 차례에 걸쳐 자신은 무극대도를 받았으며 이를 널리 펴는 것이 하늘로부터 받은 명命으로 여겼다. 「논학문」에서는 무극이 한 번,[21](「論學文」) 『용담유사』에서는 무극대도 개념이 열세 번에 걸쳐 나온다.[22] 수운은 자신이 만난 천주는 형상과 소리를 가지고 있지만

21 "凡天地無窮之數 道之無極之理", "曰吾心卽汝心也 人何知之 知天地而無知鬼神 鬼神者吾也 及汝無窮無窮之道"로 나오고, 본주문에도 "侍天主令我長生無窮無窮萬事知"

22 "꿈일런가 잠일런가 무극대도 받아내어", "만고없는 무극대도 받아놓고 자랑하니", "무극한 이내도는 내아니 가르쳐도"(「교훈가」); "만고없는 무극대도 여몽여각 득도로다", "어화세상 사람들아 무극지운 닥친줄을 너희어찌 알까보냐", "무극대도 닦아내니 오만년지 운수로다"(「용담가」); "만고없는 무극대도 이세상에 날것이니", "이세상 무극대도 전지무궁 아닐런가"(「몽중노소문답가」); "만고없는 무극대도 여몽여각 받아내어", "성경이자 지켜내어 차차차차 닦아내면 무극대도 아닐런가 시호시호 그때오면 도성입덕 아닐런가", "속성이라 하지마는 무극한 이내도는 삼년불성 되게되면 그아니 헛말인가", "무극대도 닦아내어 오는사람 효유해서 삼칠자 전해주니 무위이화 아닐런

그것을 넘어선다는 사실을 무극대도라는 개념으로 표현했다. 무극대도 개념의 의미를 보면 이 점이 보다 분명해진다. 주렴계에 의하면 태극은 음양의 근원 또는 통합체이다. 그러나 동학에서 태극은 형상을 묘사할 때 사용되고, 무극으로 음양의 근원성이나 통합성을 표현하였다.

주렴계는 '무극이태극無極而太極'이라 하여 태극은 극이 없음을 뜻한다고 풀이하였다. 주렴계의 무극에 대해서는 이미 송宋·명明 시대의 많은 학자들에 의하여 논의된 바 있다. 청淸의 유명한 신유학자인 황종희黃宗羲는 『송원학안宋元學案』 제일책第一冊 「염계학안 상하濂溪學案 上下」에 학자들의 논의를 모아 놓았는데, 무극 개념을 둘러싼 논쟁을 일목요연하게 볼 수 있다. 성리학의 집대성자인 주희와 심학의 태두인 육상산陸象山 간의 논쟁이 잘 소개되어 있고, 뿐만 아니라 노장老莊의 시각에서 무극을 해석하는 도가의 입장도 함께 정리되어 있다. 육상산은 '무극이태극'이라 한 『태극도설』 자체를 주렴계의 작품으로 보지 않는다. 왜냐하면 태극으로 충분한데 무극은 옥상옥에 불과한 것 아니냐는 비판이다.[23] 그는 또한 "'신무방神無方'하다는 것을 무신無神이라 할 수 있으며 '역무체易無體'를 무역無易이라 할 수 있겠느냐"[24]고 반문하면서 무극이라는 개념을 굳이 사용할 필요가 없다고 보았다. 그러나 주희는 무극이란 태극 이외의 또 다른 존재나 경지를 의미하는 것이 아니라 태극을 수식하는 하나의 형용사에 불과한 것으로 그

가"(「도수사」); "시운이 둘렀던가 만고없는 무극대도 이세상에 창건하니 이도역시 시운이라"(「권학가」); "이글보고 저글보고 무궁한 그이치를 불연기연 살펴내어 부야흥야 비해보면 글도역시 무궁하고 말도역시 무궁이라 무궁히 살펴내어 무궁히 알았으면 무궁한 이울속에 무궁한 내아닌가"(「흥비가」)

23 黃宗羲 著, 金祖望 補修, 『宋元學案』, 第 一冊, 1983, 500쪽.

24 앞의 책, 504쪽.

다지 중시하지 않으며 『태극도설』을 주렴계의 대표적 저작으로 삼는다. 주희는 '무극은 곧 무형이요, 태극은 곧 유리無極卽是無形, 太極卽是有理'라 하여 주렴계가 후대 학자들이 태극을 한 물건처럼 오인할까 무극이라는 개념으로 태극을 설명하였다[25]고 해석한다.

현재 대표적인 중국 철학자로 볼 수 있는 라오쓰광勞思光과 모우종산牟宗三은 주렴계의 무극 개념에 대하여 각기 나름대로의 의견을 개진하였다. 라오는 무극을 태극의 상층 개념으로 보아 '무극이 본원'[26]이라고 보는 반면, 모우는 무극을 바로 태극으로 보아 '일체의 양면성'[27]으로 본다. 여러 가지 논쟁을 할 수 있지만, 수운이 사용하는 무극 개념은 일체를 벗어난 경지를 그려 내기 위함이지 태극 위에 또 다른 존재 혹은 경지로 보기는 어려울 것이다. 그러나 동학에서 태극은 궁을弓乙, 궁궁弓弓, 영부 등과 같은 개념으로 사용하며, 무극은 무형의 근원성을 설명하는 개념으로 사용한다는 점이 다르다.

수운은 무극대도를 형상화한 것이 태극이라 하였다. 약동하는 하나의 기운으로 무극대도는 태극의 형상을 하고 있다고 보았다. 무극이 무형을 강조하기 위함이라면 태극은 무형의 자취를 그려 내기 위함이라 하겠다. 사고, 인식, 행위 등은 주체-대상의 이원성 위에서 이루어진다. 극을 전제로 해서만 성립되는 것이다. 모든 운동이 이원성을 전제하는 것과 마찬가지다. 시공간이 전제되지 않는 연속 세계에서는 움직임 혹은 운동은 불가능하다. 수운은 무극이라는 개념으로 일체의 사유, 말, 행동이 정지되는 세계를 형용하고자 하였다고 할 수 있다.

25 앞의 책, 501쪽.
26 勞思光, 『中國哲學史』三上, 三民書局, 中華民國70.
27 牟宗三, 『心體與性體』, 正中書局, 中華民國79.

말할 수 없는 것을 말해야 할 때 우리는 흔히 비유를 동원한다. 여기에서도 비유를 동원하여 무극대도의 의미를 그려 보자. 먼저 디지털의 비유이다.

디지털 세계는 0과 1의 이원성에 의존한 세계이다. 디지털 세계는 0≠1의 논리에 입각한 이원론의 세계다. 0=1이 되면 컴퓨터가 만들어 내는 화려한 파노라마는 사라지게 된다. 작동불능 상태가 되는 것이다. 쇼가 끝난 것이다. 무극이란 0=1이 되는 상태다. 일음一陰하거나 일양一陽하는 것이 아니라 둘 다를 관통해 버리는 것이며, 건곤乾坤이 통일되는 것이다. 천지가 갈라지기 이전未判이라고도 표현할 수 있다. 장자가 「제물론齊物論」에서 일단 도의 중추中樞에 들게 되면 '참是'도 무궁하고 '거짓非'도 무궁하다는 말이 여기에 적합하다고 할 수 있다. 0과 1의 논리에 의거하고서는 이 벽을 넘어선 세계를 상상하거나 그려 낼 수 없다. 0과 1의 논리에 의거하여 그려 낸 것은 그것이 어떤 것일지라도 가상 세계일 뿐이다. 하나一 이외에 어떤 것도 없는 상태, 그곳엔 어떤 움직임도 없는 상태다. 움직임이 없다는 것은 없다無는 것이다. 그러므로 무극이라고 한다.

우리의 현재 의식은 일종의 사이버 세계이다. 즉, 0과 1이 진짜 세계보다 더 진짜처럼 보이게 만든 사이버 세계인 것이다. 이 사이버 세계를 우리는 현실 세계real world로 간주하고 살아간다. 그러나 사이버 세계를 한 번도 벗어난 적이 없는 사람에게는 그 사이버 세계가 실제 세계다. 한마음이 된다는 것 또는 무극대도를 깨닫는다는 것은 사이버 세계를 벗어난다는 의미이며 그 때 마음은 한결같아 변화가 없게 되는 것이며, 마음이 사라져 생각하는 대상이나 주체, 생각 그 자체 모두 사라지는 것이다. 우주에서 일어나는 모든 일들이 이 거울에 선명하게 비추나 마음은 흔들림이 없으며 물듦이 없다. 빨간 장미꽃이 있으면 빨갛게 물든 것처럼 보이나 장미꽃을 치워 버리면 거울은 원래의 무無의 상태를 회복하고, 노란 개나리꽃이 있으면 노랗게 보이나 치워 버리면 거울은 또한 원래의 공空을 되찾는다.

이번에는 영화관의 비유를 통하여 무극을 이해해 보자. 영화관의 스크린에서 전개되고 있는 사랑과 분노, 정의와 음모, 선과 악, 순결과 추잡함이 어울려 빚어 내는 스펙터클에 카타르시스를 맛본다. 그런데 어느 날 우연히 스크린으로 향하던 눈을 뒤로 돌린 사람이 있었다고 가정해 보자. 어둠을 가르는 한 줄기 빛을 볼 것이며, 그것이 곧 영사실 기계에서 나오며, 기계 안에는 스크린에 전개되는 장면들의 스틸 사진 다발들이 돌아가고 있으며, 더 나아가면 똑바로 쳐다볼 수 없는 발광체가 들어 있음을 알 것이다. 그리하여 이 사람은 필름에 새겨진 정지된 미니어처의 상相이 발광체의 빛에 힘입어 스크린으로 투사되어 활동하는 드라마틱한 세계를 만들고 있음을 알게 될 것이다. 무극대도란 다름아닌 빛 자체에 견줄 수 있다. 그 빛에 힘입어 상象들이 스크린에 투사된다. 스크린에 펼쳐지는 파노라마는 무극대도의 빛에 의하여 이루어지는 것이다. 그 어떤 것도 무극의 빛 없이는 진행될 수 없다. 무극대도는 빛 자체다. 영원의 빛이다. 세상 파노라마의 어느 한 구석에도 관통하지 않는 바 없으며, 스스로 움직이지 않는 그 적정寂靜의 빛 아닌 빛을 무극대도에 비유할 수 있다.

수운이 만난 천주는 모든 상대적 운동과 존재들로 하여금 존재하게 하는 마지막 근원의 심연이다. 지금까지의 모든 생각, 논리, 사고가 끝나는 곳이다. 무수한 이름과 의미를 부여할 수 있지만 그 존재 혹은 경지는 어떤 이름이나 의미로부터도 자유롭다. 그렇기 때문에 수운은 무극대도라는 개념을 사용했다. 달리 말하면 인간이 어떤 의미를 부여하든 그 존재는 그로부터 무관하다고 하겠다. 그 자리는 선악으로부터도 자유롭다. 수운은 "호천금궐 상제님도 불택선악 하신다네." (「안심가」)라 하였다. 선악은 방향성 혹은 목적이 있는 세계에만 있다. 수운은 왜 나쁜 마음을 가진 사람에게도 천주가 강령을 내려주느냐는 제자들의 질문에 천주는 '불택선악'(「論學文」)하기 때문이라고 대답한다. 무선무악의 경지라 하겠다. 움직임이 있는 곳에는 언제나 선악이 생긴다. 선악뿐만 아니라 옳고 그름도 상대적 세계에서 나온다. 천주의 자리는 움직여도 움직인 줄 모르며, 먹어도 먹은 줄 모르며, 보아도 보는 줄 모르며, 알아도 아는 줄 모르는 경지이다. 그러므로 선악이나 시비가 생길 수 없다. 그러나 수운은 『대학大學』의 '지어지선止於至善'(「도덕가」)을 인용하고 '착한 운수'(「교훈가」)를 이야기한다. 지극한 선은 깨닫기 이전의 목적이며, 아직 깨닫지 못한 사람을 위한 것일 뿐 깨달음의 자리에는 착함도 악함도 없다. 그러나 이 빈空 자리가 우주만물과 인간과 동떨어진 자리가 아님은 위에서 충분히 살펴보았다.

천주의 자리는 어떤 장애로부터도 자유롭다. 자유롭다는 것은 걸림이 없다는 뜻이다. 걸림이 없다는 것은 매이지 않는다는 뜻이다. 천주는 어디에도 걸리지 않고 매이지 않는다. 주역 건괘에서 그 자리에 이른 "대인大人은 천지와 더불어 그 덕에 합하고, 일월과 더불어 그 밝음에 합하고, 사시와 더불어 그 차례에 합하고, 귀신과 더불어 그 길흉에 합한다"[28]고 그 경지를 그려 낸다. 수운도 「도덕가」에서 역易의 이 구절을 그대로 인용하여 그 경지에 동감을 표하고 있다. 수운은 천지

---

28 『易經』, 「乾卦」, "聖人 與天地合其德, 與日月合其明, 與四時合其序, 與鬼神合其吉凶"

인을 하나로 관통했음을 "천지 역시 귀신이오 귀신 역시 음양인줄"(「도덕가」) 분명히 알았음을 적시하고, 이를 모르고 경전을 아무리 살펴야 아무런 소용이 없음을 분명히 한다. 풀어 말하면 수운 자신은 형이상의 세계인 천지와 형이하의 세계 원리인 음양과 인간 마음의 세계인 귀신을 하나로 관통했음을 밝혔다. 이러한 사실을 다음과 같이 자세하게 기술한다. "사람의 수족동정 이는 역시 귀신이오 선악간 마음용사 이는 역시 기운이오 말하고 웃는 것은 이는 역시 조화로세 그러나 한울님은 지공무사 하신 마음 불택선악 하시나니."(「도덕가」). 사람의 손가락 하나 움직이는 것이 곧 천주의 마음(귀신) 없이는 이루어질 수 없으며, 선과 악 사이에서 방황하는 사람의 마음도 천주의 기운 없이는 작용할 수 없으며, 너무나 일상적으로 말하고 웃는 일조차도 천주의 조화가 작용하지 않고는 이루어질 수 없음을 말하고 있는 것이다. 사물과 사람의 매순간 속에서 작용하지만 동시에 천주는 어떤 사사로움도 없으며 오직 공정하고 불택선악한다.

지공무사하고 불택선악하면서 동시에 일체의 사유 활동, 언어 활동, 행동의 바탕인 그 자리를 왕양명은 역易의 '적연부동寂然不動하면서 감이수통感而遂通'[29]한다는 표현을 인용하여 설명하였다. 사람의 본체이면서 동시에 우주 만물의 본체인 그 자리는 고요하여 어떤 움직임도 없지만, 대상이 그 앞에 오게 되면 분명하게 느끼고 정확하게 안다. 어떤 움직임이 없는 완전 고요에 들 때 비로소 어떤 대상이라도 정확하게 느껴 완전히 통할 수 있는 것이다. 고요하지 않고 흔들린다

29 王陽明, 『王陽明全集』上下, 上海古籍出版社, 1997, 58쪽, "天理原自寂然不動, 原自感而遂通"; 122쪽, "人之本體, 常常是寂然不動的, 常常是感而遂通的. 未應不是先, 已應不是後"

면 일체가 일그러지게 느껴 통하지 못할 것이다. 왕양명은 그 자리를 거울에 비유하여 설명하기도 했다.[30] 의암은 여러 차례에 걸쳐서 비고 고요한 성性의 자리를 거울을 들어 비유했으며,(「무체법경」) 하늘 마음은 티끌 하나 없는 거울처럼 매매사사를 밝게 비추어 올바로 처리할 수 있다고 하였다.(「명리전」). 사람이 말하고 웃는 일상생활, 마음 씀씀이, 손이나 발의 움직임 등을 포함한 일체 모든 것을 관통하는 절대적인 우주 법칙인 천주를 동학에서는 이렇게 표현하였다.

지공무사至公無私하고 불택선악한 그 자리에 이른 사람을 수운은 유학의 용어를 빌려 군자君子라 불렀다. 군자란 마음 본체와 천리가 일체화된 존재다. 수운은 "군자의 덕은 기운이 바르고 마음이 정해져 있으므로 천지와 더불어 그 덕에 합하고, 소인의 덕은 기운이 바르지 못하고 마음이 옮기므로 천지와 더불어 그 명에 어기나니, 이것이 성쇠의 이치가 아니겠는가."(「論學文」)라고 하여 세상의 성쇠, 길흉화복은 모두 사람의 마음에 달려 있음을 분명히 한다. 어떤 절대자가 있어 상 주고 벌 주는 것이 아닌 것이다. 마음이 옮기지 않고 기운이 바르면 천주의 거울은 한치의 오차도 없이 그대로 고요하고 바르게 보여주고, 정반대로 마음이 옮기고 기운이 비뚤어져 있으면 천주의 거울은 옮기고 비뚤어진 모습 그대로를 보여 줄 것이다. 왕양명은 정명도程明道의 "군자의 학은 확연 대공하여 오는 사물에 순히 응한다."[31]는 말을 인용하여 군자의 참 마음을 묘사하였다. 군자는 천심을 그대로 지키는 사람이고, 소인은 지키지 못하므로 성쇠 · 길흉 · 화복이 찾아

30 앞의 책, 70쪽, "其良知之體, 皦如明鏡, 略無纖翳, 妍媸之來, 隨物見形, 而明鏡曾無留染"

31 앞의 책, 58쪽, "君子之學, 莫若廓然而大公, 物來而順應"

오는 것이다.

천주는 사람의 마음을 떠나 따로 있지 않으므로, 쉬지 않고 정성을 다하여 순수한 마음을 회복하면 누구나 이러한 경지에 이를 수 있음을 해월은 확인하고 있다. "순일한 것을 정성이라 이르고 쉬지 않는 것을 정성이라 이르나니, 이 순일하고 쉬지 않는 정성으로 천지와 더불어 법도를 같이 하고 운을 같이 하면 가히 대성대인이라고 이를 수 있느니라."(「성경신」). 천지운행과 하나가 되고, 귀신과 하나가 되고, 사람 마음과 하나가 되어 대통일을 이루게 될 때 사람은 일체로부터 자유로워 원만하게 된다. 천지, 귀신, 사람으로부터 자유로워 그 어떤 것에 매이거나 집착하지 않는다. 집착하거나 매이는 자신으로부터도 자유롭기에 절대자유라 부를 수 있다.

해월은 그와 같은 경지에 이른 수운을 평하여 천황씨로 불렀다. "천황씨는 원래 한울과 사람이 합일한 명사라, 그러므로 천황씨는 선천개벽으로 사람을 있게 한 시조신의 기능으로 사람의 원리를 포함한 뜻이 있으니, 만물이 다 천황씨의 한 기운이니라. 오늘 대신사께서 천황씨로서 자처하심은 대신사 역시 신이신 사람이시니 후천오만년에 이 이치를 전케 함이니라."(기타)고 하여 무형의 천주와 유형의 사람은 보이지 않고 보이는 차이만 있을 뿐 완전히 같다는 점을 분명히 하였다. 사람이 신의 경지에 이르러 양자 사이에 한치의 오차도 없는 경지를 일컬어 천황씨라 한 것이다.

해월은 천지부모天地父母와 식고食告를 강조하였다. 왜냐하면 우주 만물과 인간을 낳아 기르는 것이 모두 천주이기 때문이다. 나를 낳아 준 부모에게 효도하듯 나를 낳은 천지에게 효도하고, 천지의 젖인 곡식을 낳아 나를 길러 주는 천지에게 고마움을 드리는 것食告은 인간의 당연한 도리로 보았다.[32](「천지부모」). 해월은, 사람을 포함한 우주 만물을 낳고 기르는 존재가 바로 천주임을 깨달은 분이 바로 수운이며, 이때부터 천주에게 효도하는 이치가 처음으로 밝혀졌다고 하였다.[33](「천지부모」). 해월의 이와 같은 설명은 생활 속에서 터득한 영적 지혜라 할 수 있다. 철학적 사유나 사상적 숙고에서 나온 이야기가 아니라 생활 속에 살아 있는 천주를 느끼면서 생활하는 가운데서 나온 이야기라고 할 수 있다.

불택선악하며 공공적적空空寂寂한 그 자리를 유학은 천지 · 음양 · 귀신으로 나누어 부르기도 하고, 합하여 상제라 하여 종교화하기도 하였고, 성誠이라 하여 실천철학화하기도 하였다. 동학에서 모든 사

32 "부모의 포태가 곧 천지의 포태니, 사람이 어렸을 때에 그 어머니 젖을 빠는 것은 곧 천지의 젖이요, 자라서 오곡을 먹는 것은 또한 천지의 젖이니라. 어려서 먹는 것이 어머니의 젖이 아니고 무엇이며, 자라서 먹는 것이 천지의 곡식이 아니고 무엇인가. 젖과 곡식은 다 이것이 천지의 녹이니라. 사람이 천지의 녹인줄을 알면 반드시 식고(食告)하는 이치를 알 것이요, 어머니의 젖으로 자란 줄을 알면 반드시 효도로 봉양할 마음이 생길 것이니라. 식고는 반포의 이치요 은덕을 갚는 도리이니, 음식을 대하면 반드시 천지에 고하여 그 은덕을 잊지 않는 것이 근본이 되느니라.(父母之胞胎 卽天地之胞胎 人之幼孩時 唆其母乳 卽天地之乳也 長而食五穀 亦是天地之乳也 幼而哺者非母之乳而何也 長而食者非天地之穀而何也 乳與穀者是天地之祿也 人知天地之祿則 必知食告之理也 知母之乳而長之則 必生孝養之心也 食告反哺之理也 報恩之道也 對食必告于天地 不忘其恩爲本也)"

33 "천지는 만물의 아버지요 어머니이니라. 그러므로 경에 이르기를 「님이란 것은 존칭하여 부모와 더불어 같이 섬기는 것이라」하시고, 또 말씀하시기를 「예와 이제를 살펴보면 인사의 할 바니라」 하셨으니, 「존칭하여 부모와 더불어 같이 섬긴다」는 것은 옛 성인이 밝히지 못한 일이요 수운대선생님께서 비로소 창명하신 큰 도이니라. 지극한 덕이 아니면 누가 능히 알겠는가. 천지가 그 부모인 이치를 알지 못한 것이 오만년이 지나도록 오래 되었으니, 다 천지가 부모임을 알지 못하면 억조창생이 누가 능히 부모에게 효도하고 봉양하는 도로써 공경스럽게 천지를 받들 것인가.(天地萬物之父母也故 經曰「主者稱其尊而與父母同事者也」 又曰「察其古今則 人事之所爲」「稱其尊而與父母同事者」 前聖未發之事 水雲大先生主 始創之大道也 非至德孰能知之 不知天地其父母之理者 迄五萬年久矣 皆不知天地之父母則 億兆蒼生 孰能以孝養父母之道 敬奉天地乎)"

람은 그 자리에 의지하여 사람이 생각하고 말하고 행동한다. 불가에서 천주의 자리는 '머무는 곳이 없는 자리', 혹은 '빔空', '무無' 등으로 표현하곤 한다. 선종 계열의 최고 경전으로 평가되는 금강경에서 '무소주응생기심無所住應生其心'[34]이라는 말은 천주의 자리를 불가식으로 표현한 구절이다. 중국 선불교의 원조라 할 수 있는 육조 혜능이 바로 이 구절을 듣고 대각을 이루었다고 한다.(『六祖壇經』). 끝없는 마음의 모든 파동은 그 머무는 곳이 없는 곳에 응하여 생겨나는 것이다. 머무는 곳이 없는 그곳으로부터 일체의 파동이 바람처럼 불어와 만상을 일으키고 만물을 생겨나게 하는 것이다. 혜능은 이 구절에서 일체 모든 상相들이 불택선악하고 지공무사한 그 자리에서 일어나고 있음을 깨달았다고 할 수 있다. '머무는 곳이 없는 그 자리無所住'에서 수많은 생각들이 일어나는 사실을 깨달은 것이다. 마음만 그러한 것이 아니라, 중생에 대한 봉사도 어떤 상도 일으키지 않는 것이라 하였다無所住應行布施.[35] 비고空, 공허하고虛, 아무것도 없는無 불성의 자리에서 일체 상相들이 일어나는 자리를 보는 것을 불가에서는 견성각심見性覺心한다고 한다. 의암도 텅 빈 그 자리에서 타오르는 마음의 빛을 깨닫는 것을 견성각심이라고 하였다.

그러나 일반 사람들은 주체我相와 대상人相에 잡히고, 시간壽者相과 공간衆生相을 벗어나지 못하기에 『금강경』에서는 이로부터 해탈하는 길을 제시하는 것이다. 선불교에서 '일체를 놓으라放下着', '입을 열자마자 틀린다開口錯'고 하는 이유를 여기에서 찾을 수 있다. 무극대도란 유형의 이면에서 숨쉬는 절대자유, 무형의 자유 그 자체이다. 의암은

34 『能斷金剛般若經』, 歐陽竟無編, 『藏要』, 上海書店, 1995, 4쪽.

35 앞의 책, 2쪽.

그 자리를 '진심眞心'이라 하여, 형이상의 모든 이치와 형이하의 모든 물질이 그 한마음 안에 있다고 말한다. 그 한마음 안에 성속聖俗 생사生死가 함께 있고, 무형과 유형이 함께 있다. "만법만상이 일체 마음에 갖추어져서 일과 이치가 엇갈리지 아니하면 나와 한울이 둘이 아니요, 성품과 마음이 둘이 아니요, 성인과 범인이 둘이 아니요, 나와 세상이 둘이 아니요, 삶과 죽음이 둘이 아니니라."[36](「무체법경」). 사람과 하늘이 둘이 아니므로 의암은 "너는 반드시 한울이 한울된 것이니, 어찌 영성이 없겠느냐. 영은 반드시 영이 영된 것이니, 한울은 어디 있으며 너는 어디 있는가. 구하면 이것이요 생각하면 이것이니, 항상 있어 둘이 아니니라."[37](「법문」)고 하였다. 하늘과 사람이 '둘이 아님不二'을 명료히 하였다. 둘이 아님을 알 때 비로소 인간은 일체로부터 절대적으로 자유로울 수 있다. 인간의 삶은 크게 보아 물질계와 정신계에 매여 살아간다. 물질계의 한계時空間도 넘지 못하며 정신계의 한계鬼神도 넘지 못한다. 내 마음이 천주의 마음이고 귀신이라는 것도 천주 이외에 다름아님을 알게 될 때, 일체의 자연 사물과 일들이 천주 아님을 알게 될 때 일체의 장애물은 사라지게 되고 대자유에 이른다.

제4절 창조성 자체 : 무위이화無爲而化, 정시정문正示正聞

천주는 비록 있는 자리도 없고 형상도 없고 알 수는 없지만, 언제

36 "萬法萬相一切具心 事理不錯 我天不二 性心不二 聖凡不二 我世不二 生死不二"

37 "汝必天爲天者 豈無靈性哉 靈必靈爲靈者 天在何方汝在何方 求則此也 思則此也 常存不二乎"

어디서나 천주가 작용하지 않는 때와 곳은 없다는 점은 이미 위에서 살펴보았다. 수운은 「포덕문」 첫 구절을 천지운행 한가운데 내재한 천주 이야기로부터 시작한다. "저 옛적부터 봄과 가을이 갈아들고 사시가 성하고 쇠함이 옮기지도 아니하고 바뀌지도 아니하니 이 또한 한울님 조화의 자취가 천하에 뚜렷한 것"[38](「布德文」)이라 하였다. 보려고 해도 보이지 않고, 들으려 해도 들리지 않는 천주의 존재를 어떻게 아는가? 수운의 대답은 의외로 간단하다. 아득한 옛날부터 변함없이 진행되는 계절의 순환에서 천주 조화의 자취를 뚜렷하게 볼 수 있다고 한다. 보이는 것은 계절 순환뿐이고, 보이지 않는 것은 그 이면에서 작용하는 천주이다.

수운은 보이지 않는 천주와 그 조화의 흔적을 동시에 보라고 말한다. 달리 말하면 어떤 절대자를 따로 설정하거나 자연 사물이 저절로 그렇게 되는 것으로 보는 것은 어리석은 사람들의 견해일 뿐이라고 말한다.(「布德文」). 수운의 이 말에는 천주와 조화가 동전의 양면이라는 의미를 함축하고 있다. 조화를 떠나 따로 천주가 없으며, 천주를 떠나 조화가 있을 수 없는 것이다. 둘을 갈라 보는 것은 그 중심을 잡지 못한 연고라 하겠다.

모우종산은 형이상, 초월, 절대, 존재Being를 중심으로 사유하는 서구철학과는 달리 활동 자체가 곧 존재임을 밝힌 존재-활동存有與活動의 일원론이 중국철학을 관통하는 핵심적 정신으로 본다.[39] 그는 중국철학의 특성을 가장 잘 나타낸 개념으로 '자강불식自强不息', '오목불이於穆不已'를 제시한다. "군자는 스스로 강하여 쉬지 아니한다"라든가

38 "盖自上古以來 春秋迭代四時盛衰 不遷不易 是亦天主造化之迹 昭然于天下也"

39 牟宗三, 『心體與性體』, 正中書局, 中華民國79, 78-87쪽.

"천명은 그 드러남이 끊임없다"라는 '생생불식生生不息'의 정신이야말로 중국철학의 가장 오래된 사유 특성이자 철학이라고 하였다.[40] 무궁하게 새로이 드러나고 태어남이야말로 천주의 특성이라는 점이다. 현대적 개념으로 그는 '창조성 그 자체'라는 개념으로 중국철학의 특성을 개념화하였다.[41] '창조성 그 자체'이기에 천주를 실체화시킬 수가 없다. 머물거나 잡히는 순간 더 이상 창조성 그 자체와 달라지기 때문에 실체가 될 수 없다는 것이다. 실체화된 것은 모두가 우상일 뿐이며 미신이다. 아무리 미세하게 잘라 내어 포착하더라도 포착하는 그 순간 실상은 사라지고 허상만 잡힐 뿐이다. 그러므로 우리들이 생각하고 말하고 행동하는 그 모든 것들은 모두가 허상일 뿐이다. 찰나에 살려고 하나 찰나는 없다. 찰나도 마음이 만들어 낸 허상일 뿐이다. 창조성 자체에는 어떤 흐름도 없다. 왜냐하면 흐름을 느끼기 위해서는 시공간적 거리가 필수적이기 때문이다.

수운은 한시도 쉼 없이 예외 없이 작용하는 천주를 지기至氣, 혼원일기渾元一氣라는 개념으로 표현하였다. 즉 "기라는 것은 허령이 창창하여 일에 간섭하지 아니함이 없고 일에 명령하지 아니함이 없으나, 그러나 모양이 있는 것 같으나 형상하기 어렵고 들리는 듯하나 보기는 어려우니, 이것은 또한 혼원한 한 기운"[42](「論學文」)이라 하였다. 혼원일기는 한시도 끊김이 없으며 한 곳도 예외가 없다. 그 기운은 우주를 하나로 관통하는 기라고 하겠다. 칼춤을 추면서 불렀다고 하는 「검결」 혹은 「검가」[43]에는 우주를 희롱하는 수운의 호연지기가 잘 나

40 牟宗三, 『中國哲學的特質』, 上海古籍出版社, 1997, 98쪽.
41 앞의 책, 22쪽; 99쪽, "天命, 天道可以說是" 創造性的本身(Creativity itself)"
42 "氣者虛靈蒼蒼 無事不涉 無事不命 然而如形而難狀 如聞而難見 是亦渾元之一氣也"

타나 있다. 우주를 덮지 아니하는 곳이 없는 호연지기를 볼 수 있다. 이 혼원일기가 옮기지도 아니하고 변하지도 아니하여 영원히 율동하기에 우주 만물이 태어났다가 사라진다고 하겠다. 이 시각에서 바라보면 천주는 '창조성 자체'라 할 수 있다.

수운은 영부를 받아서 그려 먹자 몸이 윤택해지고 검던 피부가 희게 되는 등의 변화를 가져왔으나, 어떤 사람은 아무런 효험이 없었는데 그 이유를 찾아본즉 마음의 정성 여부에 달려 있다고 말한다. 즉, "정성 드리고 또 정성을 드리어 지극히 한울님을 위하는 사람은 매번 들어맞고 도덕을 순종치 않는 사람은 하나도 효험이 없었으니 이것은 받는 사람의 정성과 공경이 아니겠는가."(「布德文」). 한시도 쉬지 않고 천주를 생각한다면 천주 마음과 하나가 될 것이다. 그러한 마음을 일러 '성誠'이라 하였다. 여기에서 수운은 천주를 밖으로 찾아 헤매는 자들의 어리석음을 명료하게 보여 준다. 천주는 종이 위에 그려진 영부에 있는 것이 아니라 바로 정성을 다하여 영부 안의 정성에 통한 마음에 있다고 하겠다. 쉬지 않는 천주는 우리 마음 안에 들어와 있다고 하여 궁을弓乙이라고 하는 영부로 그 이치를 밝혔다. 천주는 푸른 창공에 신선으로서가 아니라, 우리 마음 안에서 약동하고 있는 것이다. 약동하는 천주를 역易에서는 '일음일양위지도一陰一陽謂之道'라 하였다.

마음에 정성이 가득한 사람은 생각만으로도 모든 질병으로부터 자유로울 수 있다. 해월은 "만약 마음을 다스리어 심화기화가 되면 냉

43 「검가」. "시호시호 이내시호 부재래지 시호로다 만세일지 장부로서 오만년지 시호로다 용천검 드는칼을 아니쓰고 무엇하리 무수장삼 떨쳐입고 이칼저칼 넌즛들어 호호망망 넓은천지 일신으로 비껴서서 칼노래 한곡조를 시호시호 불러내니 용천검 날랜칼은 일월을 희롱하고 게으른 무수장삼 우주에 덮여있네 만고명장 어디있나 장부당전 무장사라 좋을시고 좋을시고 이내신명 좋을시고"

수라도 약으로써 복용하지 않느니라."(「영부주문」) 하여 마음과 기운을 다스리면 어떤 물질에 의존하지 않고서도 질병으로부터 자유로울 수 있음을 주장한다. 왜냐하면 창조성 그 자체에 이르게 되면 인간은 창조성 그 자체와 합일하게 되고, 우주 만물은 모두 창조적 기운에서 나왔기 때문에 일체 우주 만물의 근원적인 힘을 마음으로 통제할 수 있기 때문이다. '창조성 그 자체'가 가장 뚜렷하게 드러난 것이 바로 마음이며, 마음이 '창조성 그 자체'에 충실하게 될 때 그것을 일러 '정성誠'이라 하며, 정성스러운 사람은 어떤 질병으로부터도 자유로울 수가 있다.

지기至氣로 볼 때 천주는 일하는 천주, 혹은 살아 계신 천주로 보인다. 활동하는 천주인 것이다. 해월은 어디를 가든지 미투리를 삼거나 새끼를 꼬았다고 한다. 이를 본 제자들이 쉬시라고 권하면, 해월은 "천주도 쉬지 않는데 천주의 녹을 먹고 사는 내가 어찌 쉬겠는가?"라고 했다고 한다. 해월은 일하는 천주의 모습을 매우 명료하게 보여 주었다. 쉬지 않는 천주는 창공에 있는 것이 아니라 일상의 매순간에 내려와 있다. 해월은 실천궁행으로 살아 약동하는 천주를 그대로 체현하여 보여 주었다. 36년간에 걸친 해월의 실천행에 의하여 동학은 조선인의 마음과 생활 속에 스며들었다. 생활화 동학에 의거하여 조직화, 정치화의 과정이 이루어지게 되었다.

정성은 우리 안에 살아 계신 천주라고 할 수 있다. 해월은 이 점을 다음처럼 말한다. 즉 "나의 굴신동정이 바로 귀신이며 조화며 이치 기운이니, 그러므로 사람은 한울의 영이며 정기요, 한울은 만물의 정기니 만물을 순응함은 바로 천도이며, 천도를 체와 용으로 함은 바로 인도이니, 천도와 인도 그 사이에 한 가닥의 머리털이라도 용납하지 않을 것이니라."[44](「기타」). 천주는 푸른 창공에 계신 것이 아니라 내 몸의 움직임 안에 계신다. 내 몸의 움직임 안에 천지 조화가 있으며 귀신의 조화가 있다. 여기를 떠나서 따로 귀신이니 천지 조화니 음양 이치라는 것을 찾지 말라는 것이다. 그럼에도 불구하고 마치 귀신이 있는 것처럼, 마치 조화옹이 있는 것처럼 그곳에 매여 사는 것은 '천도와 인도의 둘 아님'을 알지 못하는 소치라 하겠다. 해월은 둘 사이에 머리카락 한 올의 차이라도 있게 된다면 그것은 도가 아니라고 한다. 즉 "사람의 호흡과 동정과 굴신과 의식은 다 한울님 조화의 힘이니, 한울님과 사람이 서로 화하는 기틀은 잠깐이라도 떨어지지 못할 것이니라."[45](「천지부모」). 천주와 떨어진 것은 한낱 봄날의 아지랑이이며 한여름의 하루살이에 불과할 뿐이다. 아니 아지랑이와 하루살이도 천주의 기운으로 나타났다가 사라진다.

천주에게는 하늘과 사람, 그리고 자연의 벽이 사라지고 여여如如하고 스스로 그러한自然 약동성이 있을 뿐이다. 그 때 나는 우주의 기운을 내 기운처럼 쓰고, 우주의 마음을 내 마음처럼 쓴다. 천지 조화가 나에게 자리잡은 것이다造化定. '나'라는 것이 사라진 다음에 일어나므로 실상은 써도 쓴 줄 모르고, 화化해도 화한 줄 모른다. 그렇기 때문에 무위이화無爲而化라 할 수 있다. 행위는 하지만 '나'가 없으며 행위의 주체는 천주일 뿐이다. 천주와 하나 될 때 비로소 무위이화가 이루어진다. "우리 도는 무위이화라. 그 마음을 지키고 그 기운을 바르

44 "我의 屈伸動靜이 是 鬼神이며 造化며 理氣니, 故로 人은 天의 靈이며 精이요 天은 萬物의 精이니, 萬物을 順함은 是 天道이며 天道를 體用함은 是 人道니, 天道 人道 其間에 一髮을 不用할 者니라."

45 "人之呼吸動靜屈伸衣食 皆天主造化之力 天人相與之機 須臾不可離也"

게 하고 한울님 성품을 거느리고 한울님의 가르침을 받으면 자연한 가운데 화해나는 것이요."[46](「論學文」). 풀어 말하면, 천주의 마음을 잃지 않고 천주의 기운과 하나가 되어 천주의 본성을 거느리고 천주의 가르침을 따를 때 모든 일이 억지로 함이 없이 순리대로 되어 간다고 하였다.

해월의 다음 말은 무위이화의 뜻을 분명하게 해 준다. "나의 한 기운은 천지 우주의 원기와 한줄기로 서로 통했으며, 나의 한 마음은 조화 귀신의 소사와 한 집의 활용이니, 그러므로 한울이 곧 나며 내가 곧 한울이라. 그러므로 기운을 사납게 함은 한울을 사납게 함이요, 마음을 어지럽게 함은 한울을 어지럽게 함이니라. 우리 스승님께서 천지 우주의 절대원기와 절대성령을 체응하여 모든 일과 모든 이치의 근본을 처음으로 밝히시니, 이것이 곧 천도이며, 천도는 유 · 불 · 선의 본원이니라."[47](「기타」). 동학의 천주는 인간의 공포심과 콤플렉스가 만들어 낸 신도 아니며, 저 높은 푸른 창공에서 우주 만유를 주재하는 유일신도 아니다. 동학의 천주는 천지인을 하나로 꿰뚫는 천도이자, 본성이자 정성이자 근본 이치이다. 수운이 "만고없는 무극대도 여몽여각 득도로다."(「용담가」)라고 할 때 깨달은 것이 바로 이 법이다. 그 깨달음은 우주와 내가 무궁한 천주임을 한 점 의혹도 없이 투명하게 안 것이다. '만사지' 라 하는 이유도 여기에 있다. 이 하나 됨의 법열이 "무궁한 이울 속에 무궁한 내 아닌가."(「흥비가」)라는 노래로 절로

46 "曰 吾道無爲而化矣 守其心正其氣 率其性受其教 化出於自然之中也"

47 "我의 一氣 天地宇宙의 元氣와 一脈相通이며, 我의 一心이 造化鬼神의 所使와 一家活用이니, 故로 天即我이며 我即天이라. 故로 氣를 暴함은 天을 暴함이요, 心을 亂함은 天을 亂케 함이니라. 吾師 天地宇宙의 絶對元氣와 絶對性靈을 體應하여 萬事萬理의 根本을 刱明하시니, 是乃天道며 天道는 儒佛仙의 本原이니라."

분출되었다.

살아 활동하는 천주에 대하여 의암의 설명은 매우 종교적이면서도 구체적이다. 사람의 몸과 마음은 모두 천주에 의지하여 탄생하고 부여받았으나, 마음으로 천주를 모시지 않게 되면 천주가 간섭을 멈추게 된다고 한다. 천주의 간섭이 끊어지면 죽음이 찾아온다는 것이 의암의 설명이다. "한울이 간섭치 아니하면 오직 사람의 중함으로도 놀다가도 죽고, 자다가도 죽고, 섰다가도 죽고, 앉았다가도 죽을지라, 이와 같이 죽음이 무상한 것은 그 간섭치 아니함을 반드시 알지라. 만일 지키는 사람도 이 운수의 근본을 알지 못하면, 설령 정성이 지극할지라도 한울이 간섭치 아니할 터이니 깨닫고 생각하라."(「권도문」). 여기에서 천주는 생명의 근본이라 할 수 있다. 참생명이라 할 수 있다. 일체 생명 활동의 근거로서 천주가 논의되고 있다. 참생명의 무위이화가 한 순간이라도 멈추게 된다면 일체 생명 활동들이 정지될 것이다. 그러므로 의암은 "만일 한울이 일분 일각이라도 쉬게 되면 화생변화지도가 없을 것이요, 사람이 또한 일용지도를 잠시라도 떠나게 되면 허령창창한 영대가 가난하고 축날 것이라."(「권도문」)라고 하였다. 천주나 사람이나 부단한 활동을 통해서 생명을 유지할 뿐만 아니라 도를 이룬다는 점이다. 삼라만상이 탄생하고 변화하여 괴멸하는 우주의 대드라마는 끊임없는 천주의 창조력에 의지하고 있음을 알 수 있다.

천주는 일용행사로부터 떠날 수 없다. 의암은 한치의 오차도 없이 작용하는 천주를 거울에 비유했다. 천주는 티끌 한 점 없는 맑고 맑은 거울과 같아서, 그 앞에 오는 것은 무엇이든지 어떤 왜곡도 없이 정확하게 반영한다고 하였다. "마음이 흰 것을 구하고자 하면 흰 것으로 보이고, 붉은 것을 구하면 붉은 것으로 보이고, 푸른 것을 구하면 푸른 것으로 보이고, 노란 것을 구하면 노란 것으로 보이고, 검은 것을 구하면 검은 것으로 보이느니라."[48](「무체법경」). 그러므로 의암은 "하늘은 반드시 바로 보고 바로 듣는다."[49](「무체법경」)고 하였다. 천주는 언제든지 올바로 보고 올바로 들으므로 천주에게는 한치의 오차나 한 점의 부정도 없다. 천주는 언제나 바로 보고 바로 들으므로, 이제 중요한 것은 사람이 마음을 바르고 선하고 이롭고 의롭게 갖는 것이다.

월산 김승복의 다음 말은 정시정문을 명확하게 설명해 준다. "사람은 이치를 분별치 못하여, 한울님이 공중에 계시다고 생각하면 공중에서 말씀이 들리고 흰 것으로 구하면 흰 것으로 보이고 검은 것으로 구하면 검은 것으로 보여 구하는 대로 그대로 가르치니, 강화를 받는 사람은 밝게 살펴 스승님의 심법에 어김이 없도록 하여야 합니다. 잘못하면 점쟁이도 되고 풍수도 되고 병을 고치는 사람도 될 수 있으니 깊이 생각하여야 합니다. 강화의 계단에서 잘못하여 남의 웃음거리가 될 수도 있고, 바른 도에서 낙방이 되는 사람이 많습니다. 강화를 받는 사람은 마음을 바르게 밝게 착하게 의롭게 가져야 할 것이니, 만일 정명선의正明善義에 어긋나고 스승님 심법에 어긋나는 강화는 절대로 받지 않아야 합니다."[50]

위의 종교 체험적인 표현에서 볼 수 있듯이 구하는 사람의 마음에 따라서 천주는 무엇이든지 그대로 해주므로, 중요한 점은 구하는 사

48 "心以白欲求則以白示之 以紅求之則 以紅示之 以靑求之則 以靑示之 以黃求之則 以黃示之 以黑求之則 以黑示之"

49 "天必正示正聞"

50 김승복, 「精神開闢」, 『신인간』236호, 1963, 34쪽.

람의 마음가짐, 말가짐, 행동가짐이라는 것이다.

수운은 무궁한 창조성 자체를 '가서 돌아오지 아니함이 없다無往不復'는 개념과 '무위이화無爲而化'의 개념으로 표현했으며, 해월은 인간생활과 우주 만물 속에 살아 계신 천주를 말했으며, 의암은 천주는 매매사사에 간섭하고, 명령하고, 바로 보고, 바로 들으므로 언제나 올바르게 생각하고, 말하고, 행동하라고 하였다. 『금강경』에서는 '머무는 곳이 없이 그 마음을 내고無所住應生其心', '상에 머물지 않는 보시를 하는無所住應行布施' 활동으로 말하였다. 왕양명은 깨끗한 거울처럼 그 앞에 오는 어떤 것이라도 느끼어 통하는感而遂通 천리와 마음을 묘사하였다. 천주란 고요하고, 비고, 없는 그 자리이며 동시에 그곳에서 영원토록 탄생하고, 솟구치는 기운이라 하겠다. 끊임없이 솟아나는 창조성 자체로서의 천주가 사람의 마음이라는 것이 또한 동학의 주장이다. 이 때 천주는 정성誠, 천심, 생명으로 이해된다. 의암은 무형의 천주와 활동하는 천주를 성과 심으로 내재화시킨다.

제5절 맺음말

무형의 천주는 본성으로 이해되고, 활동하는 천주는 본심으로 이해된다. 활동의 결과가 빚어 낸 유형의 천주를 습관천習慣天으로 이해한다. 그리하여 의암은 보이지 않는 천주를 본성性天이라 하고, 활동하는 천주를 본심心天이라 하며, 보이는 천주를 신천身天이라 하였다. 의암은 이 성심신性心身 삼단을 합하여 깨달아 황황상제의 자리에 이르렀다고 공언하였다.[51](「무체법경」). 수운은 "천지 역시 귀신이오 귀신 역시 음양인줄" 알아 천도교에서는 천황으로 불린다. 해월은 '물물천사사천物物天事事天'이라 하여 천지인의 협동에 의하여 이루어진 사물을 천주로 섬기며 살았기에 천도교에서 지황地皇으로 추존되었다. 천지인 삼재三才, 혹은 성심신性心身 삼단이 모두 천주 아님이 없다고 하겠다.

동학 · 천도교에서 천주는 무無, 공空, 허虛의 자리이면서 동시에 무궁한 창조성, 생성, 간섭의 활동성이라 할 수 있다. 창조성의 기운에 의하여 묶이고 제한되어 유형화된 물질계도 실체를 분석하여 들어간다면 갇힌 에너지에 불과하고 궁극적 재료는 무형의 천주라는 것을 의암은 「성심변」에서 매우 철학적으로 설명하였다. 의암은 성性을 공공적적空空寂寂하고, 무정無情하고, 무형한 천이라 하였고, 심心을 원원충충圓圓充充하고, 유정有情하고, 무형한 천이라 하였으며, 신身을 진진몽몽塵塵濛濛하고, 무정無情하고, 유형한 천이라 하였다. 천지인 삼재 혹은 성심신 삼단을 하나로 관통하는 존재를 천주라 할 수 있다.

동학에서 하나의 천주는 흔히 '무극대도無極大道', '혼원일기渾元一氣', '만화귀일萬化歸一', '동귀일리同歸一理', '일이관지一以貫之' 등으로 표현하였다. 이 하나에 통하면 천주와 사람, 정신과 물질, 본성과 본심, 이치와 기운, 밝음과 어둠, 높음과 낮음, 생명과 죽음 등 일체의 이원성이 사라진다. 아니 사라진다기보다는 함께 끌어안으면서 초월한다고 하겠다. 의암은 그 경지를 다음과 같이 표현했다. "깨달은 왼쪽은 성품 한울과 이치한울이요, 깨달은 바른쪽은 마음한울과 몸한울

51 "往往古之賢哲 自求自示 互相競爭 及此吾道人非自求成道 天必正示正聞 萬無一疑 正示正聞 性心身三端合以示之分以示之 三端無一非道非理 吾亦此三端 合以覺得獨坐皇皇上帝之位"

이니라. 영이 나타난 본 곳은 내 성품과 내 몸이라, 성품도 없고 몸도 없으면 이치도 없고 한울도 없나니, 이치도 내 한울 다음에 이치요, 옛적도 내 마음 다음에 옛적이니라."[52](「무체법경」).

일체가 하나요, 그 하나를 천주라 부르든지 나大我라고 부르든지 마음一心이라고 부르든지 그것은 이름일 뿐이다. 이름은 지어진 것이며, 지어진 것은 습관된 것이고, 습관된 것은 무위이화의 창조성이 굳어진 것이다. 그러므로 이름에 얽매일 때는 천주의 창조성으로 나아가지 못하며, 하물며 무형의 공공적적한 자리는 상상조차 하지 못할 것이다. 천주는 일체를 넘어선 자리에 있기 때문에 생각하려고 하나 생각할 수 없고, 말하려고 하나 말할 수 없고, 보려고 하나 볼 수 없고, 들으려 하나 들을 수 없다. 그러므로 수운은 '천天'에 대해서는 침묵하였다. 이 글은 천주를 관觀한 것이 아니라 그 흔적을 분석하였을 뿐이다.

52 "覺所左岸性天理天 覺所右岸 心天身天 靈發本地我性我身 性無身無 理無天無 理亦我天後理 古亦我心後古"

제2장 시정지侍定知를 통해 본 신인간*

제1절 머리말

동학은 경신년 4월 5일 수운 최제우의 천주 체험에서부터 시작되었다. 수운은 이 때 천주로부터 주문을 받아 사람들을 가르치라는 천주의 말을 들었다. 즉, 천주 체험에서 수운은 두 가지를 받았다고 하는데, 하나는 사람들을 질병으로부터 건지라는 영부靈符요, 다른 하나는 사람들을 가르치는 주문呪文이다.[1](「布德文」).

주문은 이처럼 사람들에게 도덕을 가르치는 최고의 방편으로 이야기된다. '시천주조화정 영세불망만사지侍天主造化定永世不忘萬事知'의 13자 주문에는 모심-자리잡음-앎侍定知이라는 세 개의 주요 동사가 들어있다. 수운은 "주문 13자에 정성을 다하면 만권의 서적도 필요없다"

* 「수운 최제우의 인간관 : 시정지를 통해 본 신인간」, 『東學硏究』 第4輯, 慶州, 韓國東學學會, 1999.2.

1 "受我此符 濟人疾病 受我呪文 敎人爲我"

고 하였으며, 해월 최시형은 동학의 "시정지侍定知에 의거하여 수도하라"고 하였다. 그러므로 시정지는 동학사상의 핵심에 해당된다고 할 수 있다.

시정지侍定知에 대해서는 비교적 연구가 진행되었으나, 그 내재적 관계와 의미 분석에 의거하여 동학의 인간론을 끌어 낸 연구는 미진한 편이다. 또 시정지 가운데 주문의 중심 개념인 모심侍에 대해서는 비교적 논의되어 왔으나, 자리잡음定과 앎知에 대해서는 심도 있는 논의가 이루어지지 않고 있는 형편이다. 더욱이 시정지의 내적 연관성에 대한 연구도 미미하다. 이 연구는 시侍 · 정定 · 지知 세 개의 동사를 분석해 봄으로써 수운이 동양적 전통성과 서양적 근대성에 대한 대안으로 제시한 동학의 인간관이 어떠한 것인가를 밝혀 보고자 한다. 수운이 동학을 창도하는 직접적 계기인 천주 체험에서 알 수 있듯이 동학의 종지는 사람과 천주의 관계에 대한 새로운 자각에서부터 시작한다. 수운은 천주 체험을 13자 주문으로 집약하였기 때문에 주문 분석에서 수운의 인간관을 찾을 수 있다. 또한 주문 13자 중 시정지 세 개의 동사가 핵심이기 때문에, 시정지 분석을 통하여 인간관을 보려는 것이다. '사람이 하늘이다' 라고 하는 동학의 종지에 의거할 때 수운의 인간관은 신관과 뗄 수 없는 관계가 있음을 먼저 전제할 필요가 있다. 그러므로 동학의 인간관 연구는 곧 동학의 신관 연구이기도 하다. 물론 분석의 초점은 인간에 놓는다.

동학의 인간관이 명확해진다면 동학의 현대적 의미도 보다 분명해질 것으로 생각된다. 동학의 '사람이 하늘이다' 라는 명제는 얼핏 볼 때 근대적 인간관과는 거리가 있다. 그러나 '모심-자리잡음-앎' 이라고 하는 세 개의 동사를 통하여 동학이 이야기하는 사람과 천주의 관계를 분석해 보면 근대적 인간관의 문제와 한계를 넘어서는 동학의 인간관이 선명해질 것으로 생각한다. 동학은 분명 신으로부터 해방되고 자연으로부터 독립한 근대적 인간과는 또다른 신을 안에 모시고 조화의 기운에 통한 새로운 인간의 모습을 보여 줄 것이다. 먼저 사람은 왜 천주와 떼어 놓을 수 없는 관계인지를 살펴보도록 하자.

제2절 사람-천주의 관계: 시정지侍定知

모심-자리잡음-앎은 사람과 천주의 세 단계 변증법적 관계 양식이다. 이 세 계기는 사람의 존재 구조이자 사람이 해야만 하는 당위 규범이기도 하다. 모심은 내가 천주를 모심이며, 자리잡음은 조화가 내 안에 자리잡음이며, 앎은 영원토록 잊지 않고 천주와 우주 전체를 앎이다. 모심은 주체의 적극적 활동이며, 자리잡음은 대상인 조화가 내 안에 자리잡음이며, 앎은 그 결과로서 양자를 넘어선다고 볼 수 있다. 일반적으로 풀어 보면, 모심에서 중요한 것은 인간의 적극적 · 지향적 의지이며, 자리잡음은 인간의 의지로써 천주가 기운으로 인간에게 내려오는 것이며, 앎은 양자가 만남으로써 완전하게 소통하는 것이다.

모신다고 할 때 사람이 천주를 모심의 대상으로 설정한 주체이다. 달리 말하면 모심의 주체는 사람이고 모심의 대상은 천주이다. 이 때 사람은 우주의 주인으로 등장하고, 데카르트의 생각하는 자아와 다를 바 없는 유일한 주체라고도 할 수 있다. 천주를 모심의 대상으로 간주하는 주체적 존재로서의 인간관이 명확하게 제시된다. 그렇기 때문에 '주체적 자아의 자각' 이라고 하는 한국사상의 근대성은 수운에 이르러 열리게 된다. 그러나 시천주는 주체의 철학에 머물지 않는다. 시천주의 주체는 고립적이 아니라 조화정造化定으로 이어지는 연속선상에서 이해될 성질의 것이다.

시천주에서 모시는 주체는 인간이나, 조화정에서 자리잡는 주체는 조화이다. 여기에서 주체-객체의 전환이 일어나, 조화가 내 안에 확실하게 자리잡으면 정해진다. 조화정에서 얼핏 보면 주체적 존재인 사람이 천주 조화의 대상으로 전환되는 현상을 목도하게 된다. 즉, 근대의 지동설에서 중세적 천동설로 전환되는 착각을 불러일으킨다. 그러나 이는 그렇지 않다. 이 전환은 근대에서 중세로 다시 돌아가는 것이 아니라 근대의 극복으로 보아야 할 것이다. 근대의 극복이라고 하는 이유는 근대적 자아가 조화정에 이르러 우주적 존재로 다시 태어나기 때문이다. 근대적 자아는 자연을 정복하고 신을 대상화함으로써 자신의 존엄성을 드높일 수 있었다. 그러나 동학은 시천주를 통하여 발견한 사람 주체 안에 신성과 우주성을 다시 불어넣어 주게 됨으로써 근대적 주체의 공허함을 극복하는 것이다. 그러므로 조화정은 고립된 주체의 극복을 의미한다. 즉, 인간은 시천주에 의해 신을 자신 안에 모시게 되고, 조화정에 의해 천지 조화의 기운과 통하게 된다. 그리하여 인간은 천주 조화를 통섭하는 새로운 인격체가 되는 것이다.

모실 때는 내가 주체이지만 자리잡을 때는 천주가 주체가 된다. 즉 모실 때는 천주가 대상이었으나 자리잡을 때는 내가 대상이 된다. 조화가 주체로 등장하고 사람은 객체로 바뀌는 이와 같은 주객 전도 현상을 우리는 소외의 개념으로 볼 수도 있으나 동학에서는 정반대로 진보적 초월이다. 조화정은 소외가 아닌 소외의 극복이다. 조화정에 의하여 인간은 잃어버렸거나 단절된 우주적 기운과 소통하게 되어 참된 주체로 거듭나기 때문이다. 수운의 시각에서 본다면, 신과 자연으로부터 고립된 근대적 주체는 본래적 본성인 천주를 잃고 본래적 관계망을 떠난 공허한 주체에 불과하기 때문이다. 조화정을 통하여 주체는 조화의 기운을 자신의 품 안에 끌어안게 된다. 소외는 자아의 자각에서 시작되어 천주의 모심과 조화의 통합에 의하여 극복된다.

사람이 천주 모심에 정성과 공경을 다하게 되면, 천주는 사람에게 하늘의 덕과 마음을 가지고 '나' 안으로 들어온다. 오고 가는 이중적 관계가 그 극치에 이를 때 사람은 새로운 존재로 탄생한다. 이 때 둘 사이에는 어떤 차이도 없다. 이와 같은 통일을 수운은 '앎知'이라고 하였다. 이 때 아는 것은 '내가 곧 천주조화'라는 사실을 아는 것이다. '앎知'은 양자간의 어떤 차이도 없는 완전통일이자 새로운 단계로의 비약이다. '앎知'이란 주체와 객체의 완전한 통일을 의미한다.

사람과 천주와의 관계를 본다면 수운은 시천주를 통하여 존재의 영성을 발견하였으며, 조화정을 통하여 우주적 기운과의 합일을 발견하였다. 그리하여 내 안에 천주와 우주 기운이 관통하고 있다는 종합적 초월인 앎知에 이르러 '신인간新人間'의 탄생을 보여 주었다. 이 세 개의 동사를 통과할 때 사람은 하늘로 태어나는 것이다. 수운은 신인간으로 태어나기 위한 구체적 수행 방법으로 '시천주' 주문을 제시하였던 것이다. 지극한 정성을 다하여 주문을 외우게 되면 신인간으로 태어날 수 있다는 것이다. 수운은 자식들과 제자들에게 "나는 도시 믿지말고 한울님을 믿었어라 네 몸에 모셨으니 사근취원 하단말가"(「교훈가」)라고 하였다. 여기에서 수운은 겉모습을 믿을 것이 아니라 자신 안에 내재하는 천주를 믿고 찾으라는 당부이다.

인간과 천주의 차이에 대하여 수운은 「수덕문」에서 "원형이정은 천도지상이요 유일집중은 인사지찰이라."[2](「修德文」)고 하였다. 원형이정을 계절의 순환처럼 우주론적으로 해석하든, 아니면 인의예지처럼 인성론으로 이해하든 하늘은 으뜸이며, 만사에 형통하며, 오직 이로우며, 맑고 깨끗한 특성을 갖는다. 반면에 사람은 오직 한결같이 하늘을 닮기 위하여 어떤 상황에 처하거나 어떤 일을 하든지 가장 깊은 중심에 있는 천주를 잊지 않도록 노력해야 한다는 의미이다. 하늘은 본래 완전하나 사람은 노력에 의하여 완전해질 수 있다는 점에서 둘은 판이하게 다르다. 주문은 자기 중심에 있는 천주를 잡아 완전해지기 위한 수행법이다. 그러므로 수운은 사람에게 하늘의 도가 내재함을 밝힌 공은 공자에게 돌리고 자신은 그 하늘의 도를 실현하기 위한 구체적 수행법을 다시 정했다고 한다. 즉, "인의예지는 선성지소교요 수심정기는 유아지갱정이라"고 하였다.[3](「論學文」). 수심守心은 본 마음을 지키는 것이며 정기正氣는 본래의 기운을 바르게 하는 것이다. 본심과 혼원일기가 자신 안에 없다면 지킬 것도 바로잡을 것도 없다. 수심정기가 인간학적 내적 표현이라면, 시천주 주문은 보다 '사람-하늘' 관계의 외적 표현이라 할 수 있다. 수심정기를 통하여 사람과 하늘의 차이가 사라질 때 신인간이 탄생한다. 그 때 신인간은 원형이정인 하늘

2 "元亨利貞 天道之常 惟一執中 人事之察"

3 "仁義禮智는 先聖之所敎요 修心正氣는 惟我之更定이라" 守心正氣가 정확한지 아니면 修心正氣가 맞는지에 대한 논의가 있으나 의미상의 변화가 큰 것 같지는 않다. 「論學文」에서 수운은 "吾道는 無爲而化矣라 守其心正其氣하고…"라는 구절이 있다. 여기에서 그 마음은 본심을, 그 기운은 渾元一氣를 의미한다고 보면 닦는 것도 본심을 닦는 것이요, 지키는 것도 본 기운을 지키는 것이다. 本心 이외의 또 다른 마음이 있는 것은 아니다. 단지 닦는다고는 하지만 닦는 것은 본심이 아니라 본심의 거울에 묻은 때이다. 바르게 한다고 하지만 渾元一氣는 본래 바르니, 바른 기운을 어떻게 또 바르게 하는가? 이 또한 같은 의미이다. 마음을 닦아 하늘마음을 찾았다면 지켜야 할 것이다. 그러나 두 개념이 의미상 큰 차이를 가지지는 않는다.

의 도를 내재화하여 인의예지라는 덕행으로 표출된다.

수운은 자신의 도를 공자의 가르침과 대동소이하다고 하였다. 차이가 작다고 하지만 실상 수운은 공자를 넘어 한 걸음 더 나아갔다. 왜냐하면 공자는 비록 인간 안에 하늘의 본성이 내재함을 말하였으나, 어떻게 그 본성을 회복할 것인가에 대해서는 수운처럼 분명히 말하지 않았기 때문이다. 이 점은 해월이 효도 개념과 관련하여 수운과 공자를 비교하는 데에서도 분명하게 나타난다. 해월에 의하면, 공자는 단지 신체발부身體髮膚라는 육신의 부모에게 대한 효도를 이야기한 반면, 몸과 마음을 포함한 우주 전체를 낳아 주고 길러 주시는 참부모에 대한 효는 오직 수운에 이르러 밝혀졌다고 한다. 다시 말하면 육신을 낳아 준 부모에게 은혜를 갚는 것으로 효를 다하는 것이 아니라, 천주와 우주 만물에게 은혜를 갚아야 비로소 효를 다했다고 할 수 있다.

시정지는 사람이 천주처럼 완전한 존재로 되는 구체적 인간 행위 규범이며, 유가적 표현으로는 효라고 할 수 있다. 그러나 시정지는 단순히 윤리적 당위에 불과한 것이 아니라 인간의 존재 구조 자체이다. 수운이 시정지로 밝히고자 한 것은 사람-천주의 떨어질 수 없는 관계성임을 알 수 있다. 관계성의 내면을 보다 자세히 들여다보자.

제3절 영적 주체의 발견: 모심侍

모심의 내적 계기로 수운은 신령神靈을 말한다. 신령은 참 주체로서 그 활동을 기화氣化라 하였다. 모심이란 이 참 주체를 모시고 있음을 아는 것이다. 자아의 존재 근거로서 수운은 신령을 말하며, 신령은 수운이 찾아낸 참 주체이다. 데카르트적 사유 주체가 아니라, 수운이 찾아낸 것은 영적 주체이다. 영적 주체의 각성은 동학적 근대성의 원형이다.

수운은 '모심侍'을 '내유신령 외유기화 일세지인 각지불이內有神靈外有氣化一世之人各知不移'로 풀이하였다. 모심의 구조는 시정지의 구조와 동일하다. 즉, 안과 밖을 묘사하고 그 종합적 결과가 제시된다. 시정지의 삼각 구도 안에서 다시 모심의 삼각 구도가 구성된다. 모심의 삼각 구도는 시정지의 삼각 구도와 일치한다. 내유신령은 시천주에 해당하고, 외유기화는 조화정에 상응하고, 일세지인 각지불이는 영세불망만사지에 대응된다. 이와 같은 겹구조를 다시 한번 더 풀어 보면, 신령은 주체의 주체이고, 기화는 주체의 객체이고, 각지불이는 주체 안에서 일어나는 주객의 종합지양이라 풀이할 수 있다. 주체 안에서 다시 주체-객체의 변증법이 작용하고 있는 것이다.

수운은 데카르트의 '생각하는 자아'를 한번 더 분석하여 신령과 기화로 나눈다. 그리하여 '생각하는 자아'의 주체는 신령이며, 신령의 활동적 객체는 기화로 각각 설정된다. 이러한 시각에서 본다면 신령은 주체의 주체이다. 그러므로 동학에서 진정한 주체는 신령이다. 참 주체인 신령을 찾는 것이 동학의 길이고, 이 때 신령은 고립적 존재가 아니라 그 활동을 수반한다. 종이의 양면처럼 신령은 기화라고 하는 활동을 떠나서 홀로 존재할 수 없다. 이 신령의 활동이 기화이다. 이것은 사람이 천주를 모실 때 안팎에서 일어나는 정신적 사실이기도 하다. 즉, '나' 안에서 '참 나'가 나타나게 되고, 그 때 그 '참 나'의 기운이 또한 동시적으로 수반된다. 즉, 신령이 마음의 중심으로 자리잡게 되면서 이에 수반되는 기운 또는 현상이 나타난다. 그 '참 나'가 나타나고 그 활동이 드러나는 상태 또는 경지를 떠나지 않는 것이 바로 각지불이이다. 달리 말하면 참 주체인 영성의 목소리에 귀 기울여 한치도 그 뜻에 어긋남이 없이 행동하는 것이 모심이다. 동학이 말하는 주체적 사람은 신령으로서의 사람이다. 이처럼 신령의 뜻에 따르는 사람을 신인간이라 한다. 신령에 따른다는 것은 천도에 어긋나지 않으며, 어떤 걸림도 없이 우주법에 따르며, 하늘의 명령天命을 따른다는 의미로 이해할 수 있다.

사람의 행동을 ① 외부 세계의 자극에 따른 반사적 행동, ② 자아의 판단에 따른 사유적 행위, ③ 우주의 명령天命 또는 신령에 따라서 움직이는 행위로 나눌 경우 동학은 세 번째 행위를 사람이 가야 할 길이자 본성으로 보았다. 수운은 「도덕가」에서 『중용』의 '천명을 일러 본성이라 하고 그 본성을 따르는 것이 도天命之謂性 率性之謂道'라는 구절을 인용하여, 사람 안의 본성이 곧 천명임을 분명히 하고 이를 따르는 것이 곧 도라 하였다. 그러므로 우주의 법칙을 따른다는 것은 곧 본성을 따르는 길과 다르지 않음을 알 수 있다.

본성을 따르는 것이 도덕이다. 도덕적 행위란 안으로는 본성의 도를 따르고, 밖으로는 베풀어도 베풀었다는 생각이 없는 봉사 행위를 의미하는 것으로 본다. 즉, 인간이 만든 인위적 도덕률을 따른다는 뜻이 아니라 하늘의 명령天命을 따른다는 의미이다. 그러나 도덕률이 천명과 일치할 수 없는 것은 아니다. 공자는 『논어』「위정」편에서 '마음이 원하는 바를 따라도 어긋남이 없다從心所慾不踰矩'고 하였다. 이 경지는 천명에 합치된 인간 행위를 뜻하며, 위에서 말하는 도덕적 행위를 의미한다. 즉 본성을 따르는 행위이다. 이같이 본성을 따르는 행위를 성誠이라 한다. 본성을 따를 때 사람 행위는 물질의 노예도 아니며 자아의 포로도 아니며, 오직 영성에 따를 뿐이다. 하늘이 순수하고 한결같고 쉬지 않듯이純一無息 영성을 따르는 사람도 그와 같다. 그러한 사람을 성실한 사람이라 한다. 기화란 성실한 사람의 외적 활동을 의미한다. 즉, 천명과 본성을 따르는 성실한 사람의 활동이 기화이다. 그러므로 기화란 천명, 본성, 영성에서부터 사유하고 활동하는 것을 뜻한다. 수운이 발견한 사람은 바로 이와 같이 마음의 중심자리에 '참 나'가 서 있는 존재이다.

영적 존재로서의 사람 발견은 주체의 해체를 의미하는 동시에 주체철학에 기반하여 합리적으로 구성된 근대 사회의 붕괴를 의미하기도 한다. 그러나 영성 또는 본성은 합리성의 종말이 아니라 초극이며, 합리적 사회의 거부가 아니라 승화이기 때문에, 프랑스의 해체주의자들이 주장하는 것과 같은 합리주의의 해체는 아니다. 달리 말하면 영성은 모더니티의 합리성을 포함하는 새로운 합리성의 탄생으로 보아야 할 것이다. 모더니티의 합리주의와 구분하기 위하여 '영적 합리주의'라고 개념화할 수 있을 것이다. 수운이 발견한 신인간은 먼저 천주를 모시는 적극적 주체로 이해되지만, 그 주체 안을 자세히 들여다볼 때 보이는 것은 개체 주체가 아니라 보편적 천주이다. 다시 말하면 영적 존재이자 본성적 존재로서의 사람 발견이다. 신인간 안에는 우주적, 보편적 천주가 내재한다는 의미에서 신인간주의는 개인주의라기보다는 우주적 공동체주의라 부를 수 있다.

이상의 분석을 통하여 볼 때 모심은 개인 주체의 발견이자 동시에 보편 천주의 발견을 의미함을 알 수 있다. 인간관으로 보면 영적 사람의 발견이며 하늘 사람의 발견이다. 곧 도인, 군자, 성인의 자각이다.

제4절 자연성의 내재화: 자리잡음定

시천주를 통하여 신령과 기화를 발견하게 되는데, 조화정에 이르러서는 창조의 신인 신령과 변화의 우주 기운인 기화가 내 안에 자리잡게 된다. 모심과 자리잡음은 시간적 순서로 볼 수도 있으며 동시적 현상으로 볼 수도 있다. 다시 말하면 일정 단계까지는 내가 모셨으나, 모시는 대상이었던 신령과 기화가 모시는 주체인 '나' 보다 더 커지게 되면서 창조의 신령과 변화의 기운이 주체로서 자리잡게 되는 것이다. 달리 본다면, 천주는 내가 모시는 정도만큼 감응하기 때문에 모심에 곧바로 상응하여 내 안에 자리잡는다. 이 과정은 주고받는 동시적 과정으로 볼 수 있다. 어떻게 보든지 자리잡는다는 것은 천주가 내 안에 내재화한다는 의미로 볼 수 있다.

자리잡음의 주체는 내가 아니라 조화이다. 이 때 조화는 물론 천주조화이다. 자리잡는 것은 천주의 일이다. 조화는 창조와 변화의 줄임말이다. 우주를 창조하고 변화시키는 그 힘이 내 중심에 자리잡는 것이 조화정이다. 달리 말하면 우주를 창조하고 변화시키는 그 힘과 내가 하나가 된다는 의미이다. 나의 의지에 따라서 하는 것이 아니라 천주가 스스로 나에게 내려오는 것이다. 수운은 이를 강령降靈이라 부른다. 모심의 의미를 살펴보는 곳에서 알 수 있듯이, 수운은 먼저 모시는 주체로서의 사람을 발견하였으며 동시에 진정한 주체 또는 '참나' 가 신령이라고 하는 사실도 발견하였다. 그러므로 신인간의 탄생은 나의 노력에 신령이 감응하여 내려올 때 가능한 일이다. 하늘이 내 안에 내재할 때 가능한 것이다.

수운은 자리잡음을 '합기덕정기심合其德定其心'으로 풀었다. 합기덕은 하늘의 덕에 합하는 것이고, 정기심은 하늘의 마음에 자리잡는 것이다. 하늘의 덕이라는 것은 우주론적 설명이고, 하늘의 마음이라는 것은 인간학적 설명으로 차원만 다를 뿐이다. 하늘의 덕은 그 베풂이 끝이 없고 평등하여 미치지 않는 곳이 없다. 그러한 하늘의 덕이 내 안에 자리잡는다는 뜻이다. 하늘의 마음은 또한 넓고 평등하여 우주의 모든 존재를 한결같이 끌어안는다. 여기에서 덕은 도와 쌍을 이루고, 심은 영과 쌍을 이룬다는 사실에도 주의할 필요가 있다. 그것은 도道와 영靈이 주체 원리라면 덕德과 심心은 기운 원리에 해당한다. 도와 영이 내적 원리라면 덕과 심은 외적 원리에 해당한다. 도와 영이 수직 원리라면 덕과 심은 수평 원리에 해당한다. 시천주가 전자의 원리를 밝힌 것이라면 조화정은 후자의 원리를 밝힌 것이다. 우주의 창조와 변화라고 하는 시간과 공간이 내 안에 자리잡는 것이 곧 '합기덕정기심'인 것이다. 이는 끝없이 무궁무진한 천주의 덕과 합치하는 것이며, 또한 천주의 광대무변한 마음이 나에게 자리잡는 것이다. 곧 범아일여梵我一如요 천인합일天人合一이다.

천주의 덕은 베풀면서 베푸는지 모르고, 천주의 마음은 너르면서 너른 줄 모른다. 모든 존재에게 고르고 고른 덕을 베풀면서 또한 모든 존재들을 마음 안에 끌어안으나 오히려 무궁한 남음이 있다. 덕과 마음은 천주가 활발하게 드러나는 기운이다. 천주를 정성으로 모실 때 찾아오는 것이 바로 천주의 능력과 기운이다. 그러므로 조화정은 시천주를 전제로 한다. 내가 천주를 모시지 않는데 천주가 나에게 올 수 없다. 주체의 노력 여하에 따라서 천주가 감응하는 것이다. 모심은 온몸과 마음을 다하여 오직 천주를 모시려는 극진한 정성이다. 이는 우주 전체 또는 천주를 자신 안에 모시려는 사람의 주체적 활동이다. 그러나 사람의 주체적 노력만으로 완성되는 것은 아니다. 주체의 정성에 대한 객체의 반응이 있어야 한다. 자리잡음은 모심의 대상이자 객체였던 천주가 나에게 내려와 자리잡는 것이다. 천주가 감응 또는 강림할 때 천주의 모든 능력과 특성이 함께 따라온다. 그리하여 천덕이 '나' 안에 자리잡고, 우주심이 '나'에게 들어온다. 그리하여 내 마음은 우주심이 되고, 나의 덕은 하늘의 덕처럼 된다.

사유의 주체이자 우주의 주체로 등장한 근대인은 조화정에 이르러 객체로 전환된다. 그렇다고 중세가 도래하는 것은 아니다. 왜냐하면 단순한 위치 바꿈이 아니라 복잡한 상호 침투이기 때문이다. 원융회통圓融會通이라는 표현이 가장 적절할 것이다. 우주의 주인으로서의 조화가 사람 안에 자리잡음으로써 사람은 우주의 덕과 우주의 마음으로 다시 태어나게 된다. 천주의 덕과 천주의 마음이 나에게 자리잡게 되면서 새로운 주체가 탄생한다. 이 주체는 자기 안에 천주의 덕과 마음을 갖춘 신인간이라 하겠다. 그러므로 조화가 자리잡는다造化定는 것은 우주의 모든 존재들 안에 천주가 바르게 선다는 의미이다. 달리 말하면 천주의 덕과 마음이 온전하게 나타나게 된다는 것이다. 그리고 '하늘을 모시지 아니한 존재가 없다'는 말은 우주 어느 곳에도 하늘의 덕과 마음이 미치지 않는 곳이 없다는 의미이다. 이렇게 본다면, 조화정이란 모든 존재들의 가장 깊은 내면이 이처럼 하나로 통하게 된다는 의미로 이해할 수 있다.

우주 중심으로서의 근대적 주체는 시천주와 조화정에 의하여 안으로 영성을 모시고 밖으로 조화 기운에 통하여 새로운 인간으로 환골탈태換骨脫態된다. 다시 말하면 조화가 자리잡음으로써 나타나는 변화는 두 가지로 볼 수 있다. 하나는 창조造의 자리에 이르는 것이고, 다른 하나는 변화化의 자리에 이르는 것이다. 다시 말하면 하나는 주체가 영성화靈性化하는 것이고, 다른 하나는 우주화하는 것이다. 서구 근대성과 유사한 점이 있으나 이 점에서 근본적으로 갈라진다.

근대의 합리적 주체는 자유주의자에 의하여 개인화하고, 계급론자에 의하여 공동체화한다. 그렇게 함으로써 이들은 역사를 창조하는 주체로 등장하게 되고, 자연을 정복하여 산업화를 이루고, 사람을 교육하여 근대 문화를 형성한다. 근대의 합리적 개인에 비할 때 동학이 찾아낸 인간은 영적 깨달음에 이른 사람을 설정한다. 영적 깨달음에 이르렀다는 의미는 창조의 자리에 앉게 되었다는 의미이다. 동학이 발견한 사람은 피조물로서의 대상이 아닌 창조의 자리에 이르러 창조주와 합일에 이른 사람이다. 이는 전통 동양사상이 추구하는 범아일여나 천인합일과 같다. 수운을 이은 해월 최시형이 '사람이 하늘이다', '하늘 아닌 것이 없다'라는 말을 할 수 있었던 것도 이러한 이유에서이다. 사람은 이성적 존재에 그치는 것이 아니라 하늘적 존재, 즉 영적 존재로 다시 태어난 것이다. 영성은 이성이 끝나는 시점에서부터 시작되며 이 때 사람은 도인道人으로, 신인神人으로, 선인仙人으로, 부처로 탄생한다. 이성적 사람이 창조의 자리에 이르러 영성적 사람으로 태어나기 때문에 심화心化라 할 수 있고 영성화라 할 수 있다.

개인주의에 대한 안티테제로 사람의 사회성에 합리성을 부여하려는 공동체론은 존재의 관계망에 주목한다. 그러나 근대의 공동체론자들이 인간 존재의 망을 사회 또는 역사 안에 제한하려는 시도는 매우 의외적이다. 사회주의와 역사주의는 사람을 역사와 사회 안에 가두려고 하지만 동학은 인간 존재를 우주적 관계망까지 확장한다. 그리하여 인간 존재는 우주와 밀접한 상관관계에서 벗어날 수 없는 존재로 제시된다. 조화정은 우주적 관계망이 사람 안에 들어와 자리잡음을 의미하며, 인간 존재의 우주성을 말하는 것으로 볼 수 있다. 해월이 '물건마다 하늘이요 일마다 하늘이다物物天事事天' 라고 하면서 '사람을 하늘로 모시라事人如天' 고 하는 이유도 여기에 있다. 전근대가 신을 중심으로 하늘-사람-자연을 위계질서화하였다면, 근대는 사람을 중심으로 사람-자연-하늘로 위계질서를 재편하였다. 그러나 동학은 사람을 중심으로 이 셋을 하나로 관통하여 평등화하였다고 할 수 있다. 이와 관련하여 해월이 경천敬天-경인敬人-경물敬物을 똑같이 중시한 사실을 주목할 필요가 있다. 동학이 우주를 하나의 기운渾元一氣으로 본다거나 우주를 하나의 보편적 형제 자매物吾同胞 人吾同胞로 보는 이유도 여기에 있다. 신인간에게 있어 우주는 하나의 기渾元一氣의 다양한 모습이며, 우주 만물은 한 부모 아래의 형제 자매일 뿐이다. 영적 절대평등에 입각한 보편주의와 동포주의가 등장하게 된다. 그렇게 함으로써 동학은 보편 생명을 살리는 길로서 제시된다.[4](「吾道之運」).

자리잡음은 사람 안에 영성과 우주가 자리잡는 것이다. 영성과 우주는 동전의 양면과도 같다. 왜냐하면 영성은 우주 전체를 하나로 관통하는 원리이자 기운이기 때문이다. 안으로 보면 영성이고 밖으로 보면 우주이다. 바꿔 말하면, 안으로 보면 하나이고, 밖으로 보면 다수이다. 하나와 다수는 안팎이기 때문에 하나를 통하고 보면 만사에 통하지 않는 곳이 없게 되는 것이다.

4 해월은 "서양의 무기는 세상 사람이 견주어 대적할 자 없다고 하나 무기는 사람 죽이는 기계를 말하는 것이요, 도덕은 사람 살리는 기틀을 말하는 것"이라 하여 동학의 도는 보편적 생명을 살리는 길임을 분명히 한다.

시천주와 조화정은 영세불망永世不忘 만사지萬事知로 이어진다. 조화정에 이르러 주객 전환 또는 주객의 종합통일 또는 원융회통이 일어나게 되면서 만사지로 넘어가게 된다. 여기에서 앎知은 이중구조임을 알 수 있다. 하나는 내가 천주를 앎이며侍天主, 다른 하나는 천주가 나를 앎이다造化定. 하나는 내가 천주를 향하여 가는 길이고, 다른 하나는 천주가 나를 향하여 오는 길이다. 가고 오는 길이 회통하여 어떠한 막힘이 없는 상태를 앎의 경지라 한다. 두 길이었던 것이 지에 이르면 하나의 큰 길로 통하게 된다. 그러므로 나와 천주 사이에는 어떠한 막힘도 없고 알지 못하는 것이 없게 된다. 물론 그렇게 되기 위해서는 사람의 마음이 하늘의 마음을 한시도 잊지 말아야 한다. 하늘을 잊는 순간이 있다면 그것은 영세불망이 아니다. 둘이 완전히 하나가 되면서 우주의 주인인 천주를 알게 되고, 천주의 작용이자 기운인 우주의 모든 것을 알게 된다. 동시에 그것은 자신을 아는 것이며 자신을 둘러싼 우주를 아는 것이다. 나와 천주가 이렇게 완전히 회통會通하면 둘 사이에는 거리가 없어지면서 통일統一 융합融合된다. 거리가 없어지기 때문에 시간이 사라지게 되며, 시간이 사라지면서 영원의 문으로 들어서게 된다. 그러므로 이 앎은 영원토록 잊을 수 없는 앎이며, 영원히 잊혀지지 않는 앎이다. 앎을 통하여 시공간의 유한존재는 무한존재로 바뀌는 것이며, 불완전이 완전으로 되는 것이다.

제5절 새로운 인격의 탄생: 앎知

창조의 주체인 영성과 변화의 객체인 우주가 내 안에 자리잡게 되는 그 때 '나'는 모르는 것이 없게 된다. 왜냐하면 시천주를 통하여 발견한 신령과 기화라고 하는 천주가 조화정의 계기를 통하여 내 안에 완전히 자리잡기 때문이다. 즉, 우주의 모든 것이 바로 '나' 안에서 이루어지기 때문에 '나'는 이 모든 것의 주인이 되어 일체를 바라보게 된다. '나'의 밖에 존재하는 것은 아무것도 없기에 '나'는 모든 것을 알게 된다. 이처럼 앎은 '시정지'의 마지막 동사로서 모심과 자리잡음의 종합적 승화이다. 그러므로 지知는 시侍와 정定과는 다른 차원으로의 종합적 초월이라고도 할 수 있다.

수운은 지知를 '지자 지기도이수기지야 고 명명기덕 염념불망즉 지화지기 지어지성知者知其道而受其知也 故明明其德 念念不忘則至化至氣 至於至聖'(「論學文」)으로 풀이하였다. 수운의 분석을 현대적 용어로 재분석해 보면 그 의미가 보다 분명해진다. 앎이란 사람이 영적 천주이자 우주적 보편체라는 천주의 도 또는 천주의 진리를 아는 것이다. 앎이라 할 때 그 대상이 무엇인가를 수운은 먼저 분명하게 밝혀 준다. 앎의 대상은 일반적인 대상이 아니라 천주의 도이다知者知其道. 자연 대상을 안다는 것이 아니라 천주의 도가 곧 앎의 대상이다. 천주의 도란 하나는 '사람이 하늘'이라는 도요, 다른 하나는 '사람은 조화 기운'이라는 도이다. 이를 아는 것이 지知이다. 전자는 신령이며 후자는 기화이다.

이 때의 앎은 내가 아는 것이 아니요 오히려 하늘이 내게 주신 것이다. 그러므로 수운은 그 앎을 받는다受其知也고 말한다. 천주를 모시는 것은 '나'이지만, 천주가 내 안에 자리잡을 것인지 아닌지는 천주의 뜻이다. 앎은 천주가 내 안에 자리잡아 내가 그것을 온전히 받을 때 이루어진다. 상호 교감을 통하여 아는 것이다. 원융회통圓融會通이라는 표현이 보다 적절할 것이다. 어떤 왜곡도 없는 완전한 소통인 것이다.

나와 천주 사이에 어떤 걸림돌이나 일그러짐도 없기 때문에 원융이라 할 수 있으며, 나와 천주 사이에 어떤 막힘도 없이 통하기 때문에 회통이라 할 수 있다. 굳이 받는다라는 표현을 쓴 것은 앎의 원융회통적 특성을 강조하기 위함이다. 받는다고는 하지만, 준 적도 없고 받은 것도 없는 것이 또한 동학의 도이다. 왜냐하면 그 도는 받기 이전에도 있었고, 받는 중간에도 있었고, 받은 이후에도 영원히 있을 것이기 때문이다. 언제나 그 자리에 그렇게 있었기 때문에 주거나 받는다는 말이 불필요한 것이다. 그러나 수운이 앎을 받는다고 표현한 것은 천주가 주체임을 명확히 하기 위함이다. '지知'는 주객의 합일에서 나타나는 새로운 경지로서 '나'에게 주어지는 것임을 알 수 있다.

앎이 무엇인가에 대한 이와 같은 분석 이후 수운은 『대학大學』을 연상시키는 용어로 지知를 풀이한다. 수운의 설명은 『대학』의 첫 구절 '대학지도 재명명덕 재친민 재지어지선大學之道 在明明德 在親民 在止於至善'을 연상시킨다. 대학의 요체가 이 첫 구절에 있으며 학자에 따라서 수많은 해석이 가해졌다는 사실을 감안하면, 수운의 지知에 대한 이해도 해석의 여지가 크다. 『대학』의 이 첫 구절 해석을 둘러싼 다양하고 복잡한 학파와 학설이 대립 상충하지만, 일반적으로 주자학적인 해석과 양명학적인 해석으로 분류할 수 있다. 수운의 '지知'는 왕양명의 '양지良知'와 상통한다. 왕양명의 "양지良知는 하나로서 그 묘한 작용을 일컬어 신神이라 하고, 그 움직이고 행동하는 것을 일컬어 기氣라 하고…"[5]라는 구절은 창조의 신령과 변화의 기화가 내 안에 자리

5 『王陽明全集』 上, 上海古籍出版社, 1997, 62쪽. "夫良知一也,以其妙用而謂之神,以其流行而言謂之氣,以其凝聚而言謂之精,安可以形象方所求哉?"

잡은 결과로 '지知'를 말하는 수운의 논법과 큰 차이가 없다. 또한 양지를 본성, 본체, 미발지중未發之中으로 보는 것은 만사지를 본성의 회복, 본체의 정립, 주객의 종합 초월로 보는 것과 일치한다. 수운의 만사지는 주자학적인 이학理學보다는 왕양명의 심학心學과 상통하는 면이 크다. 두 학파의 상통점이나 차이점에 대한 비교분석 내지 평가는 다른 학자나 이후의 연구로 미루고, 여기에서는 지금까지의 모심과 자리잡음에 대한 분석을 토대로 수운을 이해하는 것으로 만족한다.

'명명기덕明明其德'은 천주의 밝은 덕을 밝히는 것이다. 천주의 덕은 본래 밝은 것이며, 티끌 한 점 없이 맑은 것이다. 사람의 본성은 본래 하늘의 본성과 같아 밝고 또 밝은 것이다. 워낙 밝아서 밝다고 할 수 없다. 빛 없는 빛이다. 그 빛은 모든 것을 밝히는 본래적 밝음이다. 그런데 본래 밝은 덕을 왜 다시 밝힌다고 하였는가? 이 점이 흥미롭다. 그것은 시천주 논리와 같다. 천주가 이미 모셔져 있는데 굳이 모시라고 하는 이유가 무엇인가를 안다면 밝은 덕을 밝히라는 의미도 자명해진다. 사실 사람의 본성이 이미 하늘인데 누가 누구를 모신다는 말인가? 똑같은 논리로 이미 밝은 덕을 어찌 다시 밝히는가? 그러므로 해월은 '하늘이 하늘을 먹는다以天食天'고 하였다. 이러한 논리는 하늘의 눈으로 볼 경우의 일이다. 하늘의 눈으로 볼 때 모든 관계는 하늘과 하늘의 절대적 평등관계이기 때문에 어떤 차이도 없다. 모든 것이 하늘이므로 따로 무엇을 찾는다거나 구할 것이 없는 경지라고 할 수 있다. 오직 고요하고 한 점 움직임도 없는 평화만이 있을 뿐이다. 『대학』의 마지막 구절인 '평천하'의 평平도 이러한 경지로 볼 수 있다.

그러나 사람의 눈으로 볼 때 사정은 달라진다. 원래 모셔져 있는 천주를 잊어버려 자신이 하늘인 줄 모르기 때문에 사람은 천주를 모셔야 하며, 원래 밝으나 밝은 줄 모르기 때문에 밝혀야 하는 것이다. 그러므로 '명명기덕'은 시천주에 상응하는 사람의 존재 구조이자 당위로 볼 수 있다. '명명기덕'은 사람이 할 바이다. 달리 말하면 사람이 가야 할 길이다. 어둠을 밝히는 것이 아니라, 본래 밝았으나 어떠한 이유에 의해서 어두워진 것을 다시 밝히는 것이 명명기덕이다. 하늘의 눈으로 볼 때 어둠은 없다. 어둠은 하늘의 특성이 아니라 땅의 특성이다. 태양은 언제나 빛나지만 우리는 밤낮이 있다고 말한다. 왜냐하면 우리는 지구상에 살고 있기 때문이다. 명명기덕은 땅에 의하여 가려진 하늘의 본래적 밝음을 회복하기 위하여 땅의 어둠을 치우라는 것이다. 치우면 본래의 밝음이 자동적으로 빛을 발하는 것이다. 구름이 걷히면 푸른 하늘이 원래 그렇게 있듯이 본래의 밝음도 언제나 그 자리에 그렇게 있다. 이 밝음을 지속적으로 유지하여 한순간도 잊지 않게 될 때 드러나는 경지가 지화지기 지어지성至化至氣 至於至聖이다. 시정지로 볼 때 명명기덕이 시천주에 해당한다면 지화지기 지어지성은 조화정에 해당한다. 사람의 주체적 노력에 의하여 본래 밝은 덕을 밝히면 '나'는 지극한 기운으로 변화하는데 이르러 '나'에게 지극한 성스러움이 찾아온다. 그 성스러움이 내 안에 자리잡게 되면 '나'는 신인간으로, 성인으로 태어나는 것이다. 동학의 궁극 목적은 하늘의 지극한 기운과 하나가 되어 지극한 성인이 되는 것이다.

지화지기는 사람이 지극한 기운으로 변화하는 것이다. 화化는 동일물이 다른 사물로 형태가 바뀌는 공간적 의미가 강조된다. 반면 조造는 동일 사물이 시간에 따라서 바뀐다는 의미가 강조된다. 즉, 조造는 이전에는 없던 것이 새로이 생기는 창조라면, 화化는 동일한 사물이 공간에 따라서 다른 모습으로 나타나는 변화를 의미한다. 지기至氣는 우주의 하나의 기운渾元一氣을 의미한다. 지극한 기운은 우주 전체를 관통하는 하나의 미묘한 기운이다. 본래 내재하는 밝음을 밝히게 되는 가운데 우주의 한 기운이 나에게 찾아오게 되어 내가 그 우주 한 기운과 하나가 되는 것을 '지기로 화하는 데 이른다' 고 볼 수 있다. 지기는 천주의 지기로서, 먼저 천주의 기운에 합하여 하나가 된다. 조화정에서 정定에 대한 수운의 해석을 상기한다면, 이 때 지기는 곧 천주의 덕이자 마음合其德定其心임을 알 수 있다. 우주 한 기운이 찾아와 나에게 자리잡게 되면 '나' 는 더 이상 '나' 가 아니라 우주 한 기운으로 성스러운 천주가 된다. 이것이 지성至聖이다. 이곳에서 사람의 여행은 끝나고 성인聖人이 탄생하며 신인간이 탄생한다.

지知 안에 시侍와 정定이 들어 있다. 모심과 자리잡음만 있는 것이 아니라 양자의 종합인 앎도 들어 있다. 앎에는 모심 · 자리잡음 · 앎이라는 세 가지 구조가 들어 있음을 알 수 있다. 앎은 결과이다. 주객의 합일적 초월이다. 여기에서 앎은 두 방향으로 향한다. 하나는 외적 존재에 대한 앎이며, 다른 하나는 내적 존재에 대한 앎이다. 하나는 불생불멸하는 천주를 아는 것이요, 다른 하나는 태어나 존재하다가 없어지는 우주 만물의 운동에 대한 앎이다. 이 두 가지에 대한 앎이 동학의 앎이다. 그러나 앎은 두 가지를 아는 데 그치는 것이 아니라 양자의 초월이기도 하다. 따라서 앎은 시정지侍定知의 세 계기를 포함한다. 두 가지를 안다고 할 수 있지만 사실상 그것은 하나의 앎일 뿐이다. 왜냐하면 천주 안에 우주 만물이 있으며, 우주 만물 안에 또한 천주가 있기 때문이다. 그러므로 앎은 찰나 안에서 영원을 보는 것이며, 영원에서 찰나의 파노라마를 보는 것이다. 그것은 둘이면서 하나라는 사실을 아는 것이다. 우주 만물 안에서 영원한 불생불멸을 보기 때문에 만사지는 만사가 천주와 다르지 아니함을 아는 것이요, 천주 또한 우주 어느 곳이든지 존재하지 않는 곳이 없다는 사실을 아는 것이다. 천주는 우주 전체의 주인이며 조화는 우주 전체의 손님이다. 이 둘 사이의 놀이를 동시에 아는 것이 동학의 앎이다. 앎에 이르러 인간은 본성을 회복하고, 천명에 합치하며, 천지 자연의 이치를 바로잡게 된다. 달리 표현하면 인간-하늘-자연이 합일된다. 그러므로 마음대로 행동해도 하늘의 뜻에 거슬리지 않으며 자연의 법칙에 부합한다. 하늘의 뜻에 부합하는 것을 도라 하고, 자연의 법칙에 부합하는 것을 덕이라 한다. 지知는 하늘-땅-사람天地人이 완전히 통하여 어떠한 막힘이 없는 깨달음을 의미함을 알 수 있다.

제6절 맺음말

시정지는 사람이 성인으로 되는 과정철학이자 실천수행이다. 그 뜻이 명확하고 그 수행이 정확하다면 시정지를 통하여 사람은 신인간으로 다시 태어난다. 즉, 사람은 도인道人, 성인聖人, 신인神人으로 탄생한다. 수운은 신인간의 탄생을 통해서만 동양의 전통이 무너지고 서양이 근대성으로 침략하는 19세기 말의 위기 상황을 극복하여 새로운 문명을 창조할 수 있다고 보았다. 동양과 서양의 종합적 지양을 통하여 인류의 갈 방향을 고민했던 수운이 제시한 답이 시정지이다. 시정지를 통하여 신인간이 탄생하고, 신인간에 의하여 신사회가 창건된다. 수운은 오만 년에 걸쳐서 이 과정이 일어날 것으로 보았다. 수운은 신인간의 탄생을 위기 극복의 최대 관건으로 보았으며, 그 구체적 방법으로 제시한 것이 시천주 주문이다. 주문의 내용인 시정지의 분석을 통하여 신인간은 다음과 같은 특성을 가진다고 볼 수 있다.

첫째, 신인간은 주체적 영적 존재이다. 우주 전체를 끌어안는 주체의 철학이 가능할 수 있었던 것은 천주를 모심의 대상으로 설정함으로써 가능해졌다. 즉, 우주 전체를 대상으로 자신을 모시는 주체로 설정함으로써 동학의 주체적 사람이 탄생하였다. 그러나 데카르트처럼 '생각하는 자아' 에서 주체성을 찾은 것이 아니라, 동학은 생각하는 자아의 심연에 신령이 존재함을 자각하여 여기에 주체성을 부여하였다. 신령을 모신다는 것은 진정한 참 주체의 발견이다. 동학이 근대성의 개인주의나 공동체주의에 빠지지 않고 보편주의로 나갈 수 있었던 것은, 영성 또는 천주가 사람의 본성이자 만물의 주체임을 자각했기 때문이다. 흥미롭게도 데카르트의 '생각하는 자아' 가 배척한 신을 수운은 '사유하는 자아' 안에 영성 또는 신령으로 존재함을 발견했다.

둘째, 신인간은 우주적 공인公人이다. 천주가 주체로 자리잡은 신인간은 우주적이며 보편적이다. 천주가 '나' 에게 자리잡을 때 나타나는 변화는 두 가지이다. 하나는 천주처럼 베풀었다는 생각을 하지 않고 하늘처럼 무한한 덕을 베푸는 것이요, 다른 하나는 무궁무진한 우주를 감싸는 보편심이다. 덕은 무한한 사랑이고 자비이며, 무궁한 보편심은 우주적 형제애이다. 동학의 보편성은 여기에 기초하고 있다. 우주는 하나의 기운 덩어리이며, 다른 사람뿐만 아니라 동물과 무생물까지 하나의 동포이자 형제 자매로 본다. 여기에서 우주적 보편 존재가 탄생하며, 동학의 신인간은 보편 존재임을 알 수 있다.

셋째, 신인간은 성인聖人이다. 진정한 주체는 천주이며, 진정한 객체는 하나의 연결된 기운이라는 사실을 아는 존재가 성인이다. 그렇기 때문에 성인은 만물 속에서 천주를 보며, 천주 안에서 또한 만물을 본다. 둘이면서 하나라는 진리를 깨우친 존재이다. 자연과 사람의 관계가 그러하고, 사람과 신의 관계 또한 그렇다. 시정지를 통하여 수운은 자연-사람-신의 절대평등의 문을 열어 보였다. 수운은 삼자를 완전 회통시켰기에 동학을 유불선의 근본 원천이라 평가하는 것이다. 유불선의 교리나 의식을 통합시킨 것이 아니라, 공자 · 부처 · 노자가 도달한 깨달음의 근원이 수운에 의하여 온전하게 드러났다고 하겠다.

수운이 신인간이라 하는 존재는 영적 사람, 보편 사람, 성인으로 이름 부를 수 있을 것이다. '사람이 하늘이며 또 지극한 기운이다.' 다시 말하면 사람이 곧 천주이며 우주 기운이다. 수운에게 있어 천주는 나의 대상이면서 주체이며 또한 양자를 넘어선 존재이다. 내가 천주를 모실 때 천주는 나의 대상이며, 천주가 나에게 자리잡을 때 천주는 나의 주체이며, 양자가 원융회통하면 천주는 주객을 넘어선다. 그곳은 생각을 넘어섰기 때문에 말할 수 없고, 감각을 넘어섰기 때문에 형용할 수 없다. 한없는 덕과 무한한 마음만이 느껴질 뿐이다. 그렇기 때문에 수운은 '하늘天'에 대하여 말하지 않았다. '하늘'은 영원토록 주체이기 때문이다. 수운은 시정지 세 동사를 통해서 그곳으로 되돌아갈 수 있음을 보여 주었다. 시정지는 인간 본성과 우주 법칙인 동시에 모든 사람이 그것을 통하여 완전해질 수 있는 구체적 수행법이다. 수운은 동학의 신문명은 신인간에 의하여 탄생될 것으로 보았다.

제3장 해월의 사물物 이해*

제1절 머리말

신은 하늘에 있고 사물은 땅에 있으며, 신은 초월이고 사물은 현상이며, 신은 무한하고 사물은 유한하며, 신은 감각을 넘어서고 사물은 감각의 대상이라고 한다. 그러므로 사물의 법칙을 밝히는 과학과 초월에 대한 학문인 신학은 뚜렷하게 구분된다. 신과 사물의 관계는 철학자라면 누구나 나름대로의 입장을 가지지 않을 수 없는 주제이기 때문에 고대로부터 철학적 주제로 많이 다루어져 왔다. 신과 자연에 대한 입장 차이는 곧 사람에 대한 이해를 달리하기 때문에 정치철학에서 자연관은 중요하다.

플라톤은 생멸하는 현상계와 본질적으로 구분되는 영원히 꺼지지 않는 빛과 같은 이데Idee를 찾았다. 중세 철학의 완성가라 할 수 있는

* 「해월의 사물(物) 이해」, 『동학연구』 제8호, 한국동학학회. 2001.2, 1-17쪽.

어거스틴은 영육靈肉의 영원한 분리와 종합을 겪어야 하는 인간 삶을 고백하였다. 데카르트는 연장res extensa을 근본 특성으로 하는 물질과 생각을 핵심 성격으로 하는 의식res cogitans의 차이를 명석하고 분명하게 해주었다. 인간은 신과 물질의 종합물로 이해되며, 인간됨의 핵심은 의식에 의한 물질의 통제로 추론된다. 사물과 신의 관계에 대한 동양의 관심도 마찬가지로 깊고 높다. 부처는 변화무쌍한 인생사의 고해와 불생불멸의 적정의 관계에 대한 깊은 성찰을 위해 출가하여 나름대로의 깨달음을 얻었으며, 노자도 유한한 말로써는 표현할 수 없는 무한의 경지인 도와 덕에 대한 해답을 얻었다. 공자도 변화무쌍한 현상계 안에서 인간이 해야 할 도리와 지켜야 할 윤리로써 인仁을 찾아 제시한다. 주희에 이르면 현상계의 기氣와 불변적 법칙계인 이理는 명명백백하게 구분되어 송 · 명 시대의 핵심적 화두가 된다. 종교가와 철학가는 신과 사물의 관계에 대한 정밀한 논리 체계를 나름대로 발전시켰다. 수운 최제우는 19세기 말이라는 전환기적 삶의 세계에서 천주에 대한 뚜렷한 체험을 계기로 동학을 창도하였다. 사물과 신의 관계에 새로운 자각이 동학의 출발점이 되고 있으며, 수운은 양자의 관계를 '천주 모심侍天主' 으로 요약했다.

수운은 자신의 깨달음은 5만년 만의 일로서 완전히 새로운 것이라 자부하는데, 그 새로움이라는 것이 무엇인지를 해월의 언설을 중심으로 사물과 신의 관계를 분석하는 것이 이 글의 의도이다. 요점을 말하면 해월은 신과 사물의 차이를 해체시켜 양자를 하나로 관통해 버린다. 해월은 양자간의 차이를 무너뜨려 양자를 회통會通시켜 동일화한다. 그러므로 그는 '땅을 어머니 살처럼' 여기라고 하며, '물物마다 하늘이라' 하였다. 뿐만 아니라 '물과 사람이 하나의 동포' 이며, '밥

한 그릇을 먹는 것이 모든 것을 아는 것'이라 하였다. 따라서 해월은 "물을 공경하는 데 이르러야 도덕의 극치에 이른다"고 하였다. 독창적일 뿐만 아니라 혁명적인 해월의 이와 같은 발언들을 어떻게 이해해야 하는가? 기존의 종교나 철학 관념으로는 이해하기 힘든 해월의 언명들을 해석학적으로 접근해 봄으로써 동학의 새로움이 무엇을 뜻하는지를 고찰해 보는 것이 이 글의 목적이다. 사물에 대한 이해를 토대로 괴멸의 위험에 처한 생태계에 대한 우리의 자세를 새롭게 모색해 볼 수 있을 것이다. 생태정치학의 기초는 사물에 대한 새로운 이해를 기초로 전개될 수 있을 것이다.

제2절 사물과 기운

현대과학은 더 이상 물질을 원자로 말하지 않는다. 아인슈타인은 시공간의 상대성을 말하고, 물질의 상대성을 $E=mC^2$이라는 명쾌한 수식으로 제시하였다. 하이젠베르크의 상대성론이나 양자역학 등의 시각에서 보면 물질은 단지 갇힌bottled up 에너지에 불과하다. 물리학에서 고립된 개체성은 이미 하나의 환영에 불과할 뿐이다. 반면 사회과학은 아직까지 방법론적 개체론에 의거하여 사회를 설명하려는 경향이 지배적이다. 물리학적 패러다임의 변화 속도를 따라가지 못하고 있는 것이다. 흥미로운 것은 이와 같은 현대과학의 사물관과 동학의 사물관의 의사소통성이다.

역사적 거리와 접근법의 차이에도 불구하고 동학은 물질을 딱딱한 덩어리보다는 일종의 기운으로 본다. 음식에 대한 이해에서 물질을 기운으로 보는 해월의 이해가 분명하게 나타나고 있다. 즉, '식고食告' 이야기를 살펴보면 이 점이 분명해진다.

해월은 '곡식이란 오행의 바탕 기운'[1](「천지부모」)이라 하여 곡식을 물질로 바라보기보다는 기운으로 바라본다. 기운은 그 성향에 따라 동양에서는 일찍이 음양오행론에서 보이는 바와 같이 근본적 기운은 음양 두 가지이며, 둘의 작용으로 다섯 가지가 나온다. 가령 활기차게 타오르는 불 기운火, 조용하게 내려가는 물 기운水, 밖으로 뻗는 나무 기운木, 안으로 수렴하는 쇠 기운金, 다른 기운들을 종합 · 조정하는 땅 기운土으로 분류하였다. 물질 · 음식 · 사람 등 모든 것은 이 분류에 의거하여 유형화되었다. 곡식을 기운으로 보는 시각은 단백질 · 탄수화물 · 무기질 등과 같은 원자 단위의 물질로 계산하는 근대적 영양학의 시각과는 큰 차이점을 보인다.

해월에 의하면 사람은 '오행의 빼어난 기운秀氣'[2](「도결」)이다. 사람은 기운 가운데 가장 빼어난 기운이며 음식은 원기元氣이다. 차원의 차이가 있을 뿐 혼원일기의 변형이다. 그렇기 때문에 사람이 밥을 먹는 것은 우주의 빼어난 기운이 우주의 바탕 기운을 먹는 것이 된다. 즉, 곡식의 기운이 사람의 기운으로 바뀌는 과정이 있을 뿐이다. 그러면 그 기운은 어디에서 온 것인가 하는 의문이 자연스럽게 제기된다. 그 기운은 하늘과 땅天地에서부터 왔다는 것이 해월의 설명이다. 이 점은 누구나 쉽게 알 수 있다.

한 알의 곡식이 만들어지기 위해서는 우주 전체의 협동이 필수적이다. 태양 · 바람 · 물 · 땅만으로도 될 수 없으며 우주 전체가 요청된

1 "穀是五行之元氣也"
2 "人是五行之秀氣也"

다. 우주 전체가 협동하여 만들어 낸 결과물이 곡식이기 때문에, 해월은 '곡식이란 것은 천지의 젖'[3](「천지부모」)이라 한다. 달리 말하면 천지가 만들어 낸 정제된 기운이 바로 곡식인 것이다. 해월의 사유에서 보면 곡식은 단순히 탄수화물 덩어리, 단백질 덩어리로 이해되는 것이 아니라 천지의 정수精髓로 이해되고 있다. 천지의 정수를 먹고 살기 때문에 생명을 유지할 수 있으며, 그에 대한 고마움을 표시하는 것이 곧 '식고'인 것이다. 해월은 '식고는 반포의 이치요 은덕을 갚는 도리'(「천지부모」)라고 한다. 곧 생명을 유지할 수 있게 해준 천지에 대한 감사의 마음이라 할 수 있다.

식고의 원리는 상식적 추론으로 누구나 쉽게 알 수 있다. 즉 한 알의 곡식이 밥상에 오르기 위해서 자연적 조건이 알맞아야 하며 수많은 사람들의 노동이 가미되어야 한다. 또한 한 알의 곡식이란 근원을 추적해 들어가면 결국 빛이 엽록소로 바뀌고, 탄수화물과 단백질 등으로 바뀌었다는 사실을 쉽게 알 수 있다. 그러므로 곡식은 변화된 빛인 줄 알 수 있다. 즉, 곡식은 갇힌 빛인 셈이다. 물론 음식을 먹는 사람도 빛 덩어리임을 알 수 있다. 여기까지는 누구나 생각만 하면 쉽게 이해할 수 있다. 문제는 그 빛이 어디로부터 왔는가 하는 점이다. 이 점을 밝히기 위해서는 수운의 '불연기연不然其然'의 개념을 빌릴 필요가 있다.

수운은 내가 어디로부터 왔는가 하는 점을 예로 들어 최초의 아버지까지 추론해 나가는 방식을 기연其然이라 하였고, 최초 아버지는 아버지 없이 어떻게 아버지가 되었는가 하는 질문을 제기하면서 이는

3 "穀也者天地之乳也"

상식적 추론으로는 도저히 알 수 없는 불연不然이라고 하였다.(「不然其然」). 동양에서 최초의 사람으로 일컬어지는 천황씨天皇氏는 아버지가 없는 사람인데 어찌된 일인가라고 묻고 있다. 수운의 대답은 의외로 간단하다. 최초의 인간인 천황씨는 자신의 본성인 천주를 깨달음으로써 최초로 사람이 되었다고 한다. 즉, "조물자에 부쳐 보면 그렇고 그렇고 또 그러하다"[4](「不然其然」)고 하였다. 다시 말하면 천황씨란 자신의 본성인 조물자를 깨우쳐서 비로소 최초의 사람이 된 것이고 최초의 도를 가르친 것이며, 최초의 공동체를 이룬 것이라고 한다. 우리들은 곡식이 있게 된 원인을 눈에 보이는 바대로 추론하여 햇빛이라는 데 이르렀으나 그 너머는 알 수가 없다. 그 알 수 없는 영역을 수운은 불연이라고 하였고, 그 세계는 천주를 깨달을 때 자명하게 된다고 하였다.

수운의 불연기연不然其然을 따르면 햇빛은 천주에게서 온 것이 된다. 수운은 「포덕문」에서 불연을 알아서 최초로 문서로 만든 것은 오제五帝 이후라고 하였다. 오제는 일동일정一動一靜과 일성일패一盛一敗를 천명에 부쳤다고 하여 일체 사물과 원리의 근원으로서 천명을 최초로 깨달아 문명을 열었다는 점을 강조하였다. 이러한 논법을 적용하면 곡식은 햇빛에서 왔고 햇빛은 보이지 않는 빛인 천주로부터 왔다고 할 수 있다. 천주는 보이지 않는 빛으로 일체 빛의 근원이라 할 수 있다. 수운은 이 근원에서 일체 만물이 나온다는 사실을 깨달았다는 점을 불연기연의 논법으로 설명하였다. 그러므로 불연은 일반적 의식에서 보면 한없이 멀고, 어려우며, 보이지 않으며, 그렇지 않다不然고 하

4 "付之於造物者則 其然其然 又其然之理哉"

겠다.

보이지 않기 때문에 보려고 해도 보이지 않으며 들으려고 해도 들리지 않는 것이다. 오직 천주의 눈으로 볼 때 보이고 들리는 것이다. 그 때 비로소 그렇고 그렇다는 사실을 깨닫게 된다. 여기에서 깨닫는 것은 무엇을 깨닫게 된다는 말인가? 곡식이 온 궁극을 찾아서 말하면 천주라는 사실을 깨닫게 된다는 뜻이다. 보이는 바대로 하자면 곡식은 햇빛 덩어리라고 할 수 있지만, 보이지 않는 바대로 하자면 곡식은 보이지 않는 빛이라고 할 수 있는 천주의 표현이라고 해야 할 것이다. 이렇게 되면, 식고를 통하여 감사하는 대상은 보이는 빛이 아니라 보이지 않는 빛임을 알 수 있다.

불연기연으로 살필 때 해월이 "사람은 한울을 떠날 수 없고 한울은 사람을 떠날 수 없나니, 그러므로 사람의 한 호흡, 한 동정, 한 의식도 이는 서로 화하는 기틀이니라."[5](「천지부모」)고 말한 이유를 알 수 있다. 뿐만 아니라 그 경지에서 보면 "만사를 아는 것이 밥 한 그릇을 먹는 데 있다"[6](「천지부모」)고 말할 수 있게 된다. 밥 한 그릇이 있기 위해서는 유형의 우주와 무형의 천주가 함께 작용하였다는 뜻이다. 다시 말하면 보이는 빛과 보이지 않는 빛이 함께 만들어 낸 것이 밥 한 그릇이 되는 것이다. 과학은 우리가 먹는 음식이 태양빛 덩어리임을 밝혀 줄 수 있으나, 보이지 않는 빛 덩어리라는 사실은 말해 줄 수 없다. 불연의 세계에 대한 이해를 한 사람만이 한 그릇의 밥에 보이지 않는 빛이 작용하였음을 알 수 있다. 해월에 의하면 이 점을 최초로 밝힌 사람은 수운이다. 해월을 따른다면, 사물 안에 존재하는 하느님을 명확

5 "人不離天天不離人故 人之一呼吸一動靜一衣食 是相與之機也"
6 "萬事知 食一碗"

히 이해하고 그 자리에 감사를 드리는 식고는 수운에 의하여 최초로 밝혀진 것이 된다. 여기에서 먹는 것과 아는 것이 또한 다르지 않음도 알 수 있다. 먹는 것이나 안다는 것은 밖의 대상을 주체화하는 작용이라는 점에서 똑같다. 밥 한 그릇에 유무형의 빛이 들어 있으니 우주 만유가 다 들어 있는 것과 같으므로, 음식을 소화한다는 것은 만사를 아는 것과 동일해진다. 만사를 마음으로 다 소화하는 것이 앎이기 때문이다. 즉 지행일치知行一致를 알 수 있다.

여기에 이르게 되면 해월의 사물관이 비교적 자명해졌다고 보인다. 물질은 원자 덩어리가 아니라 천주의 표현에 불과하게 된다. 해월의 제자인 의암 손병희는 일체 우주 만물은 '성령이 세상에 나타난性靈出世' 것으로 보았다. 달리 말하면 물질이란 보이는有形 천주이고, 신이란 보이지 않는無形 천주일 뿐이다. 보이고 보이지 않는 차이만 있을 뿐 근본 바탕에는 아무런 차이가 없는 것이다. 비유적으로 말하면 얼음과 수증기는 같은 H_2O이지만 존재하는 조건적 차이만 있을 뿐이다. 조건의 차이는 본질적 차이는 아니다. 수운이 천주로부터 들었다고 하는 '내 마음이 네 마음이다吾心卽汝心' 라는 말의 의미도 같은 맥락에서 이해할 수 있다.

해월은 '물질은 천지 기운의 덩어리' 라고 말한다. 사람이 밥을 먹는 것은 한 기운이 다른 기운을 먹는 것이고, 보이지 않는 바로 말하면 '하늘이 하늘을 먹는以天食天' 것이다. 불연의 세계가 그렇고 그렇게 환히 보이지 않는다면 '하늘이 하늘을 먹는다' 는 표현은 나올 수 없다. 여기에서 해월은 일체 우주 만물의 중심은 오직 하나의 하느님 기운으로 관통되어 있음을 분명하게 보았다는 사실을 알 수 있다.

보이지 않는 빛으로서의 천주는 이미 고대에도 제시되었다고 볼 수 있다. 왜냐하면 수운은 '덕을 오직 밝히는 것이 자신의 도'[7](「歎道儒心急」)라고 하여 유가의 명덕 개념을 사용하여 보이지 않는 빛을 묘사하였다. 유가에서 '명덕明德'은 만유의 근원으로 이야기되고, 이를 이루는 것이 마음공부의 최고 목적 중의 하나로 제시되기 때문이다. 명덕 혹은 보이지 않는 빛은 거처하는 특별한 곳이 없으며 침투되지 않는 곳이 없다. 따라서 모든 물질을 뚫고 들어가서 마지막에 만나는 것이 바로 이 보이지 않는 빛이라 할 수 있다.

감각이나 현재 의식에서는 보이지 않는 빛을 보기 위해서는 어떻게 하여야 하는가? 수운은 "마음을 닦아야 이 밝은 덕을 알 수 있다"[8](「歎道儒心急」)고 한다. 마음이 빛보다 정교해지고, 빛보다 강해지고, 빛보다 빠르지 않고서는 밝은 덕을 알 수가 없을 것이다. 왜냐하면 낮은 차원의 에너지는 높은 차원의 에너지를 침투할 수 없기 때문이다. 정묘한 기계일수록 정묘한 신호를 수신하는 것과 마찬가지로, 낮은 차원의 마음은 높은 차원의 마음을 이해할 수 없기 때문에 보이지 않는 빛明德을 보기 위해서는 매우 정묘한 마음이 필요하다고 하겠다. 보이지 않는 빛을 보기 위해서는 마음을 무한대로 증폭시켜 감수성을 무한대로 키워야 할 것이다. 심학이란 마음의 감수성을 무한대로 키울 수 있으며, 무한대로 커진 마음은 고요하고 보이지 않는 빛을 느낄 수 있다고 말한다. 그러므로 이 보이지 않는 불연의 세계를 아는 것은 오직 고요해진 마음만이 할 수 있을 뿐이다. 이 고요한 마음을 본성이라 한다.

■

7 "德惟明而是道"

8 "心修來而知德"

제3절 사물의 중심: 본성性

사물의 바탕이 기운이며, 기운은 보이지 않는 빛에 뿌리내리고 있음을 지금까지 살펴보았다. 보이지 않는 빛을 어떻게 아는가? 움직이지 않고 불생불멸하고 고요하며 보이지 않는 빛은 오직 움직이지 않는 마음에 의해서만 알 수 있다. 마음 자체가 고요해지지 않는다면 고요한 본성을 볼 수는 없다. 그러나 마음이 고요의 바다에 빠지면 이미 보는 주체와 보이는 대상 자체가 사라지기 때문에 엄밀한 의미에서 봄觀이 끊어진 경지가 본성의 자리라 하겠다. 보이지 않는 빛은 불연의 세계로 감각이나 현재 의식으로는 보거나 들을 수 없는視之不見 聽而不聞 세계이다. 보이지 않는 빛을 느낄 수 있는 새로운 마음이 요청된다. 그러나 마음도 기운이고 보면 마음은 기운을 넘어선 불연의 본래 자리를 보거나 들을 수는 없을 것이다.

불연의 자리를 보기 위해서는, 수운이 「불연기연」의 마지막 구절에서 말한 바 있듯이 내 마음이 조물자(하느님)가 되어야 할 것이다. 즉, 사물의 본성 자리를 보기 위해서는 본래 마음을 회복하지 않고서는 불가능하다. 수운도 "내 마음이 네 마음이라吾心卽汝心"는 하느님의 말씀을 들은 영성 체험에서 천도를 깨달아 동학을 창시했다. 수운은 자신의 마음이 곧 하느님 마음인 줄을 깨달아 밖에서 찾지 말고 안에서 찾으라고 하였다. 「전팔절」에서 수운은 "밝음이 있는 바를 알지 못하거든 멀리 구하지 말고 나를 닦으라."[9](「前八節」) "명이 있는 바를 알지

9 "不知明之所在 遠不求而修我"

못하거든 내 마음의 밝고 밝음을 돌아보라."[10](「前八節」)고 하는 이유도 여기에 있다. 천명이 다른 곳에 있는 것이 아니라 내 마음의 밝음으로 이미 와 있는 것이다. 이를 알기 위해서는 내 마음이 공공적적空空寂寂할 수밖에 없다. 그 이전에는 어떤 경우에도 보이지 않는 빛을 깨달을 수 없다. 해월의 논법으로 하면 그것은 자식이 부모가 될 수 없는 이치와 똑같다. 물질 세계에서 자식이 부모가 될 수는 없다. 그러나 마음의 세계에서는 가능하다. 자식이 부모의 마음을 완전히 이해하여 똑같아지면 자식은 마음상으로는 부모가 될 수 있다. 불연을 깨닫기 위해서는 마음 자체가 불연이 되어야 한다. 그러므로 수운은 자신의 도는 "내가 나 된 것 이외에 다른 것이 아니다我爲我而非他"(「後八節」)라고 하였다. 즉 사람의 마음이 천주의 마음과 같아질 수 있다는 것이다. 그것이 '참 나'라는 주장이다.

깨달음이란 어떤 절대적인 존재가 있어서 그것을 인준해 주는 것이 아니라, 자기 안의 본래 밝은 보이지 않는 빛이 스스로 밝아지는 것이다. 공자가 '남이 알아주지 않아도 마음의 동요가 없어야 군자'라고 하는 까닭도 분명해진다. 수운은 이러한 경지를 '마음이 홀로 기쁘다心獨喜'[11](「교훈가」)고 표현했으며, 해월은 "도가 밝으매 홀로 안다道之明兮獨知"[12](「강서」)라 하였다. 해월은 또한 자신만이 느끼는 이 마음의 경지를 "해가 밝음에 만국을 비추고 마음이 밝음에 일만 이치를 환히 꿰뚫는도다."[13](「천지인 · 귀신 · 음양」)라고 했다. 자신 안의 보이지 않는

10 "不知命之所在 顧吾心之明明"

11 "법을정코 글을지어 입도한 세상사람 그날부터 군자되어 무위이화 될것이니 지상신선 네아니냐 이말씀 들은후에 심독희 자부로다 그제야 이날부터 부처가 마주앉아 이말 저말 다한후에 희희낙담 그뿐일세"

12 "日之明兮人見 道之明兮獨知"

빛으로 사물 안의 보이지 않는 빛을 보았으니 홀로 알 수밖에 없었을 것이다. 주관이 홀로 느끼는 경지이나 보편성을 갖는다. 과학의 객관적 보편성과는 다른 주관적 보편성이라고 말할 수 있다. 보편성을 가지므로 마음공부心學라고 부를 수 있는 것이다.

의암은 이 때의 나를 '본래의 나本來我'라 하였다. '본래의 나'를 찾게 된다면 절대, 피안, 초월, 무한의 세계 혹은 대상을 따로 만들어 놓고 그것을 숭배하고 그곳을 지향할 이유가 없어지게 된다. 의암은 '본래의 나'를 성性이라고도 표현하였다. 이 성은 늘거나 줄지 않으며, 태어나거나 멸하지 아니하며, 매이거나 물들지 아니하며, 보려 해도 볼 수 없고, 들으려 해도 들을 수 없으며, 만물을 낳고 그 안에 거주한다고 하였다.(「무체법경」). '본래의 나'를 회복했을 때 비로소 우리는 만물이 모두 천주로부터 왔으며 천주가 만물 안에 거주하고 있다는 사실을 깨닫는다고 할 수 있다. 이 때 비로소 만물의 본성은 곧 천주라 말할 수 있게 된다. 해월의 "물마다 하늘이요 일마다 하늘이다物物天事事天"라는 말은 이러한 마음의 경지에서 나온 말이다. 마음이 사물의 중심에 이른 후에라야 가능한 일이 아닐 수 없다.

물질은 그 중심에 이르고 보면 본래 '참 나'와 같이 똑같이 천주라 할 수 있다. 나를 지배하는 하늘의 이치天理가 사물에도 똑같이 적용되고, 나를 보살피는 하늘의 덕天德이 일체의 사물도 똑같이 덮고 있다는 사실이다. 해월은 이 점을 명확히 인식했기 때문에 일체의 사물이 하늘 아님이 없다고 했던 것이다. 해월 앞에서는 사물의 벽과 유일신의 벽이 힘없이 허물어져 버렸다. 사물과 천주 사이에는 아무런 장

13 "日之明兮 照臨萬國 心之明兮 透徹萬理"

애가 없게 된 것이다. 사물을 사물 되게 하는 에너지 장과 천주를 천주 되게 하는 '지기至氣'로부터 자유로운 것이다. 마음이 기운의 영향을 받는 것이 아니라, 기운에 통하여 기운을 자유롭게 통제할 수 있게 된 것이다. 다시 말하면 해월은 물질에서 천주를 보았고, 천주에서 물질의 잠재성을 보았다고 말할 수 있다. 물질의 본성이 사람의 본성 그리고 하늘의 본성과 아무런 차이가 없다는 사실을 깨달았다고 할 수 있다. 다른 방식으로 표현해 보면 해월 앞에는 어떤 종류의 벽도 존재하지 않기 때문에 허虛, 무無, 공空에 이르러 우주 만유에 통하지 않음이 없는 경지에 이르렀다고 할 수 있다. 그렇지 않고서는 물질을 하늘이라고 말할 수 없었을 것이다. 시간의 지평으로 말하면 해월은 순간에서 영원을 보았다고 말할 수 있다. 시간은 더 이상 마음 밖에 존재하는 것이 아니라 마음 안의 시간이 된다. 시간이 내 마음 안으로 들어오게 되면 우주 만물이 내 마음 안으로 들어오는 것과 똑같다. 왜냐하면 만물은 시간이 없이 존재할 수 없기 때문이다.

해월은 철학적 사유 결과 '사물이 곧 하늘'이라고 가르쳤던 것이 아니라 마음공부를 통하여 '사물이 곧 하늘'이라는 진실을 체득했기 때문에 그렇게 가르쳤다고 할 수 있다. 해월에게 있어서 하늘은 "기운이며 영으로 내재한다"[14]고 하겠다. 해월의 다음 일화는 이를 뒷받침해 준다. 어느 날 어린아이가 나막신을 끌고 요란한 소리를 내면서 마당을 빠르게 지나가자 해월은 자신의 가슴을 어루만지면서 "내 마음이 아프다"라고 하였다.(「성경신」). 이 일화를 통하여 우리는 땅과 해월의 마음이 하나로 연결되어 있음을 알 수 있다. 비단 해월의 마음만

14 김용휘, 「해월의 마음의 철학」, 『동학학보』4, 2002, 137-138쪽.

땅과 연결되어 있는 것이 아니라 모든 사람의 마음도 땅과 하나로 연결되어 있음을 가르친 것이다. 그러므로 해월은 "땅을 소중히 여기기를 어머님의 살같이 하라"(「성경신」)고 가르친다. 이는 물질과 사람의 마음 그리고 하느님이 하나의 연결된 네트워크임을 말해 주는 것이다. 환경을 보호한다고 하는데 환경을 내 몸처럼 보호해야 할 것이다.

삼경敬天, 敬人, 敬物은 해월의 마음 경계를 단적으로 보여 주는 개념이다.[15] 하늘을 공경하고 사람을 공경한다는 말은 동서고금을 통하여 쉽게 만날 수 있는 생각이지만, 사물을 공경한다는 말은 해월에게서 처음으로 나왔을 것이다. 사물을 공경한다는 것은 물신주의처럼 사물을 중심 가치로 삼는다는 뜻이 아니라 사물도 하늘과 똑같이 공경한다는 의미이다. 다시 말하면 사물을 사물로서 보는 것이 아니라 천주로 대우한다는 뜻이다. 왜냐하면 사물의 깊은 내면에도 천주의 맥박이 뛰고 있기 때문이다. 자연을 한낱 정복 대상으로 보는 서구 근대성의 관념에서는 상상조차 할 수 없다고 하겠다. 왜냐하면 서구 근대인의 의식은, 우주 만물을 하나로 관통하는 해월이 이르렀던 경계에 이르지 못했기 때문이다. 사물의 본성 자리가 곧 사람의 본성과 통하며 하늘의 본성과 똑같다는 의식 경계에 이른 사람이 서구에는 없었기 때문에 '사물을 공경하라敬物'는 가르침이나 철학이 나올 수 없었던 것이다.

현대에 이르러 심층 생태학자로 분류되는 학자들이 영성을 이야기하지만, 해월이 말하는 천주의 표현으로써 물질을 공경하라는 인식에는 이르지 못하고 있다. 더욱이 생각이나 이론으로 생태계 보호를 이

---

15 오문환, 부산예술문화대학 동학연구소 엮음, 「해월의 삼경사상」, 『해월 최시형과 동학사상』, 예문서원, 1999.

야기할 수는 있을지 모르지만, 해월처럼 물질의 고통을 마음의 고통으로 몸소 느끼는 마음공부를 이들에게서 찾기란 매우 어렵다. 수운은 "아는 바 천지라도 경외지심 없었으니 아는 것이 무엇이며"(「도덕가」)라고 하여 머리로 아는 것과 마음공부 즉 체득을 통한 앎의 차이를 분명히 하였다. 체득은 사물 속의 천주를 몸으로 느낄 수 있을 때 비로소 이루어진다. 그 때 비로소 사람은 자연 사물뿐만 아니라 동식물과 대화를 나눌 수 있으며, "육축六畜이라도 다 아끼며, 나무라도 생순을 꺾지 말며 … 부디 한울님을 극진히 공경하라"(「내수도문」)고 말할 수 있을 것이다. 여기에서 해월이 말하는 공경은 철학적 윤리나 도덕규범이 아니다. 해월이 말하는 공경은 '본래의 나道'의 자연스러운 드러남 혹은 활동德이라고 할 수 있다. 사람만 천주로 섬기는事人如天 것이 아니라 일체의 우주 만물을 모두 천주의 성스러운 모습으로 공경하라는 것이다.

제4절 물성과 신성: 동포同胞

해월은 "하늘은 만물을 지으시고 만물 안에 계시나니"(「기타」)라고 하여 천주는 만물 안에 내재하고 있음을 분명히 하였다. 또한 해월은 사물과 하느님의 관계에 대하여 다음과 같이 말하였다. "우주는 한 기운의 소사요 한 신의 하는 일이라, 눈앞에 온갖 물건의 형상이 비록 그 형상이 각각 다르나 그 이치는 하나이니라. 하나는 즉 하늘이니 하늘이 만물의 조직에 의하여 표현이 각각 다르니라."(「기타」). 해월은 사물과 천주의 관계에 대하여 매우 분명한 이해를 가지고 있음을 볼 수 있다. 우주는 하나의 천주가 하는 일이요, 비록 형상과 작용이 다르더라도 중심에서는 하나로 관통되어 있다는 것이다. 표현만 다를 뿐이지 표현되지 않은 중심이 다른 것은 아니다. 여기에서 사물과 신이 그 성性에서 하나임을 알게 된다.

해월의 제자 의암은 우주 만물을 하나로 관통하여 일체를 하나의 동포로 끌어안는 그 성은 "변함이 없으나 스스로 화해 나며, 움직임이 없으나 스스로 나타나서 천지를 이루어 내고 도로 천지의 본체에서 살며, 만물을 생성하고 편안히 만물 자체에서 산다"[16](「무체법경」)고 하였다. 그 자신은 변하거나 움직이지 않으면서 일체 우주 만물을 생성하고 그 중심 자리에 안주하고 있다고 한다. 우주 만유가 동포가 될 수 있는 것은 일체만상을 하나로 관통하는 성性이 있기 때문이다. 사물과 동식물 그리고 사람이 모두 한 동포로 된다. 해월의 동포사상은 그 넓이는 우주 전체를 포괄하며, 그 깊이는 의식의 심연인 영성에 이른다.

피부색이나 성적 차이 혹은 종교 신앙은 다르지만 모든 사람이 한 동포라는 의식은 우리에게 낯설지 않다. 이것은 휴머니즘 덕분이다. 휴머니즘은 신분과 계급, 종족과 민족, 국가와 종교에 따른 일체의 차별을 넘어선 이른바 보편 가치로서의 인간을 찾아냈다. 이러한 이해는 비단 서구 르네상스에 한정된 것이 아니라 신유가의 대동사상大同思想에서도 찾아볼 수 있다. 해월에게서 휴머니즘과 대동사상을 찾으려면 인오동포人吾同胞라는 개념에서 찾을 수 있다. 이는 현대인이 공유하고 공감할 수 있는 가치라 할 수 있다.

16 "無變而自化 無動而自顯 天地焉成出 還居天地之本體 萬物焉生成 安居萬物之自體"

인류사를 되짚어 보면, 휴머니즘의 등장 이전에 인간을 혈통이나 각가지 인위적 기준에 따라 인간 사회를 철저하게 계서화시켰던 시대를 쉽게 만날 수 있다. 사회란 인위적 기준에 따른 차별의 제도화였으며, 오늘날까지 불평등 질서는 조직화 또는 제도화된 합리성이라는 이름으로 정당화되고 있다. 사람들 사이의 작은 불평등을 정밀하게 분류하여 체계화시키는 일은 매우 중요하지만, 사회는 그 불평등을 축소시키는 방향으로 나아가야 할 것이지 결코 확대하는 방향으로 나아가서는 안 될 것이다. 그러나 역사는 작은 차이를 크게 확대하고 한 시적 차이를 영속화시키는 방향으로 흘러왔다는 사실 또한 도처에서 찾을 수 있다.

휴머니즘과 대동사상은 인간 사이의 차이를 축소시켜 공동의 진보를 추구했다는 점에서 그 의의가 있다고 할 수 있다. 왜냐하면 공유하는 공통 바탕이 전제되지 않는 차이란 무의미하기 때문이다. 공공성과 공동선의 확대에서 역사의 진보를 찾을 수 있는 것이지 사적인 차이의 팽창에서 진보를 찾을 수는 없다. 왜냐하면 사적 영역의 팽창은 필수적으로 불균형을 초래하고, 불균형은 공동체적 삶의 붕괴를 가져다 주는 지름길이기 때문이다.

해월에게는 서구 휴머니즘이나 신유가의 대동사상에서 찾아볼 수 없는 독창적이며 보편적인 새로운 사상이 나타난다. '사물과 사람이 한 동포物吾同胞' 라는 사상이 그것이다. 피부색의 차이에도 불구하고 모든 사람들의 핏줄에는 붉은 피가 흐르듯이, 물질 · 식물 · 동물 · 사람은 진화의 나무에서 차지하고 있는 위치는 각각 다르더라도 하나의 뿌리에서 나왔다는 점을 해월의 '물오동포' 만큼 분명하게 제시하는 사상은 없었다. 사물이 사람과 한 동포라면 인간은 자연을 지배할 아무런 권리가 없다. 인간에게 권리가 있다면 그것은 자연 안에 거주하는 천주를 공경하고 보살필 의무만 있을 뿐이다. 신은 인간에게 자연을 마음껏 남용하고 유린할 수 있는 권리를 부여해 준 적이 없다. 만약 그러한 권리를 생각한다면 그것은 인간 스스로 그렇게 생각하는 자만과 오만일 뿐이다. 신이 어떻게 자신보다 낮은 단계의 인간 마음人心에게 자신을 정복하고 유린하는 권한을 줄 수 있겠는가? 그러한 주장은 자의적이고 인위적이며 하늘의 법칙天命을 거슬리는 억지일 뿐으로, 부자연스러운 억지는 오래 가지 못한다. 시간이란 자비로운 손이 데려가기 때문이다.

여기에서 해월의 '하늘로서 하늘을 먹는다以天食天' 는 말을 되새겨 볼 필요가 있다. 먹지 않고는 살 수 없기 때문에 인간은 물질을 섭취하여야 한다. 인간은 자기 마음대로 물질을 취할 권리가 있는 것이 아니라 오직 하늘로서의 사람이 하늘로서의 물질을 취할 수 있을 뿐이다. 진화가 낮은 단계의 물질을 진화가 높은 단계로 변화시킬 의무가 있을 따름이다.

이천식천이란 우주 전체를 거대한 먹이사슬로 본다는 의미이다. 물과 공기를 오염시키는 것은 자신의 음식을 오염시키는 것과 똑같다. 부정적 생각을 많이 하는 것은 마음의 양식을 오염시키는 행위이다. 생태계 파괴로 말미암아 현대인은 자연의 파괴가 자신의 파괴라는 우주적 먹이사슬의 이치를 감각적으로 느끼기 시작하고 있다. 자연의 먹이사슬에서 한 개체는 어떤 경우에도 자신의 생명을 유지하는 이상을 취하지 않는다. 오직 사람만이 축적하고 후대에 물려주기 위하여 필요 이상을 취하여 자연스러운 우주적 먹이사슬을 교란한다. 그러한 교란은 모두가 연결된 전체이기 때문에 결국 자신에게 되돌아온다는 사실을 상기할 필요가 있다. 섭취가 아닌 약탈이 가져온 결과가 현재 우리들이 보고 있는 생태계 파괴이다. 우주 전체가 연결된 전체라는 분명한 인식을 갖고 있는 사람은 환경 파괴가 자신의 파괴로 이어진다는 사실을 분명히 알고 있기 때문에 이와 같은 약탈적 행위를 하지 않는다. 해월의 이천식천은 보이지 않는 줄에 의하여 연결된 그물망으로서의 세계상을 제시해 준다.

음식은 생명이며 나다. 왜냐하면 먹는 것이 나의 몸이 되고, 나의 기운이 되고, 나의 마음이 되기 때문이다. 아무리 총명한 사람이라도 며칠만 굶으면 몸을 움직이는 것은 고사하고 생각조차도 할 수 없게 된다. 생각이라는 것도 해월의 표현으로 하면 천지가 없이는 할 수 없는 것이다. 좀더 추상적으로 표현하면, 하느님의 보이지 않는 빛이 없이는 일체의 사유 활동이나 기운 활동이 일어날 수 없다. 그러므로 해월은 사람은 잠시도 하늘을 떠날 수 없다고 하였으며, 의암은 하늘이 떠나게 되면 "오직 사람의 중함으로도 놀다가도 죽고, 자다가도 죽고, 섰다가도 죽고, 앉았다가도 죽을지라"(「권도문」)라고 말하였다. 인간이 자연을 지배할 권리를 신으로부터 부여받았다거나 아니면 스스로 생각하는 능력에서 나왔다는 주장은 이치에 합당치 않음을 알 수 있다.

인간은 보이는 세계와 보이지 않는 세계의 먹이사슬 속에 놓여 있으면서 이를 잘 보살필 권리를 가질 뿐이다. 다시 말하면 봉사할 권리를 가지고 있는 것이다. 봉사한다는 것은 인간의 가장 큰 권리이다. 왜냐하면 인간만이 자신이 하늘이며 다른 존재들도 똑같이 하늘이라는 사실을 자각하여 봉사행을 할 수 있기 때문이다. 이 때문에 사람이 우주에서 가장 신령한 존재라고 하겠다. 이 점이 해월의 물오동포物吾同胞 사상이 주는 현대적 의미이다.

제5절 맺음말

해월은 "사물을 공경하는 데 이르러야 비로소 그 덕이 온 우주에 펼쳐진다"[17](「대인접물」)고 하였다. 사물을 공경하는 데 다다를 때 본래 나의 마음은 미치지 아니하는 곳이 없게 된다. 신과 사물을 하나로 이해할 수 있는 것은 본심의 경지에 다다를 때 가능하다. 본심에 이르게 될 때 "자연을 바라보는 관점이 보통 사람과는 달라서 철저하게 그것을 하느님을 모신 거룩한 생명으로 보는 것이다."[18] 이 본심은 우주에 가득 차서 통하지 않는 곳이 없으며, 알지 못하는 것이 없으며, 포용하지 않는 것이 없다고 하겠다. 그러므로 의암은 이 마음을 '둥글고 가득한 정 있는 하늘圓圓充充之有情天'이라 하였다. 반면 신은 '비고 고요한 무형의 하늘空空寂寂之無形天'이라 하였으며, 물질은 '티끌로 가득한 흐린 습관된 하늘塵塵濛濛之習慣天'이라고 하였다.(「무체법경」). 의암은 셋의 종합性心身을 인간으로 본다.

사람 안에는 무형의 신과 유형의 사물이 같이 갖추어져 있다. 사람은 신과 사물을 연결시켜 주는 고리로 이해할 수 있다. 다시 말하면 사람은 사물을 기운으로, 마음으로, 본성으로 화하게 하고, 다른 한편으로는 신의 뜻을 마음으로 헤아려 기운으로, 사물로 화하게 하는 쌍방향적 존재인 것이다. 사람은 신과 사물의 소통 구조물이라 할 수 있다. 따라서 신도 사람이 아니면 그 뜻을 실현할 수가 없고, 사물도 사

17 "敬物則德及萬邦矣"

18 김춘성, 「해월사상의 현대적 의의」, 『해월 최시형의 동학사상』, 부산예술문화대학 동학연구소 지음, 예문서원, 1999, 59쪽.

람이 아니면 본성을 실현할 수 없는 것이다. 이것은 '신-사람-사물'의 거대한 우주 드라마라 할 수 있다. 사람이 무형의 신과 유형의 사물에 똑같이 통해야 희곡을 쓰고 드라마를 연출해 낼 수 있다. 그렇지 못할 경우 사람은 사물이라는 극장에서 신이 쓴 드라마를 영원토록 흉내내는 배우로 살아가야 할 것이다. 해월은 사람이 "물건을 공경함에까지 이르러야 천지기화의 덕에 합일될 수 있느니라."(「삼경」)고 하였다. 역易의 '천지와 덕을 합하고 일월과 밝음을 합한다'는 뜻과 상통한다.

동학에서는 자연 사물과 더불어 한치의 오차도 없이 움직이는 것을 '무위이화無爲而化'라고 한다. 무위이화에 이르러야 비로소 사람은 자연 사물과 털 한 올의 차이도 없이 똑같이 움직일 수 있으며, 이 때 사람은 우주간의 가장 신령한 존재로 뭇생명의 행복과 역사 진보에 기여하는 대인 · 군자 · 신선 · 성인이 된다고 하겠다. 수운이 자신의 도를 "사람은 군자가 되고 학은 도덕을 이루었으니, 도는 천도요 덕은 천덕이라"[19](「布德文」)고 하는 이유를 여기에서 찾을 수 있다.

우주 삼라만상이 모두 하늘의 덕에 의하여 탄생하고 존재하다가 되돌아가는 무왕불복無往不復의 이치는, 오직 사물의 중심에서 작용하는 하늘을 공경하고서야 알 수 있다. 비유해서 말하면, 태양에 대한 지식 없이 지구의 자전과 공전을 어떤 경우에도 계산해 낼 수 없는 것과 마찬가지이다. 원주의 어떤 점도 원의 중심이 없이는 존재할 수 없는 것처럼, 중심으로서의 신과 원주로서의 물질은 하나로 통해져 있다. 의암은 만상이 모두 정묘한 줄을 중심 성리性理에 드리우고 있다고 비유

19 "人成君子 學成道德 道則天道 德則天德"

하고 있다.[20](「무체법경」). 그 정묘한 줄은 보이지 않는 줄이며 보이지 않는 빛이라 하겠다. 우주 삼라만상은 그 보이지 않는 빛이 비추고, 보이지 않는 줄로 연결되었기 때문에 존재 활동을 한다.

후천後天은 보이지 않던 빛과 보이지 않던 줄이 열리는開闢 날이다. 당시에는 그렇지 않아不然 보이던 일들이 어렴풋한 추측이 아니라 누구나 명명백백하게 그렇게其然 아는 때라 하겠다. 달리 말하면 그 때 사람들은 사람과 사물을 똑같이 하늘로 섬기게 된다. 왜냐하면 하나의 조약돌, 한 뼘의 땅, 한 송이 이름 없는 들꽃, 한 그루의 나무, 이름 없는 한 사람이 그 심연의 중심에 모두 천주를 모시고 있음을 알게 되기 때문이다. 해월은 이러한 시대를 꿈꾸면서 스스로는 그러한 삶을 살았다. 스스로 그러한自然 자유의 삶을 살았으므로, 신도 사물도 그 자유를 구속할 수는 없었을 것이다.

20 "夫性理空寂 自體秘藏中 有大活動的動機 萬物一切 垂精絲妙理之機脈 萬相自爲的總集處作大活動的本地"

제4장 동학: 유학과 서학에 대한 한 대안*

제1절 머리말

동학은 조선적 전통과 서구적 근대성에 대한 자주적인 혁명이자 철학·종교였다.

혁명운동으로서의 동학에 대해서는 역사학계와 사회과학을 중심으로 비교적 많은 연구들이 이루어졌다. 이기이원론의 우주론宇宙論과 군자와 소인의 인성론人性論을 기반으로 치자와 피치자의 구분을 엄격하게 규정한 성리학적 왕권 체제에 대하여, 동학은 사람이 하늘과 똑같이 존엄하며 평등하다는 정치사상을 제시하였다. 그리하여 농민들이 군주, 관료, 사대부가 독점하던 정치적 사안에 대하여 조직적인 발

* 韓日政治思想學會 國際學術會議「韓國과 日本의 近代化 과정에 있어서의 宗教問題-International Symposium : *The Problem of Religion in the Modernization Process in Korea and Japan*」, 發表論文, 2003년 7월 20일, 日本 東京 法政大學.

언권을 행사하게 된다. 조선의 왕권 체제를 자주적으로 개혁하고자 하였다는 점에서 동학은 한국 근대 정치사상의 장을 새로이 열기 시작하였다.

동학은 대내적으로는 봉건 체제를 혁신하려는 혁명운동으로 전개되었고, 대외적으로는 침략적인 외세에 대한 자주권의 수호를 위한 전쟁으로 발전하였다. 혁명운동과 함께 동학농민전쟁은 근대적 국민국가 형성에서 흔히 나타나는 자주국가관이라는 점에서 주목받고 있다. 전통적 농업 대국인 중화주의적 중국에 대하여 근대적 산업국가로 발돋움하기 시작한 일본의 군사적 침략에 대한 국권 수호의 동학농민전쟁에 대해서는 비교적 상세한 부분까지 연구가 축적되었다. 해양 세력인 영국과 미국의 국제정치적 후원과 신흥 산업국가로서의 시장과 노동력의 필요에 의하여 전개된 일본 제국주의는 친일 내각인 대원군 집정 체제를 출범시키고 청일전쟁에서 승리한 뒤 조선의 정부군과 함께 동학농민군과 일전에 들어갔다.

혁명과 전쟁은 동학의 정치사상 연구에서 매우 중요한 부분을 차지하고 있다. 많은 동학 연구들이 혁명과 전쟁에 초점을 맞추고 있다. 그러나 최근에는 동학이 혁명과 전쟁의 소용돌이의 주역으로 등장하게 한 동학의 독특한 사상적·철학적·종교적 근원이 무엇인가라는 점에 대한 인문학적 관심을 가진 연구들이 발표되고 있다. 뿐만 아니라 생태계 파괴와 핵무기 문제와 관련하여 동학사상에서 생명사상과 평화사상을 찾으려는 연구들도 신선한 문제 제기를 하고 있다.

동학을 창시한 수운 최제우의 최대 화두는, 밀려오는 서구의 근대성(함포로 상징되는 군사주의, 국민개병제와 관료제를 갖춘 국민국가, 양물로 상징되는 자본주의, 양력과 지구본 등으로 상징되는 과학기술, 선거와 의회로 상징되는 민주주의 등)과 흔들리는 동양의 전통성(중화주의적 국제 질서, 농업적 생산 양식, 음력과 전통적 과학, 왕권 중심의 전제정치 등)의 상관성이었을 것이다. 아편전쟁(1840-42)과 영불 연합군의 북경 함락(1860)이라는 전쟁을 통하여 본격적으로 만나게 되는 동서양의 충돌에서 수운 최제우는 서양의 일방적 승리를 목도하면서 곧 천하가 서구 근대성에 의하여 멸망할 것을 매우 두려워했다는 점을 수운의 저서 곳곳에서 쉽게 찾을 수 있다. 천하가 뒤집어지는 이러한 상황에서 수운은 깊은 종교적·철학적 성찰을 하게 되고, 또한 독자적인 해답을 경신년(1860) 4월 5일 찾게 된다.

수운은 당시 특이한 체험을 하게 되는데, 이 때 얻은 답은 매우 종교적이면서 철학적이다. 첫째로 수운은 "내 마음이 곧 네 마음이다吾心卽汝心"라는 말과 함께 "귀신이라는 것도 나니라鬼神者吾也"라는 말을 천주로부터 들으면서, 그 증거로서 영부靈符와 시천주 주문呪文이라는 것을 받게 된다.(「論學文」). 이러한 영적 체험을 계기로 수운은 전통성과 근대성을 대신하는 독자적인 종교와 철학인 '도즉 천도이나 학즉 동학' [1](「論學文」)을 제시하여 놀라운 속도로 파급되게 된다. 수운에 의하여 새롭게 제시된 동학은 수운 생존 당시에 이미 경북을 중심으로 급속한 속도로 파급되었고, 그의 제자 해월 최시형에 이르러 30여 년 만에 전국적으로 조직화된 세력으로 등장하여 조선의 역사 방향을 바꾸어 놓게 된다.

전통성과 근대성이 적나라하게 무력적·정신적·영적으로 충돌하던 당대에 수운이 제시한 동학이라고 하는 새로운 종교와 철학의 대안의 중심적 성격이 무엇인지를 동학의 핵심적 개념을 사상사적인 맥

---

1 '道雖天道 學則東學'

락에서 분석하고자 하는 것이 본 논문의 목적이다. 이 글에서는 유학과 서학과의 비교를 통하여 동학의 천주관天主觀과 인간관人間觀을 분석함으로써 동학의 종교철학적 특성을 분석하고자 한다.

분석에 들어가기 전에 우리는 유학과 서학의 개념을 사상사적으로 조금 명확히 해 둘 필요가 있다. 19세기 말 조선에서 유학은 일차적으로 성리학적 전통이라 할 수 있다. 송·명대의 성리학자와 16세기 율곡과 퇴계에 의하여 이기론·인성론·정치론으로 체계화된 조선의 성리학이 전통성의 일차적 구성 요소라고 한다면, 공맹과 요순으로 상징되는 선진 유가는 그 근본 바탕에 깔려 있다. 마찬가지로 서학의 경우도 아리스토텔레스적 형이상학으로 체계화된 토미즘이 19세기 말 조선에 전래된 서학의 일반적 철학 체계라 할 수 있을 것이다. 철저한 영육이원론에 입각하여 성리학을 비판하면서 일신론을 밝히고자 하였던 제주이트 교단의 마테오 리치의 『천주실의』가 서학 이해의 중요한 부분을 형성하였을 것이나, 그 저변에는 구약과 신약이라고 하는 성경이 깔려 있다. 이 글에서 서학이란 16세기 이래로 동양에 소개되는 서구의 군사력, 상품, 과학기술은 근대적 과학의 성격보다는 중세 기독교적 가치관이라 할 수 있을 것이다. 물론 종교혁명 이후의 개신교적 전통도 동시에 들어왔을 것으로 본다면 서학의 개념은 매우 폭넓게 보아야 할 것이다. 이와 같은 이해를 기초로 먼저 형이상학적 초월에 대한 수운의 비판부터 살펴보기로 한다.

제2절 이학理學 비판과 초월신 비판

1. 이학理學 비판: 시천주侍天主, 천주조화天主造化, 무형유적無形有跡

조선의 전통성에 대한 비판은 이학理學 비판에서 찾을 수 있다. 수운은 성리학에 대해서는 어떤 언급도 하지 않았지만 조선의 이학理學을 비판하고 있음을 볼 수 있다. 조선 성리학은 주자학에 기초하며, 주희는 이를 '형이상의 도形而上之道'와 '사물 생성의 근본生物之本'[2]으로 보아 초월적·형이상적·원리적인 '이理'를 분명히 하고 있다. 동학은 이러한 주희의 이학적 전통을 두 가지 차원에서 제기한다. 한 가지는 이학이 동양 고대문명의 원형으로 평가되는 하夏·은殷·주周 삼대의 인격천人格天 전통을 이어받지 못했다는 것이고, 다른 한 가지는 객관적이고 자연적인 법칙과 원리를 강조한 나머지 공맹의 심학적 전통을 이어받지 못했다는 비판이다. 심학에 대해서는 다음 절에서 다루기로 하고, 이곳에서는 첫 번째 비판에 초점을 맞추도록 한다.

수운은 이법천理法天의 성리학적 전통이 지배적이었던 조선에서 인격천人格天을 부활시켰다. 인격천의 전통을 잃어버린 점에 대하여 수운은 다음과 같이 명확하게 지적하고 있다. "삼대적 경천한 이치를 자세히 읽어 보니, 이에 오직 옛날 선비들이 천명에 순종한 것을 알겠으며 후학들이 잊어버린 것을 스스로 탄식할 뿐이로다."[3](「修德文」). 수

2 『朱子大全』卷58, 5쪽, "理也者 形而上之道也 生物之本也"

3 "審誦三代敬天之理 於是乎 惟知先儒之從命 自歎後學之忘却."

운은 19세기 말 혼란의 궁극적 원인을 경천순천하지 않은 데에서 찾고 있다. 하늘은 법칙으로 이해되는 것이 아니라 공경의 대상으로 이해되고 있으며, 그 명령을 받아서 행동하는 것이 사람의 길로서 제시되고 있는 것이다. 그러므로 수운은 "아동방 현인달사 도덕군자 이름하나 무지한 세상사람 아는 바 천지라도 경외지심 없었으니 아는 것이 무엇이며"(「도덕가」)라고 하여 당시 조선의 지식인들이 비록 천지라고 하는 자연계의 객관적 법칙인 이理를 안다고 하더라도 경외의 대상으로서 천주를 모르니 아는 것이 무엇이냐고 풍자적으로 묻고 있다. 천을 공허한 공리空理로 보는 것이 아니라 살아 있는 인격이라는 것이다. 객관적 원리이자 초월적·형이상학적 진리로 이해되는 '이理'를 비판하면서 상제 또는 천주로 불리는 인격천을 제시함으로써 하늘을 종교적 공경의 대상으로 설정하게 한다. 성리학적 형이상학을 비판하면서 상고 시대의 상제 관념은 수운 이전에 이미 다산 정약용에 의하여 제기된 바 있다.

다산의 학문은 '수사학洙泗學'[4]으로 평가받을 정도로 삼대의 원시유가에로의 회귀를 통한 성리학 극복을 자신의 과제로 설정하였다. 다산은 "송나라의 유학자들이 불교의 영향을 받아서 공자의 본래 정신으로부터 멀어졌다"[5]라고 성리학을 평가하면서, 이에는 어떤 권능이나 위력이 없기 때문에 삼갈 근거도 두려워할 이유도 없다고 하면서 인격적 상제관을 제시한다.[6] 다산이 주재천 개념을 제기하는 데에는

4 이을호, 『다산의 경학』, 예문서원, 2000 참조.

5 『與猶堂全書』2, 卷4:2, 「中庸講義」, "宋賢論性 多犯此病 雖其本意 亦出於樂善求道之苦心 而其與洙泗舊論 或相相　抵오者"

6 『與猶堂全書』2, 卷3:5a 「中庸自箴」, "今以命性道教悉歸之於一理則 理本無知亦無威能何所戒而愼之乎"

서학의 영향이 적지 않았을 것으로 보인다. 다산은 천주교 신자였던 이벽과 학문적 교류를 했으며, 『천주실의』 등의 서학 서적들을 독서하면서 나름대로 소화한 것으로 보인다.[7] 금장태 교수는 다산 사상에 가장 큰 영향을 준 요소 중의 하나로 서학을 든다. "그 전반적 이론 구조를 확인할 수 있는 사상적 원천에서는 서학의 교리서가 가장 깊은 연관성을 보여 주는 것으로 파악하고자 한다."[8] 이학을 비판하면서 천주 관념을 회복하였다는 점에서 수운의 천주는 다산의 연장선상에서 볼 수도 있는 것처럼 보인다. 그러나 수운이 제기한 천주 관념은 다산의 주재천과는 다른 독자적인 특성을 보인다. 다산의 주재천은 서학에서 말하는 초월신이나 주재천과 닮은 데 비하여, 수운의 신관은 독특한 면이 없지 않다.

수운의 독창성은 직접 천주를 체험했으며 천주로부터 '내 마음이 곧 네 마음吾心卽汝心'이라는 가르침을 받았다는 사실이다. 논리가 아닌 체득으로써 천주를 알았다는 것이다. 천주의 마음과 사람의 마음이 동일하다는 것을 체득했다는 점이 수운의 독창성이다. 수운은 이 명제를 체득함으로써 신과 인간의 차이를 허물었으며 하나로 통합하였다. 천인합일적 맥락에서 본다면 쉽게 이해될 수 있는 개념이다. 이 점은 수운의 천주관을 이해하는 데 중요하다. 수운은 천주가 마치 초월적 세계인 천국에 있는 듯이 말하는 것을 허무한 이야기로 보아 경계하고 있다. 즉, "천상에 상제님이 옥경대 계시다고 보는 듯이 말을 하니 음양이치 고사하고 허무지설 아닐런가"(「도덕가」)라고 하여, 상제 또는 천주는 초월적 실체가 아니라 사람의 마음과 동일하다는 점을

7 금장태, 『다산실학탐구』, 서울:소학사, 2001, 27쪽.
8 앞의 책, 28쪽.

강조하였다. 이는 초월적 신과 현상적 인간을 동일하게 보는 일원론적 입장이라 할 수 있다. 이러한 시각은 '시천주侍天主'의 개념에 잘 구현되어 있다. 시천주란 자연 사물과 동식물을 포함한 모든 존재들은 자신의 가장 깊은 내면에 천주를 모시고 있다는 뜻이다. 다시 말하면 초월적 형이상의 천주 관념의 육화肉化 또는 현재화顯在化이다. 수운은 모든 존재자들이 초월적 형이상의 천주를 품고 있다는 점을 깨달았으며 이를 동학의 핵심으로 삼고 있다. 수운은 천주를 모시고 있다는 말의 의미를 더욱 분명히 하기 위하여 모심의 뜻을 직접 풀이하였다.

수운은 사람들이 천주를 모시고 있다는 것을 푸른 창공의 높은 곳에 옥황상제와 같은 절대자가 있는 것처럼 생각할까 하여, 천주를 모시고 있다는 것은 다름아니라 모든 존재는 자신의 가장 깊은 내면에 신령스러운 영성을 가지고 있으며內有神靈 밖으로는 우주 삼라만상으로부터 분리할 수 없는 하나의 기운과 통하여져 있는外有氣化 것이라 풀이하였다. 천주를 모시고 있다는 것은 자신 안의 신령과 밖의 연기緣起의 망으로부터 옮기지 않는 것이라고一世之人 各知不移 해설하였다.(「論學文」).

천주를 인간 내면의 신령과 외면의 기운 변화라고 주석하여, 인간 마음과 자연의 변화 기운으로서의 천주를 상기시킨다. 즉, 수운은 마음과 자연의 조화 기운과 동떨어진 초월적 이의 세계를 주장하는 이학을 비판하면서 인간의 마음과 기운으로 살아 움직이는 천주 관념을 발견하였다. 뿐만 아니라 수운은 서학이나 다산과 같은 주재천·초월신으로서의 천주 관념 대신 모든 존재들 안에서 구체적으로 활동하는 기운으로 작동하고 내면적 본심本心으로 와 있는 천주를 제시하였다. 수운은 1860년 4월 5일 자신이 체험한 천주를 이렇게 표현하면서 1년여를 깊이 성찰한 뒤 사람들에게 알리기를 결심하고 손님들을 받고 글도 짓게 된다. 자신의 깨달음을 널리 알린다는 뜻을 가진 「포덕문布德文」의 첫 구절에서도 수운의 천주관이 여실하게 드러난다. “저 옛적부터 봄과 가을이 갈아들고 사시가 성하고 쇠함이 옮기지도 아니하고 바뀌지도 아니하니 이 또한 한울님 조화의 자취가 천하에 뚜렷한 것”[9](「布德文」)이라고 하여, 천주와 그 기운인 조화는 따로 존재하는 것이 아니라 자연의 운행을 통하여 뚜렷하게 드러나고 있다고 하여 자연이 곧 기운이며 기운이 곧 천주라고 말한다. 다시 말하면 천주가 형이상의 도로서 하늘에 초월적 존재나 법칙으로 외로이 존재하는 것이 아니라 기운 조화로 드러나고 자연으로 형상화되었다는 것이다. 이렇게 본다면 자연은 천주의 드러난 형상이라 할 수 있으며, 형상화는 조화 기운에 의하여 이루어졌다고 하겠다. 진리를 초월적 형이상의 이에서 찾고자 하는 이학으로서는, 살아 생생하게 움직이는 천주와 자연에서 약동하는 기운으로서의 천주, 우주 자연으로 형상화된 천주를 어떤 경우에도 잡아 낼 수 없었을 것이다.

하늘에 ‘님’ 자를 붙여 천주天主라 하는 것은 결코 하늘을 빈 창공으로 생각하지 말고 우주 만물을 낳아 준 부모父母로 생각하라는 뜻이 있음을 수운은 상기시킨다. “님(主)이라는 것은 존칭해서 부모와 더불어 같이 섬긴다는 것이요.”[10](「論學文」)라고 하여 하늘은 공허한 것이 아니라 부모처럼 낳아 주고, 길러 주고, 보살피는 존재라는 주장이다. 그러므로 해월 최시형은 ‘천지부모天地父母’를 말하였다. 하늘과 부모는 동일하기 때문에 부모처럼 하늘을 섬기라고 하였다.[11](「천지부모」).

9 “盖自上古以來 春秋迭代四時盛衰 不遷不易 是亦天主造化之迹 昭然于天下也”
10 “主者 稱其尊而與父母同事者也”
11 “天地卽父母 父母卽天地 天地父母一體也 父母之胞胎卽天地之胞胎 今人但知父母胞胎

공자는 부모에 대한 효를 말하지만, 천지에게 효를 말한 것은 수운에 이르러서 비로소 밝혀진 도라고 해월은 강조한다. 이는 모두 형이상의 무형을 고립적 형이상적 세계를 현상계로부터 독립시켜 절대화하려는 이학理學에 대한 비판으로 볼 수 있다.

수운은 '무릇 천도란 것은 형상이 없는 것 같으나 자취가 있고'[12](「論學文」)라고 하여 천주를 무형과 유형의 자취로 언급하였다. 천도는 무형의 형이상에 그치는 것이 아니라 동시에 자취가 있는 기운이기도 한 것이다. 천도는 무형이지만 동시에 기운이다. 기운은 활동으로서 창조와 변화를 낳게 된다. 지기至氣 혹은 혼원일기渾元一氣는 시간적으로 본다면 최초의 기운이며, 공간적으로 본다면 가장 근원적인 기운이라 할 수 있을 것이다. 그러므로 '기'라는 것은 "허령이 창창하여 일에 간섭하지 아니함이 없고 일에 명령하지 아니함이 없으나, 그러나 모양이 있는 것 같으나 형상하기 어렵고 들리는 듯하나 보기는 어려우니, 이것은 또한 혼원한 한 기운이요."[13](「論學文」)라는 설명이 가능해진다.

모든 기운이 이 근원적 기운을 바탕으로 하고 있으며, 시간적으로는 혼원한 기운에서부터 나왔다고 할 수 있다. 따라서 이 지극한 한 기운이 모든 일을 명령하고 간섭한다고 하는 것이다.

동학의 이학 비판이 서학에도 유사하게 적용되리라는 점은 충분히 예상할 수 있다.

之理 不知天地胞胎之理氣也.(천지는 곧 부모요 부모는 곧 천지니, 천지부모는 일체니라. 부모의 포태가 곧 천지의 포태니, 지금 사람들은 다만 부모 포태의 이치만 알고 천지 포태의 이치와 기운을 알지 못하느니라.)"

12 "夫天道者 如無形而有迹"

13 "氣者虛靈蒼蒼 無事不涉 無事不命 然而如形而難狀 如聞而難見 是亦渾元之一氣也."

2. 초월신 비판: 기화지신氣化之神, 무위이화無爲而化

서학에 대하여 수운이 얼마나 깊은 생각을 했는지는 1860년 천주와 대화하는 장면에서 나오는 "서도로써 사람을 가르치리이까"[14](「布德文」)라는 수운의 질문에서 잘 나타나고 있다. 이러한 질문을 하게 된 때는 영불 연합군이 북경을 함락시키는 역사적 사건이 일어난 해였다. 이 사건을 계기로 수운은 이것이 혹시 천주의 뜻이 아닌가 하는 의심이 크게 일었었음을 다음 말에서 알 수 있다. "경신년에 와서 전해 듣건대 서양 사람들은 천주의 뜻이라 하여 부귀는 취하지 않는다 하면서 천하를 쳐서 빼앗아 그 교당을 세우고 그 도를 행한다고 하므로 내 또한 그것이 그럴까 어찌 그것이 그럴까 하는 의심이 있었더니."[15](「布德文」).

이와 같은 시대적 환경은 수운으로 하여금 천주에 대하여 깊이 생각할 수 있게 만들었을 것이다. 또한 압도적 무력을 앞세운 서학이 천주의 뜻에 의하여 그러한 것인지를 깊게 성찰하였다. 그러나 경신년에 수운은 천주로부터 '그렇지 아니하다'는 대답을 받아 천주의 뜻을 받아 '무극대도無極大道' 또는 '동학東學'을 창시하게 된다. 천주로부터 대답을 얻은 뒤 수운은 서학을 비판하게 된다.

수운의 서학 비판의 핵심은 현대 개념으로 한다면 성속聖俗 이원론이라 할 수 있다. 천주와 인간, 인간과 자연, 천주와 자연 사이의 건널 수 없는 간극에 대한 비판인 것이다. 19세기 동양의 서학 이해는 마

14 "西道以敎人乎"

15 "至於庚申 傳聞西洋之人 以爲天主之意 不取富貴 功取天下 立其堂 行其道故 吾亦有其然豈其然之疑"

테오 리치를 통하여 이루어졌다고 볼 수 있을 것이다. 마테오 리치의 『천주실의天主實義』는 초월적 신의 관념을 소개하였으며 성리학의 이법천을 비판하면서 천주 관념을 소개하고 있다. 마테오 리치는 『천주실의』 제1장에서 초월적 절대신과 그 우주 창조에 대하여 논하고 있다.[16] 리치는 사람들이 하늘을 쳐다보면서 "그곳에 필히 주재자가 있을 것이라"[17]고 생각할 것이며, 그러한 신의 존재를 증명하는 세 가지 설명을 전개하고 있다.

위에서 살펴보았듯이 수운은 '옥경대에 상제가 있다고 생각하는 것은 음양이치를 모르는 어리석음의 소치'일 뿐만 아니라 허무한 소리에 불과하다고 비판하였음을 상기할 필요가 있다.(「도덕가」). 동학에서 음양陰陽이란 천주가 자연 법칙으로 작용하는 것을 일컫는다. 자연만물은 음양 법칙에 따라서 움직이는 것이지 따로 어떤 절대자가 주재하고 관리하는 것이 아니라는 주장이다. 이러한 이해에 비하여 리치는 인간이 알 수 없는 지혜와 힘이 자연계와 동식물 그리고 인간을 주재하는 절대자라는 점을 설득하고자 한다.

리치의 첫 번째 신 증명 방식은 인간의 성정性情 자체가 어려울 때나 곤란할 때 두려울 때 모두 천주를 찾는다는 점이고, 두 번째 증명 방식은 질서 정연하게 움직이는 자연계를 볼 때 전지전능한 신이 통제와 주재를 알 수 있다는 주장이다. 세 번째는 화살을 피하는 새처럼

16 Matteo Ricci S.J, *The true Meaning of the Lord of Heaven* (『天主實義』), Taipei-Paris-Hongkong: Ricci Institute, 1985. 65쪽. "論天主始制天地萬物 而主宰安養之 A discussion on the creation of heaven, earth, and all things by the Lord of heaven, and on the way. He exercises authority over them and sustains them."

17 앞의 책, 70-71쪽. "斯其中必有主之者哉 There must surely be Someone in the midst of it who exercises control over it"

영지를 갖춘 존재가 그렇게 시킴이 분명하다고 주장한다.[18] 이와 같은 신 증명 방식은 철학적·논리적이기보다는 현상 관찰을 근거로 신 존재를 추론하는 방식이다. 칸트는 오성을 넘어서는 존재인 신은 설명할 수 없으므로 철학의 대상에서 배제하였다. 현상계의 불완전함을 근거로 완전함의 세계를 증명할 수 있다는 논리는 부동의 제1원인자를 설정한 아리스토텔레스 철학을 신학에 적용하여 신이라는 이름을 붙였던 토미즘적 전통이다. 리치의 노력은 우주 만물의 창조자·통제자·초월자로서의 절대권능을 가지는 신을 설득하는 것이었다. 수운이 서학 관련 서적들을 어느 정도 접했는지를 알 수 있는 자료는 없지만, 수운 저작에 보이는 서학 비판으로 볼 때 수운은 리치의 이와 같은 유형의 논리와 설명을 접했던 것이 분명하다. 수운은 이러한 서학을 어떻게 비판하는가?

수운은 서학에는 "몸에는 기화지신이 없고 학에는 천주의 가르침이 없다"[19](「論學文」)고 하였다. '기화지신'이 없다는 것은 기운으로 화한 신이 없다는 뜻이다. 수운은 '강령降靈'을 중시하였는데, 강령이란 말 그대로 풀이한다면 신이 내린다는 뜻이다. 이를 근거로 동학을 무속으로 해석하는 학자들도 있으나 강령은 천주의 기운과 통한다는 의미이다. 기운이 바르게 될 때 천주의 기운과 통한다고 한다. 수운은 자신의 공부를 '수심정기守心正氣'로 요약했는데, 기운을 바르게 하게 되면 천주의 기운과 자유롭게 소통하게 된다는 것이다. 천주의 기운과 자유롭게 소통하는 것을 수운은 어머니와 갓난아기의 관계로 비유했다. 수운은 갓난아기가 누가 어머니인지를 배우지 않았어도 어머니

18 앞의 책, 72-75쪽.
19 "身無氣化之神 學無天主之敎"

를 아는 것은 갓난아기가 본래 어머니와 하나의 몸이었기 때문이라고 하였다.(「不然其然」). 사람이 기운만 바르게 되면 갓난아기처럼 어머니와 한몸인 줄 아는 것과 똑같이 하느님과 하나인 줄 알게 된다고 하였다. 이처럼 강령이란 '천지부모'와 끊어졌던 탯줄을 다시 잇는 것과 같다. 그렇게 함으로써 사람은 하늘의 기운과 소통하여 자유롭게 조화 과정에 참여하게 된다. 해월이 "수심정기 네 글자는 천지의 끊어진 기운을 다시 잇는 것이다"[20](「守心正氣」)라고 한 이유도 여기에 있다. 수운은 서학에는 형이상의 천주 관념은 있지만 '조화造化' 또는 '기화氣化'로 부르는 천주의 '혼원일기渾元一氣'와의 소통이 없다는 것이다. 절대신 관념은 있지만 기운으로서의 신 관념이 없다는 점을 비판하고 있다.

'학문에 천주의 가르침이 없다'는 말은 『중용』의 "천명을 일컬어 성이라 하고, 성을 따르는 것을 도라 하고, 도를 닦는 것을 교라고 한다"[21]는 유명한 명구의 맥락에서 이해할 수 있다. 가르침은 하늘에서, 본성에서, 도에서 나옴을 뜻한다고 하겠다. 수운이 학을 말한 것을 보아 기독교 성경을 읽었을 것으로 짐작된다. 경전을 읽지 않고 학문을 거론할 수 없기 때문이다. 수운은 천주 체험을 묘사하는 가운데 "안으로는 하느님의 가르침이 있다內有降話之教"(「論學文」)고 하여 서학과의 차별성을 분명히 한다. 다시 말하면 천주는 초월적 실체로 존재하는 것이 아니라 마음으로 가르치는 존재로 작용하고 있다는 것이다.

'강화지교降話之教'와 함께 동학에는 강령의 상태에서 하늘로부터 시도 받고降詩, 글도 받고降書, 붓글씨도 받고 하는 등의 가르침이 매우

20 "'守心正氣' 四字 更補天地隕絶之氣"
21 『中庸』, "天命之謂性 率性之謂道 修道之謂教", 「도덕가」 참조.

일반적이다. 수운은 동학의 가르침을 자신이 임의로 만들어 낸 것이 아니라 하늘의 가르침이라고 강조하고 있다. 반면 서학은 인위적 가르침이라는 것이 수운의 주장이다. 하늘의 본성을 따르고 하늘의 가르침을 받게 되면서 사람은 인위적이 아닌 '무위이화無爲而化'로 생각하고, 말하고, 행동한다는 점을 강조하게 된다. 그러므로 수운은 자신의 도는 '무위이화의 도'[22](「論學文」)라고 하는 반면, 서학은 말에 차례가 없고 글에 순서가 없으며 천주를 위함이 없고 오직 자신만을 위하는 이기주의 종교라고 비판한다.[23](「論學文」). 수운이 자신의 도를 '무위이화'라 하는 것은 하늘의 본심을 깨달았으며 하늘의 가르침을 받았음을 강조한 것이라 하겠다. 하늘의 가르침에 기반하여 이루어진 자연적인 동학과 인위적인 서학을 대비시켜 동학을 한층 높이고 있다.

서학에 '기화지신이 없다'는 것이 기독교의 초월적 유일신 관념에 대한 비판이라면, '학에 천주의 가르침이 없다'는 것은 하늘의 가르침에 의한 '무위이화'의 도가 아닌 인위적인 가르침이라는 점에 대한 비판이다. 무위이화는 노장의 무위자연의 개념과 유사하나 동학적으로 재정의된 개념이다. 무위이화를 수운은 '수심정기守心正氣'와 '솔성수교率性受敎'로 풀이한다.[24](「論學文」). 쉽게 말하면, 천심天心을 지키고 천기天氣를 바르게 하면 하늘과 합일하여 인위가 아닌 자연한 가운데 생각하고, 말하고, 행동하게 된다는 것이다. 이를 달리 표현하면 천성天性을 따르고 천명의 가르침을 받게 되면 인위가 아닌 하늘의 뜻을 어떤 왜곡도 없이 자연스럽게 알아 행하게 된다는 뜻이다. 무위이

22 "曰吾道無爲而化矣 守其心正其氣 率其性受其教 化出於自然之中也."

23 "西人 言無次第 書無皂白而 頓無爲天主之端 只祝自爲身之謀."

24 "守其心正其氣 率其性受其教 化出於自然之中也."

화는 사람의 마음이 하늘의 도와 자연의 법칙에 거스르지 않고 완전한 조화를 이룰 수 있다는 의미라 하겠다. 특히 자연의 이치와의 합일을 수운은 무위이화로 개념화하였다고 할 수 있다. 이 점에서 동학은 현대 사회가 요청하고 있는 자연과의 조화의 길이라 평가할 수 있다. 생태계 파괴의 현대 사회에서 동학의 생명사상이 주목받는 사상적 근거도 여기에서 찾을 수 있다.

3. 천주 및 자연과의 조화

지금까지 이학理學 비판과 초월신 비판을 통하여 성리학과 서학과의 차별성을 드러내면서 동학의 독창성이 무엇인지를 살펴보았다. 동학의 독창성이란 현실과 현상의 한가운데서 작용하고 있는 천주를 재발견하여 인격성을 부여하였고, 현실의 한가운데에서 작용하는 기운으로 활동하는 신을 제시하였으며, 생각하고 말하고 행동하는 일상생활을 모두 하늘의 본성과 하늘의 가르침에 따라서 자연스럽게 행할 수 있다고 보았다. 그러므로 수운은 '일동일정一動一靜과 일성일패一盛一敗를 천명에 부쳐'(「布德文」) 행하는 동양의 고대 시대의 도를 다시 회복하였음을 강조하였다. 즉, 수운은 모든 것을 '조물자에 붙여서'(「不然其然」) 어떤 것도 하늘의 뜻과 자연의 이치에 어긋나지 않고 온전히 따라서 그대로 행하게 되었다는 것이다. 현대적 개념으로 하면, 동학은 서구의 근대성이 학의 영역에서 추방시켜 버린 천주를 마음 안으로 회복시켰을 뿐만 아니라 정복과 이용 대상으로서의 자연 또한 마음 안에서 되찾아 자연의 이치에 완전히 통한 마음을 찾은 것이다. 이는 천주와의 조화이자 자연과의 조화의 심학이라 하겠다. 즉 동학의 독창성은 성과 경이라고 하는 '형식화된 합리주의를 수심정기의 신앙적 수양 자세'[25]로 통합하고, '물리적 사회혁명보다 현실 극복의 정신적 자세를 중시하여 무위이화 이치에 따른 후천개벽'[26]을 제시하였다는 점에 있다고 하겠다. 달리 표현하면 동학의 독창성은 신학 · 철학 · 과학을 하나로 관통하는 통전적 철학을 제시하였다는 점이다.

제3절 성학性學 비판과 개체성個體性 비판

1. 성학性學 비판과 심학心學

성학 비판을 보기 위해서는 조선 성리학이 특별히 발전시킨 성심론의 논쟁을 살펴볼 필요가 있다. 조선의 성학性學을 대변하는 학자는 퇴계이다. 퇴계는 '심학의 핵심은 인욕人慾을 없애고 천리天理를 보존하는 것'[27]으로 이해했다. 이학의 시각에서 보는 심학 이해의 전형적 표현이라 하겠다. 이원론적 단계에서의 마음에 대한 이해라 할 수 있다. 마음을 '이기理氣의 합'[28]으로 이해했기 때문에, 인욕의 근거가 되는 기를 막아 버리고 도덕의 근원이 되는 성性이 나온 천리를 보존하는 것이 마음의 일이라고 보았다. 퇴계는 인간의 이원성을 설명하기 위하여 "선한 마음은 이가 발發한 것이고, 악한 마음은 기에서부터 왔다"[29]는 이른바 '이기호발설理氣互發說'을 주장한다. 이발理發의 근거를

25 황선희, 『한국 근대사의 재조명』, 국학자료원, 2003, 218쪽.
26 앞의 책, 219쪽.
27 『退溪全書』 卷37, 849쪽, "心學雖多端 總要而言之 不過 人慾存天理兩事而已"
28 『退高往復書』, "心固理氣之合"

퇴계는 주희의 이에 동정이 있다는 주장에서 찾았다.[30] 그렇게 함으로써 퇴계는 성심性心이원론의 벽을 두껍게 할 수 있었다. 이학의 전통에 굳건히 서 있는 퇴계는, 주자는 유儒요 송·명 심학의 태두라 할 수 있는 육상산陸象山을 선禪으로 간주하여 이른바 심학을 사邪로 간주하고 있다.[31] 율곡은 퇴계의 이러한 이원론을 안타까운 마음으로 비판한다.

율곡은 유학의 대선배 학자였던 퇴계의 이원론을 매우 난감하게 생각하였다.[32] 율곡은 퇴계의 모호성이 이기理氣의 불상리不相離에 대한 이해 부족에서 온 것으로 보았다.[33] 이와 기는 서로 떨어질 수 없다는 사실을 퇴계는 간과했다는 주장이다. 율곡은 이기가 둘이 아닌不二 줄을 모르는 자는 도를 모르는 자라고 확언한다.[34] 그러므로 율곡이 볼 때 이기이원론자인 퇴계는 도에 확연 관통하지 못했다고 하겠다.[35] 율곡의 성리학은 이 점에서 이기일원론 및 성심일원론의 입장으로 퇴계와는 분명 다른 학맥을 이루었음을 알 수 있다. 율곡은 설혹 주희라

29 『退溪全書』 卷7, 「進聲學十圖」, 「必統特性圖說」, “四端之性 理發而氣隨之 … 七者之情 氣發而理乘之”

30 『退溪全集』 卷39, 「答李公浩問目」 “周子嘗曰 理有動靜 故氣有動靜 若理無動靜 氣何自而有動靜乎 知此則無此疑矣 蓋無情意云云本然之體 能發能生 至妙之用也”

31 『退溪全書』 卷41, 917쪽, “朱陸二氏之不同 非故有意不同也 此儒而彼禪 此正而彼邪”

32 『栗谷全書』 卷10:8, 「答成浩原-壬申」 “退溪之精詳勤密 近代所無而 理發而氣隨之說亦微有理氣先後之病 老先生未損館舍事 珥聞此言 心知其非 第一年小學淺 謂感問難歸一 每念及此 未嘗不通恨也”

33 『栗谷全書』 卷10:37, 「答成浩原」, “若退溪互發而子則 似非下語之失 恐不能深見理氣不相離之妙也”

34 『栗谷全書』 卷10:22, 「理氣詠呈牛溪道兄(小註)」, “理氣本合也 非有始合之時 欲以理氣二之者 皆非知道者也”

35 『栗谷全書』 卷10:37, 「答成浩原」, “退溪則 深信周子 深求其意而氣質情愼密 用功亦深 其於周子之意 不可爲不契 其於全體 不可爲無見 而若廓然貫通處則 猶有所未至 故見有未瑩 言或微差 理氣互發 理發氣隨之說 反爲知見之累耳”

도 이기호발을 주장하였다면 틀렸다고 말하겠다고 하여 자신감을 표명하였다.[36] 그러면 율곡의 이러한 입장은 육왕학으로 일컬어지는 심학을 어떻게 보았는가가 중요해진다.

율곡이 이기일원론, 심성일원론을 제시하면서 심학을 말하지 않은 것은 당시 시대적 상황으로 볼 수도 있을 것이다. 율곡은 정명도의 '기역도 도역기器亦道道亦器'를 인용하여 도와 기를 둘로 보는 병폐를 적시하였다.[37] 여기에서 율곡은 공자의 인간학을 들어 기발의 의미를 다시 한번 더 분명히 한다. 즉, 도가 사람을 이롭게 하는 것이 아니라 사람이 도를 이롭게 한다고 하여, 행하고 말하고 생각하는 것은 어디까지나 기발임을 상기시킨다.[38] 그러므로 천시天時와 지리地利가 비록 중요하지만 그보다 중요한 것은 역시 인화人和라는 점이 명료해진다. 물론 마음은 천지의 변화와 결코 둘이 아니다.[39] 율곡은 조선조의 성리학적 풍토에서 심학을 말하기 어려웠을 것이나, 이기론과 성심론에서 보이는 입장은 다분히 심학적 성향을 나타낸다. 동학의 심학을 논하기 이전에 중국철학에서의 심학을 언급하는 것이 동학의 심학 이해에 도움이 된다.

육왕심학陸王心學의 시발이라 할 수 있는 정명도는 '확연대공 물래순응廓然大公 物來順應'이라는 말을 남겼다. 마음이 완전히 열리면 어떤 사물이 오더라도 온전히 알아서 올바르고 정확하게 응대한다는 뜻이

36 『栗谷全書』 卷10 書2, 「答成浩原」, "若周子眞以爲理氣互有發用 相對各出則是周子亦誤也 何以爲周子乎"

37 『栗谷全書』 卷10:8, 「答成浩原-壬申」

38 『栗谷全書』 卷10:27, 「答成浩原」, "若非氣發理乘一途而理亦別有作用則不可謂理無爲也 孔子何以曰人能弘道非道弘人乎 如是看法則氣發理乘以途明白坦然"

39 『栗谷全書』 卷10:5, 「答成浩原-壬申」, "吾心異於天地之化 則非愚之所知也"

다. 육상산은 '우주가 곧 내 마음이요 내 마음이 곧 우주'[40]라고 하여 심학을 천명하였다. 양명은 "마음 밖에 이치도 없고 마음 밖에 일도 없다"[41]고 하여 모든 것이 마음 안에 있다고 한다. 형이상의 이가 따로 존재하는 것이 아니라 고요하고 움직이지 않는 마음이 곧 이인 것이다. 즉, '심즉리'[42]인 것이다. 양명은 역易의 '적연부동 감이수통寂然不動 感而遂通'을 마음을 묘사한 것으로 본다.[43] '양지良知'로 일컬어지는 천심은 본래 고요하고 움직이지 않지만 그 앞에 놓인 대상을 정확하게 통하여 안다는 것이다. 이러한 마음은 흔히 거울의 비유로 설명되곤 한다. 왕양명도 예외가 아니다. 즉, 거울은 제 앞의 모든 것을 비추지만 대상에 결코 물들지 않고 흔들리지 않으면서 있는 그대로를 비추어 준다. 양명은 양지良知를 불교의 '머무는 곳이 없는 마음無所住'과 같은 것으로 설명한다.[44] 그리하여 왕양명은 자신의 공부의 핵심을 '치양지致良知'와 '격물格物'로 표현하였다. 양지에 이르게 되면 밖으로 표출되는 모든 행동이 올바르다는 것이다. 격물을 사물의 이치를 아는 것으로 정의한 주자의 견해는 견강부회로 올바로 안 것이 아니며,[45] 일을 올바로 하는 것이正事 곧 격물의 참뜻이라고 하였다.[46]

40 『象山全集』 卷35:36, "宇宙便是吾心 吾心便是宇宙"

41 王陽明, 『傳習錄』 32條, "心外無理. 心外無事"

42 『傳習錄』 34條, "心卽理"

43 『傳習錄』 145條, "心之本體卽是天理. 天理只是一箇, 更有何可思慮得? 天理原自寂然不動, 原自感而遂通"

44 『傳習錄』 167條, "聖人致知之功, 至誠無息 ; 其良知之體 皦如明鏡, 略無纖翳, 姸媸之來, 隨物見形, 而明鏡曾無留染 : 所謂 '情順萬事而無情' 也. '無所斫住而生其心' 佛氏曾有是言, 未爲非也 ; 明鏡之應物, 姸者姸, 媸者媸, 一照而皆眞, 卽是生其心處 : 姸者姸, 媸者媸, 一過而不留, 卽是無所住處"

45 『傳習錄』 6條, "朱子格物之訓, 未免牽合附會. 非其本旨"

46 『傳習錄』 6條, "'愛昨曉思, 格物的「物」字, 卽是「事」字. 皆從心上說'. 先生曰, '然. 身之主宰便是心'". 『傳習錄』 7條, "先生又曰, '「格物」如孟子 「大人格君心」之「格」.

다시 말하면 고요하고 적정한 양지의 마음을 터득하여 부모를 향하면 효가 되고, 군주를 향하게 되면 충이 되고, 벗과 민을 향하게 되면 각각 믿음과 어짐이 된다는 것이다.[47]

격물에 대한 새로운 이해를 통하여 왕양명은 공맹학의 핵심이 심학임을 밝혔다. 모우종산은 이러한 심학적 맥락을 정통으로 간주하고 주자학을 중국 정통에서 벗어난 독특한 철학 사유로 간주하였다. 양명은 "마음 밖에 물이 없다(心外無物)"라고 하여 마음 밖에서 따로 무엇을 구하지 않았으며, '격물'이라는 것도 밖의 사물의 원리를 구하는 것이 아니라 상황에 따라서 올바로 체득하고 인식하는 것이라[48] 하였다. 양지良知가 철학의 중심을 이루고 있다.

수운의 심학은 1860년 천주로부터 들은 "내 마음이 네 마음이다吾心卽汝心"에 근거하고 있다. 뿐만 아니라 수운 스스로 "열세자 지극하면 만권시서 무엇하며 심학이라 하였으니 불망기의 하였어라"(「교훈가」)라고 하여, 자신의 공부는 수많은 경전을 독서하여 지식을 넓히는 것이 아니라 열세자로 이루어진 주문을 마음으로 투득透得하는 마음 공부라는 점을 강조하고 있다. 또한 수운은 "인의예지는 옛 성인의 가르친 바요, 수심정기는 내가 다시 정한 것이니라."[49](「修德文」)라고 하여 자신의 도의 핵심으로 수심정기를 제시한다. 수운의 독창성이란 마음을 지키는 공부인 것이다.

마음을 지킨다는 것은 무엇을 뜻하며 어떤 마음을 지키는 것인가?

是去其心之不正, 以全其本體之正. 但意念所在, 卽要去其不正, 以全其正'"

47 『傳習錄』 3條, "以此純乎天理之心, 發之事父便是孝. 發之事君便是忠. 發之交友治民便是信與仁"

48 『傳習錄』 201條, "故格物亦只是隨處體認天理"

49 "仁義禮智 先聖之所敎 修心正氣 惟我之更定"

그것은 '오심즉여심吾心卽汝心'의 마음을 지키는 것이라 하겠다. 즉, 하늘 마음天心을 지키는 것이다. 수운은 사람 마음이 하늘 마음과 아무런 차이가 없다고 한다. 하늘 마음을 지키는 것이 동학 심학의 핵심이며 열세자 주문을 통하여 가능하다는 것이다. 여기에서 열세자 주문 분석의 필요성이 제기된다. 마음을 지키는 구체적인 공부가 열세자이기 때문이다.

'시천주조화정영세불망만사지侍天主造化定永世不忘萬事知'(「論學文」)의 13자는 시 · 정 · 지侍定知의 동사로 분석된다. 시정지는 세 가지 차원에서 마음을 지키는 공부로 볼 수 있다. 먼저 모심侍은 천주와의 관계를, 다음으로 자리잡음定은 만물 창조의 조화와의 관계를 표현하는 동사이다. 마지막으로 앎知은 사람 마음이 하늘 마음이 되어 성인이 됨을 표현하는 동사이다. 모심 · 자리잡음 · 앎은 마음을 지키는 것이 무엇을 의미하는지 세 가지 차원에서의 설명인 것이다.

마음을 지킨다는 것은 먼저 하느님을 모심이다. 하느님을 모심이란 창공의 높고 먼 곳의 하늘 나라에 계신 절대자를 모신다는 뜻이 아니라, 자신 안의 내면에 존재하는 신령이 있음을 아는 것이고 동시에 밖에는 우주를 하나로 관통하는 혼원한 기운과 소통하는 것을 뜻한다. 그러므로 마음을 지킨다는 것은 마음이 신령이자 우주적 혼원일기라는 사실을 아는 것이라 하겠다. 역易의 표현을 빌리면, 안에 신령이 있다는 것은 고요하고 움직이지 않는 마음寂然不動이 있으며 동시에 밖에 기화가 있다는 것은 우주 삼라만상과 소통하지 아니하는 바가 없는 감이수통感而遂通하는 기운이 있다는 뜻이라 하겠다. 마음을 지킨다는 의미를 형이상학 · 초월 · 절대와의 관계에서 설명하는 방식이 시천주인 것이다. 종교적 설명 방식이라 할 수 있다. 마음을 지킨다는 것은 종교적 숭배 대상으로 설정된 궁극적 실재와의 내외적 관계성에서 한치도 옮기지 아니하고 그 통일적 관계성을 유지하는 것이다.

시천주侍天主라는 종교적 표현은 동학의 심학을 왕양명의 심학과 구분하는 개념이다. 수운은 왕양명처럼 천주·상제·천리 등으로 표현되는 궁극적 실재를 표현하는 개념을 완전히 용도 폐기하지 않고 있다. 천주는 분명 종교적 대상으로 설정되나 외적 실재가 아닌 내적 본성으로 이야기되고 있다. 그렇지만 천주는 온존되고 있다. 수운이 "나는 도시 믿지 말고 하느님을 믿었어라 네 몸에 모셨으니 사근취원 하단 말가"(「교훈가」)라는 표현을 볼 때, 하느님을 믿으라고 하면서 바로 이어서 그 하느님은 그대의 몸에 모셔져 있으므로 가까이 있는 하느님을 버리고 멀리서 구하지 말라고 한다. 이 구절은 맹자의 "도는 가까이 있건만 먼 데서 구하고, 일은 쉬운 데 있건만 어려운 데서 구한다"[50]는 구절을 연상시킨다. 수운은 밝음을 태양에서 찾는 것이 아니라 내면에서 찾았다. 즉, 그는 "밝음이 있는 바를 알지 못하거든 멀리 구하지 말고 나를 닦으라"[51](「前八節」)라고 하였다. 그렇지만 수운은 종교의 궁극적 목적이자 대상인 천주를 완전히 해체시키지는 않았다. 이 점이 수운 심학의 독특성이다.

마음을 지킨다는 것은 두 번째로 생생불식生生不息하는 우주의 창조성 자체 또는 기운과 긴밀한 관계를 갖는다는 것이다. 따라서 마음을 지킨다는 것은 우주 만물을 창조 변화시키는 기운에 소통한다는 의미이다. 수운은 조화정을 하늘의 덕에 합하고合其德 하늘의 마음에 자리잡는다定其心고 주석하였다.(「論學文」). 마음을 지킨다는 것은 우주가 베

50 『孟子』 卷七, 離婁章句上 十一. "道在爾而求諸遠, 事在易而求之難"
51 "不知明之所在 遠不求而修我"

푼 덕에 의하여 일체 무생명체와 생명체들이 탄생하여 생활하다가 사멸한다는 사실에 깨어 있다는 뜻이다. 유가식으로 표현하면 하늘이 춘하추동을 어김없이 우로상설雨露霜雪을 내려 만물을 기르는 하늘의 덕天德에 이르고자 하는 것이 곧 마음을 지키는 공부라는 것이다. 달리 표현하면 하늘이 마음을 씀에 어떤 차별도 없이 평등하게 누구에게나 오직 선을 베풀 따름이라는 것이다. 부처의 자비慈悲, 공자의 인仁은 권력의 유무, 지식의 유무, 돈의 유무에 관계없이 남녀노소 모두에게 무차별적으로 베푸는 본래적 마음이라는 것이다. 계산하거나 심사숙고하거나 시비를 따져서 나오는 마음이 아니라, 거울처럼 즉각적으로 응하는 본심本心인 것이다. 수운은 마음을 지킨다는 것은 우주의 무량한 덕과 성인의 무차별 어짊이 자신의 마음 안에 들어와 자리를 잡는다는 것을 뜻한다고 보았다. 조화정에 의하여 성인이 하는 일을 내가 하게 되면 나는 성인의 덕과 성인의 마음을 쓸 수 있게 되고, 우주 만물의 주인으로서 일체 창조와 변화의 주인공이 된다는 것이다.

수운의 조화정은 얼핏 보면 노장을 연상시킨다. 조화가 우주 만물을 창조하고 변화시키는 힘과 관계한다는 점에서도 그러하다. 수운이 무위이화無爲而化의 개념을 통하여 사람이 우주 만물이 운행하는 근본 원리에서 한치도 어긋나지 않고 똑같이 행할 수 있다고 한다. 그러므로 조화정은 마음을 자연 사물의 원리와의 관계에서 설명한 개념이라 할 수 있다. 수운은 '도법자연道法自然'이라고 하는 노장적 자연주의를 배척하는 것이 아니라, 자연과 화해하여 자연의 이치에 어긋남이 없이 완전히 소통한 마음을 무위이화로 말하고 있다. 이 또한 양명학과 구분되는 면이다. 마음 밖에 사물이 없다고 하지만, 동학의 심학에서는 자연 사물을 하늘 마음의 표현체로 보아 자연 사물과 마음이 완전히 조화될 수 있음을 말한다. 따라서 동학은 자연을 '물즉심物卽心, 심즉물로 인간뿐만 아니라 천지만유가 동귀일체'[52]로 보았다.

만사지萬事知에서 앎은 동학의 심학이 성인을 지향하고 있음을 분명히 하고 있다. 이는 공자 이래 인문학적 전통의 재확인이다. 만사를 안다는 것은 모든 것을 안다는 뜻이다. 만사萬事란 천주天主로 표현되는 형이상과 조화造化로 표현되는 현상계를 아울러 표현한 것이다. 따라서 마음을 지킨다는 것은 만사를 아는 마음을 지키는 것이라 할 수 있다. 만사를 아는 마음은 하늘의 마음이며, 신의 마음이며, 성인의 마음이다. 수운이 천주를 체험할 때 하느님으로부터 "귀신이라는 것도 또한 나니라鬼神者吾也"(「論學文」)라는 말을 들었다고 하였다. 유학에서 귀신이란 마음의 작용을 뜻하는 개념이다. 유가에서는 몸이 죽어 흩어져도 남아 있다고 생각하는 혼령을 귀신이라 하였다. 그 귀신이라는 것이 따로 존재하는 것이 아니라 곧 하느님이라는 사실을 수운은 말하고 있다. 모르는 것이 없을 때 우리는 흔히 '귀신처럼 안다'라는 표현을 하는데, 만사지萬事知란 모르는 것이 없는 마음을 가진 존재가 된다는 것이다. 모르는 것이 없는 마음이 신의 마음이고 성인의 마음이라 하겠다. 그러므로 수운은 지知를 '지화지기至化至氣 지어지선至於至善'(「論學文」)이라 주석하였다. 우주를 하나로 관통하는 하나의 기운이 되어 관통하지 못하는 시공간이 없으므로 알지 못하는 것이 없게 된다. 뿐만 아니라 지선至善에 이르러 천지와 똑같이 영생하며 우주 만물을 낳고 기르게 된다고 하겠다. 이른바 역易에서 말하는 대인大人이 되는 것이다. 대인이란 우주와 동일하게 되었다는 뜻이다. 그리하

52 김정의, 「동학천도교 문명의 자연관」, 『문명연지』4-2, 2003.5, 한국문명학회, 62쪽.

여 '여천지합기덕與天地合其德, 여일월합기명與日月合其明, 여귀신합기길흉與鬼神合其吉凶' 하게 된다. 만사지는 동양학의 인문학적 전통의 재확인이다. 하늘과 땅, 천주와 조화가 이 만사지에 이르러 완성된다고 하겠다. 그러므로 수운은 지知로 주문공부를 끝맺고 있다.

수운의 심학은 실천적이다. 실천적이란 수운심학이 철학적 논변에서 나온 것이 아니라 실제 체험에서 나왔다는 뜻이다. 수운은 「흥비가」에서 '무궁한 이 울 속에 무궁한 나' 라고 하여 우주의 무궁성과 인간의 무궁성을 노래하였다. 하늘은 본래 무한하다고 하여 모든 사람들이 숭배하고 경배하지만, 수운은 사람과 우주 자연도 무한하다는 점을 말하고 있다. 수운은 천지인을 하나로 관통하고 있는 것이다. 이것이 수운심법의 독창성이다. 천지인 통일을 수운은 '천지 역시 귀신이오 귀신 역시 음양'(「도덕가」)이라고 표현하였다. 수운은 천지는 모심侍으로써 통했고, 귀신은 앎知으로 통했고, 음양은 자리잡음定으로써 통했다고 하겠다. 대상은 비록 셋이지만 알고 보면 모두가 하늘 한가지로 통해 있다는 뜻이다. 수운은 자신의 도를 "내가 나 된 것 이외에 다름이 아니다我爲我而非他"(「八節」)고 표현하였으며, 해월 최시형은 신위神位를 벽을 향하여 놓던 인류 역사의 제사법을 혁명적으로 바꿔 '향아설위向我設位' 를 말하고 시행했다. 동학의 마음공부는 자신이 되는 학문이며爲己之學,[53] 만물이 모두 나에게 갖추어져 있으므로萬物皆備於我[54] 공경하고 숭배할 대상은 자기 자신인 것이다. 그러나 공자·맹자·양명학과는 달리 수운심학은 천주를 모시고 있으며, 조화 자연에 소통하고 있으며, 대인의 마음과 일치하고 있다. 마음 안에 천주와 조

53 『論語』 卷七, 憲問 第十四, "古之學者爲己, 今之學者爲人"

54 『孟子』, 盡心章句上:4.

화를 포함하고 있는 포용의 심학이다. 수운은 "사양지심辭讓之心 있지마는 어디 가서 사양하며 문의지심問疑之心 있지마는 어디 가서 문의하며 편언척자片言隻字 없는 법法을 어디 가서 본本을 볼꼬"(「교훈가」)라고 노래하였다. 이러한 학문은 예전에도 지금에도 없는 새로운 법이자 학문이라는 것이다.

2. 개체성 비판과 동귀일체同歸一體

수운은 19세기 말의 위기를 '각자위심各自爲心'으로 진단한다. 공통된 지향점이 없이 각자의 마음을 위주로 삼는 개인주의를 비판하는 것이다. 각자위심의 대척점에 있는 것은 천명과 천리를 따르는 것이다. "또 이 근래에 오면서 온 세상 사람이 각자위심하여 천리를 순종치 아니하고 천명을 돌아보지 아니하므로 마음이 항상 두려워 어찌할 바를 알지 못하였던 터라."[55](「布德文」). 일반적으로 지적되는 동양사상의 보편주의적, 공동체주의적 특성을 동학에서도 볼 수 있다. 그러나 동학은 일반적인 공동체주의와는 달리 개체적 공동체주의라 할 수 있다. 왜 그런가? 아래의 분석을 통하여 이 점을 주로 살펴보자.

수운은 개체주의를 19세기 말의 위기로 진단할 뿐만 아니라 서학의 주된 특징으로 이기주의를 들고 있다. 서학을 비판하면서 수운은 "도무지 하느님을 위하는 단서가 없고 다만 제 몸만을 위하여 빌 따름이라"[56](「論學文」)고 하여 이기주의를 비판하고 있다. 동학의 중심 명제는 천명, 천리, 천주로 표상되는 하나로 돌아가자는 것이다. 보편주

55 "又此挽近以來 一世之人 各自爲心 不順天理 不顧天命 心常悚然 莫知所向矣"
56 "頓無爲天主之端 只祝自爲身之謀"

의의 제창인 것이다. 개체주의가 특수적 상대주의의 성격을 갖는다면, 보편주의는 공동체주의와 긴밀한 관계를 갖는다. 이 문제는 오래된 철학 주제로 오랫동안 논구되어 왔던 주제이므로 여기에서는 단지 이 문제에 대한 동학의 입장이 무엇인지를 분석하는 데 초점을 맞추도록 한다. 동학이 보는 주체관을 분석하게 되면 개체적 공동체주의의 특성이 분명해질 것이다.

먼저 주체의 개체성 문제를 보자. 서구에서 개체성 문제는 데카르트에 의하여 철학적으로 정초되고, 칸트에 의하여 체계화되고, 자유주의자 사상가들에 의하여 정치사상적으로 구체화된다. 서구의 근대성은 보편적 신에 대립되는 성찰적 개체의 발견으로부터 시작된다. 동학도 자기 성찰에서부터 출발한다는 점에서는 데카르트의 의식적 개체주의를 닮은 것은 같으나, 수운은 의식의 근원을 개체가 아닌 보편인 신령에서 찾았다內有神靈. 그렇게 함으로써 수운은 의식의 개체성보다는 신령의 보편성 또는 통일성을 강조하게 된다. 의식의 궁극적 주체가 개체가 아니라 보편적 영성이라는 것이다. 대만의 모우종산牟宗三은 이를 서구 과학의 외적 보편성과 대비시켜 동양학은 '내적 보편성intentional universality'을 탐구한다고 하였다. 수운은 이러한 내적 보편성에 인격성을 부여하여 천주라는 이름을 붙였다.

수운은 신령이라고 하는 내적 보편성의 영역을 칸트처럼 선험성의 영역으로 철학적 사유의 대상이 될 수 없다고 하였다. 불연기연不然其然이라는 글에서 수운은 이 영역을 인간의 일반적 의식으로는 알 수 없는 그렇지 않은 불연不然이라 하였다. 그렇다고 칸트처럼 이 영역을 불가지不可知의 영역으로 배제시킨 것이 아니라 마음공부를 통하여 이 영역에 이를 수 있다고 주장한다. 그러나 마음이 이 경지에 이른 사람만이 이 영역을 알 수 있다고 하였다. 모우종산은 동양학의 개념은 결국 마음의 경계언어라 표현하였다. 인식하는 주체 자체의 변용을 통해서만 이 불연不然으로 표현되는 알 수 없는 영역을 알게 된다는 것이다. 면밀한 철학적 논쟁보다 여기에서는 의식의 궁극 주체가 서구 근대성과 달리 보편적 영성으로 제시된다는 점을 지적하는 것으로 충분하다. 보편적 영성이라는 개념 때문에 마음의 궁극 실체가 하나님이라고 하는 서구 신학의 입장이 동학과 동일하지 않느냐 하는 질문이 제기될 수도 있다. 그러나 보편적 영성이라는 점에서는 같지만 보편적 영성이 마음 안에 내재한다는 점에서 서구의 초월적 보편 영성과는 또 다르다. 이 점은 매우 철학적 논제로서 별도의 논문을 통하여 논의될 성격의 것이기 때문에 여기에서는 이 정도에서 그치고 주체의 개체성 비판으로 돌아가자.

주체의 개체성 비판은 연기론緣起論적으로도 제기할 수 있다. 연기론적 비판은 궁극적 주체가 보편적 영성이라는 점에 초점을 두는 것이 아니라, 그 영성적 주체는 기화氣化로 표현되는 끊임없는 창조성 또는 활동성과 무관하지 않다는 점에 착안한 설명 방식이다. 영성과 기화는 안과 밖으로 떨어질 수 없는 관계로서, 주체는 영성이라는 영적 보편성일 뿐만 아니라 외부 세계와 끊임없이 소통하는 창조적 활동성이라는 점에서 공동체성이라는 주장이다. 이른바 들르쥐 등과 같은 포스트모더니스트들이 흔히 구사하는 주체의 다차원성 또는 다층성의 문제와 상통한다. 이들에 의하면 주체는 자신이 처한 사회·역사적 환경과 자연 환경에 큰 영향을 받으면서 형성된 구조적 주체이다. 일련의 심리학자들은 인식 주체의 개체성을 파고들어가 프로이트나 카를 융과 같이 잠재의식, 초의식, 집단 무의식의 층들을 개념화하여 개체성 안의 구조성을 들추어 내기도 한다. 이 글에서는 이러한 논의들을 상세히 논의할 필요는 없을 것이나 동학에서 이러한 인식 주체의 다층성 · 중층성은 개체의 공동체성으로 이해된다. 연기론적 설명이라고 하였지만 동학식의 표현은 기화적 설명이다. 동학에서 우주는 하나의 기운으로 관통되어 있기 때문에 모든 존재자들은 연계되지 않을 수 없다. 연계 양식 또한 중층적이다. 물질적 · 정신적 · 영적 차원에서 매우 복잡하게 연계되어 있는 것이다. 주체의 복합성과 중층성에 대한 동학적 설명으로서 해월의 예를 들어 보자.

개체의 공동체성에 대해서는 해월의 밥 이야기를 들 수 있다. 밥은 자연과 인간의 협동의 산물이다. 그러므로 밥 한 그릇에는 자연과 인간의 노동이 다 들어 있다. 그러므로 해월은 "만사를 아는 것은 밥 한 그릇을 먹는 데 있다"[57](「천지부모」)고 하였는데, 이는 사물 대상의 공공성을 잘 나타내 주고 있다. 또한 「흥비가」에서 수운은 "무궁한 이 울 속에 무궁한 내 아닌가"라고 하여, 인식 대상으로서의 이 우주도 무궁하다고 하여 대상의 연기緣起 또는 관계성을 분명히 하였다. 모든 대상들은 연기의 그물망 안에 존재하고 있으며, 해월은 이를 동질간의 협동과 이질간의 연대로 나누어 볼 수 있다고 하였다. 개체성은 같은 종끼리는 협동 관계에 있고 다른 종과는 연대 관계에 있다고 한다. 달리 표현한다면 인오동포人吾同胞와 물오동포物吾同胞로 말할 수 있다.(「三敬」). 타인과 내가 동포이고, 사물과 내가 하나의 동포라는 주장이다. 개체성의 공동체성 또는 통일성에 대한 논의는 동학에서 풍부하게 찾을 수 있지만 이 정도로 충분한 듯하다.

57 "萬事知 食一碗"

개체는 기운에 의하여 서로 소통하는 연기적 존재이기 때문에, 궁극으로 보면 외면적 차이점에도 불구하고 하나의 통일된 '혼원일기渾元一氣' 적 존재이다. '동귀일체同歸一體' 란 현상적으로 보이는 다양성의 궁극에는 하나의 통일성이 관통되고 있음을 표현한다. 수운은 "억조창생 많은 사람 동귀일체 하는 줄을 사십 평생 알았더냐"(「교훈가」)라고 하여 천주 체험 이전까지 모든 존재자들이 하나의 기운에 의하여 관통되어 있다는 사실을 몰랐음을 말하고 있다. 이로 보아 '동귀일체同歸一體' 란 마음이 우주 만물을 만들어 낸 오행五行이라는 기운에서 음양陰陽의 두 기운으로 돌아가고, 다시 혼원일기渾元一氣로 돌아가는 과정을 통하여 우주가 하나로 꿰뚫어져 있음을 체득함으로써 비로소 알 수 있다.

개체의 중층적 공동체성에서 마지막 관계가 바로 혼원일기와의 관계이며 동귀일체이다. 우주 만유가 하나로 다 연결되었다는 점에서 모든 개체는 우주적 공동체적 존재라는 것이다. 이러한 맥락에서 보면 개체성은 매듭, 즉 결절에 불과하다. 하나의 기운이 매듭지어 다양한 모습으로 드러난 것이다. 비록 다양한 모습을 갖지만 그 본래의 재료와 이치는 무無 · 공空 · 허虛 · 중中 등의 개념으로 표현되는 본체이다. 개체성에 대한 동학의 비판을 연기론의 맥락에서 살펴보았는데, 수운의 서학 비판과 연관지어 보자.

동학의 서학 비판은 개체 영혼의 문제와 연관이 깊다. 수운은 서학의 개체 영혼관에 대하여 다음처럼 비판한다. "우습다 저 사람은 저의 부모 죽은 후에 신도 없다 이름하고 제사조차 안 지내며 오륜에 벗어나서 유원속사 무삼일고 부모 없는 혼령혼백 저는 어찌 유독 있어 상천하고 무엇하고 어린 소리 말았어라."(「권학가」). 얼핏 보면 수운은 유교적 귀신관에 의거하여 제사를 지내지 않는 서학의 관습을 비판하는 것 같지만, 실제로는 개체 영혼관을 비판하고 있다.

수운이 제기하는 문제는 두 가지로서 ① 사후 천국에 가는 것이 무엇이냐, ② 자신의 개체 영혼이 있다면 왜 부모의 개체 영혼은 없는가의 문제지만 결국 개체 영혼의 유무 문제이다. 수운은 개체 영혼관을 어리석음의 소치로 비판한다. 수운의 경신년 천주 체험의 두 번째 중요한 명제를 근거로 본다면 동학은 개체 영혼을 인정하지 않는다. 유가에서 귀신으로 일컬어지는 존재가 바로 개체 영혼에 해당된다. 수운은 그런 귀신이라는 것이 따로 없다는 것이다. '귀신이라는 것도 나(鬼神者吾也)'(「論學文」)이기 때문에, 개체 영혼이라고 하는 것도 알고 보면 천주이기 때문이다. 귀신은 기운이며 기운은 활동이다. 활동은 차이를 전제하고, 차이는 다양성을 낳는다. 따라서 귀신은 다양하게 존재하는 것처럼 보일 수밖에 없다.

수운의 주장은, 활동으로 나타나는 다양한 귀신들의 본체 또는 실체는 다름아닌 하나의 천주라는 점이다. 다시 말하면 수운은 다양한 개체 영혼의 통일성을 말하는 것이다. 물론 여기에서 하나 또는 통일성이란 주객이 통합되고, 체용이 소통하고, 본말本末이 원융하여 나눌 수 없는 상태를 뜻한다. 주객, 체용, 본말이 나누어진다면 이는 하나가 아니고 둘이다. 개체 영혼이 따로 있는 것이 아니라 천주의 작용, 활동, 드러남일 뿐이다. 드러나는 측면에서 본다면 귀신은 다양하지만, 드러나지 않은 천주의 시각에서 보면 하나일 뿐이다. 따라서 개체 영혼이란 실제 있는 것이 아니라 현상 작용일 따름이며 하나의 천주만이 있을 뿐이다. 그러므로 귀신이라는 것도 알고 보면 천주인 것이다. 중요한 것은 사람들이 이 하나의 천주를 믿지 않고 다양한 귀신에 빠져 있다는 점이다.

개체 영혼관은 잡신 또는 만신萬神을 믿는 미신과 긴밀한 관계를 갖는다. 따라서 동학은 만신萬神을 비판한다. 이른바 미신의 문제이다. 미신이라고 하는 것은 다양한 잡신 숭배 행위를 뜻한다. 잡신들에 대한 해월의 비판을 보자. "세상 사람은 천령의 영함을 알지 못하고 또한 심령의 영함도 알지 못하고, 다만 잡신의 영함만을 아니 어찌 병이 아니겠는가. 지금 세속에서 이르는 성황이니 제석이니 성주니 토왕이니 산신이니 수신이니 석신이니 목신이니 하는 등의 음사는 붓으로 다 기록하기 어려운 것이니라. 이것은 한무제 때에 무당이 하던 여풍을 지금까지 고치지 못하고 마음에 물들어 고질이 되었으니, 다만 어리석은 사람들의 병근을 고치기 어려울 뿐 아니라 썩은 유생과 속된 선비도 왕왕 흘러들어 습관과 풍속을 이루었으니, 가히 한심한 것이라 이르리로다. 이러한 고질은 대방가의 수단이 아니면 실로 고치기 어려우니라. 그러므로 내 감히 논하여 말하는 것이니 밝게 살피어 쾌히 병든 뿌리를 끊고 한 이치로 돌아와 죄를 하느님께 얻지 말라."[58] (「心靈之靈」).

해월이 비판하는 것은 다양한 귀신들이 존재하지 않는다는 것이다. 존재한다면 천령天靈과 심령心靈이 존재한다는 것이다. 천령과 심령은 하나이기 때문에, 해월이 말하고자 하는 것은 결국 하나의 하늘, 하나의 마음을 뜻한다. 만신들은 하나의 신의 드러난 현상들이기 때문에 이를 실체나 존재로 간주하는 것은 본말의 전도라 할 수 있다. 그러므

58 "世人 不知天靈之靈 亦不知心靈之靈而 但知雜神之靈 豈非病乎 今俗所謂 城隍 帝釋 城主 土王 山神 水神 石神 木神等 淫祀筆不難記也 此是 漢武帝時 巫蠱餘風 尙今未革染心成痼 非但愚婦愚夫之病根難治 腐儒俗士汪汪流入 習與成俗 可謂寒心處也 此等痼疾非大方家之手段 實難治療 故余敢論而言之 明而察之 快斷病根 同歸一理 勿獲罪于天."

로 해월은 이러한 행위는 결국 하느님께 죄를 얻는 것이라 비판한다. 하느님은 하나이며, 이 하나가 되면 내 마음도 사라지고 우주도 사라지기 때문에 허虛 · 공空 · 무無라 한다.

3. 포용적 심학과 우주적 관계성

수운은 성학을 비판하고 독자적인 심학을 정립하였다. 왕양명의 심학과 달리 수운 심학은 천주나 자연 조화를 배척하거나 제외하지 않고 마음 안으로 통섭하였다. 그러므로 동학의 심학은 심외무천心外無天이나 심외무물心外無物이라는 개념이 없고 대신 하늘에 인격성을 부여하여 모신다고 하며, 사물의 조화 이치와 하나되는 무위이화의 개념이 두드러지고 있다. 이러한 시각에서 본다면 왕양명의 심학은 극단으로 치우친 표현이라 하겠다. 반면 동학의 포용의 마음은 기운으로서 사물, 귀신, 천주와 소통적 관계망을 가지고 있음을 개체성의 공동체성을 통하여 살펴보았다. 마음은 자연 사물의 이치와 완전히 소통하여 무위이화할 때 우주의 한 기운과 소통하여 동귀일체한다고 하겠다. 다시 말하면 생태계 파괴의 현대 사회에서 인간은 자연보다 더 자연스러워질 수 있기 때문에 무생명의 자연인 땅과도 소통하고, 동식물과 소통할 수 있다는 것이다. 이를 개체의 우주적 공동체성이라 부를 수 있을 것이다. 개체는 우주와 중층적으로 물질적 · 정신적 · 영적인 관계망 안에 존재한다.

제4절 맺음말

모더니티 인간은 두 가지 희생을 대가로 탄생하였다. 희생된 한 가지는 천주이고, 다른 한 가지는 자연이다. 모더니티에서 천주는 초월의 영역에 갇히게 되었고, 자연 사물은 형이하의 세계에 갇히게 되었다. 이 둘을 감금시킴으로써 인간은 절대적 주체로 등극할 수 있었다. 그러나 동학은 두 세계를 해방시켜 소생시킨다. 먼저 동학은 천주를 부활시켰다. 그렇다고 천주가 죽었었다는 것은 아니다. 왜냐하면 천주는 우주가 탄생하기 이전부터 있었으며, 우주가 멸망한 이후에도 있는 영원불멸의 존재이기 때문에 생멸을 말할 수 없다. 동학이 천주를 부활시켰다는 것은 사람의 마음에 부활시켰다는 뜻이다. 그리하여 천주는 살아 있는 천주로서 일상생활 속에서 한시도 예외없이 작용하고, 간섭하고, 명령하는 활동하는 신이 되었다고 하겠다.

다음으로 동학은 자연의 깊은 심연에 웅크리고 있는 영성과 하나의 본래적 기운을 되찾아 자연을 정복의 대상이 아닌 살아 있는 공경하는 동지로 부활시켰다. 그렇게 함으로써 천주와 자연은 새로운 생명력을 찾게 되었다. 동학은 천주를 마음의 고요한 영성으로 부활시켰고, 자연을 마음의 활동적인 창조성으로 부활시켰다. 그리하여 인간 마음은 안으로는 고요하고 지고한 천주를 모시고, 밖으로는 천변만화하는 자연의 창조와 변화의 이치에 통하게 되었다. 마음이 성스러움에 매이지도 않고 자연 먼지에도 매이지 않게 되는 경지를 의암 손병희는 자유라(「무체법경」) 하였다. 삶의 질곡과 역사의 무게 그리고 야만적 전쟁의 토양에서 꽃핀 무궁한 자유의 모습을 동학에서 볼 수 있다. 동학혁명과 동학전쟁은 종교적 자유와 마음의 해방의 자기 표출이었던 것이다. 동학혁명과 동학전쟁이 오늘날 우리에게 주는 교훈은 침략적 폭력, 억압적 정치 제도, 이념적 질곡도 결코 자유로운 영혼을 억누르거나 막을 수 없다는 사실이다.

제2부 동학의 생명사상

제5장 생명중심과 생명활동*

제1절 나비의 꿈夢

사이버 세계가 나날이 증대되고 있다. 현실 세계가 산술적 변화를 한다면 사이버 세계는 기하급수적 발전을 거듭하고 있다. 사이버 세계의 폭발적 증대는 상대적으로 현실 세계의 위축을 가져오고 있으며, 멀지 않은 장래에 사이버 세계가 현실 세계를 추월할지 모른다. 우리들은 누구나 가상의 세계가 0과 1의 조합으로 이루어진 세계임을 알고 있다. 0과 1의 조합으로 처리할 수 있는 하드웨어와 소프트웨어를 통하여 인간은 현실보다 더 실감나는 사이버 세계 건설을 목전에 두고 있는 것이다. 가상 세계라고 하지만 그 세계가 실감성이 없는 것이 아니다. 사이버 세계를 현실처럼 느끼기 위해서는 신경망 전체가 사이버 세계와 연결되어야 한다. 시야를 완전히 커버하는 스크

* 「생명의 그물에 대한 동양적 이해」, 『전통과 현대』 통권15호, 전통과현대사, 2001.3, 59-74쪽.

린 안에서 우리의 시신경이 사이버 세계와 현실을 구분하기 어려운 것과 마찬가지로, 감각계 전체가 사이버 세계와 연결될 때 현실과 사이버 세계를 구분하기는 더욱 어려워질 것이다. 태어날 때부터 사이버 세계와 감각기관을 연결시켜 놓으면 영화 속의 이야기처럼 현실과 사이버 세계를 구분하지 못할 것이다. 어쩌면 사이버 세계가 더 현실처럼 느껴질 수 있다. 왜냐하면 모든 수치가 한치의 오차 없이 정확하게 처리되기 때문에 오류 투성이의 현실보다 훨씬 신뢰성이 높기 때문이다. 설사 오류가 있다고 하더라도 사이버 세계는 스스로 교정할 수 있는 가능성이 훨씬 높을 수 있다. 오류를 수정할 수 있는 가능성이 높기 때문에 변화하는 현실에 대한 대응력도 그만큼 높아진다. 따라서 사이버 세계에서 태어나 죽을 때까지 자신의 삶이 연극 무대인 줄 모르고 살아갈 가능성이 훨씬 높아질 수 있다.

장자의 나비의 꿈은 허무맹랑한 이야기로 들릴 수도 있지만, 사이버 세계와 현실 세계에 관한 적지 않은 시사를 주고 있다. 사이버 세계를 체감하는 현대인은 예전보다 장자의 이야기를 보다 잘 이해할 수 있게 되었다. 나비의 꿈 이야기는 그저 철학자의 상상력이나 비유 정도로 이해되었었지만, 정보 과학의 발달로 훨씬 쉽게 이해할 수 있게 되었다. 아직까지 사이버 세계가 현실 세계보다 더 실감나게 느껴지는 시대는 오지 않았다. 많은 과학자들은 아주 가까운 미래에 현실보다 더 실감나는 가상 세계가 도래할 것이라고 말한다. 혹시 장자가 미래 세계를 투시하여 이런 이야기를 한 것은 아닐까? 그럴 수도 있겠지만, 그보다 장자는 우리들이 현실 세계라 부르는 이 세계를 꿈의 세계로 보고 있다고 생각하는 것이 보다 적절할지 모른다. 왜냐하면 현실 세계를 꿈의 세계로 보는 것은 비단 장자만의 이야기가 아니기 때문이다.

인도의 수많은 종교들은 현실 세계를 환영Maya의 세계라 말한다. 현실 세계를 환영의 세계로 본다는 말은 깨어난 세계가 있다는 의미이다. 다시 말해서 그런 말을 한 사람은 우리가 현실이라고 부르는 세계에서 깨어나 또 다른 진실의 세계를 보았다고 말할 수 있다. 비록 가 보지는 않았다 하더라도 충분히 추론할 수 있다. 노자도 이런 진실의 세계는 말로 표현할 수 없기 때문에 '도를 도라 하면 참 도가 아니다' 라고 하였을 것으로 보인다. 노장만 그런 것이 아니라 부처도 생로병사의 수레바퀴를 벗어난, 태어나지도 않고 죽지도 않는 불생불멸의 불성佛性의 세계가 있음을 설파하여 그곳으로 가는 것을 삶의 목적으로 설정했다. 예수가 "나는 길이요, 진리요, 생명이라"고 하면서 '아버지 나라' 로 가는 것을 말하는 것도 아마 환영의 세계가 아닌 진실의 세계를 맛봄에서 나온 이야기일 것이다. 수운은 그 세계는 알 수 없고, 멀고, 어렵고, 보이지 않는 '그렇지 않은不然' 세계라 하였다.(「不然其然」). '그렇지 않다' 는 것은 물론 환영의 세계에서 보는 경우이다. 꿈에서는 내가 나비인지 사람인지 분간하기 어려울 뿐 아니라, 더욱이 꿈에서 깨어나지 않고는 꿈과 현실을 이야기조차 할 수 없다.

0과 1로 된 사이버 세계를 해부해 들어갈 때 마주치는 것은 0과 1의 조합이다. 0과 1에는 생명이 없다. 비록 현란하고 요란하여 약동하는 생명이 있는 것처럼 보이는 그곳을 파고 또 파고 들어가서 만나는 것은 0과 1뿐이다. 세포의 유전자 정보도 아데닌, 구아닌, 티민, 시토신이라는 네 정보의 조합과 서열에 불과하다. 좀더 분석할 수 있는 기술력이 뒷받침된다면 네 가지 정보도 결국에는 두 개의 정보에 불과할지도 모른다. 사이버 세계가 비록 0과 1로 이루어졌지만 복잡한 관계지음에 의해 거의 모든 감각적인 것을 표현해 내듯이, 생명의 세계도 네 가지 정보로 이루어졌지만 다양한 관계 방식에 의하여 복잡다단한 생명 현상들을 일으키고 있다. 흥미로운 것은, 생명체의 진화가 염기서열의 숫자보다는 관계 방식에 크게 영향을 받는다는 사실이다. 따라서 생명체를 구성하고 있는 요인의 차이보다는 기본 요인 간의 관계 방식이 어떤지가 더 중요한 셈이다. 염기서열에 대한 보다 자세하고 치밀한 논의는 많은 과학자들의 연구와 실험에 맡겨 두고, 여기에서 우리에게 중요한 것은 생명 활동의 바탕이 무엇이며 어떻게 이해될 수 있는가의 문제이다. 즉 이 글에서 다루고자 하는 이야기는 이른바 동양적 사고에서 생명은 어떻게 이해되고 있는가이다.

사이버 세계는 0≠1이라는 논리에 기초한다. 만약 0=1이 되면 사이버 세계는 정지된다. 일체의 활동이 정지된 세계, 즉 0이 1이 되는 세계를 석가는 수레바퀴의 중심에, 노자는 문을 여닫는 지도리에 비유했고, 장자는 도의 중추에 들게 되면 '참是' 도 무궁하고 '거짓非' 도 무궁하다고[1] 하였다. 바퀴의 중심과 지도리는 아무런 움직임도 없지만 존재하지 않는 것은 아니다. 도추道樞는 비어 움직이지 않지만 참과 거짓이 그곳에 매달려 있는 것이다. 지도리 없이 문을 여닫을 수 없고, 바퀴축 없이 바퀴는 굴러갈 수 없다. 도추가 없다면 참과 거짓이 일어나지 않는다. 0과 1이 같아지는 세계에서는 컴퓨터가 만들어 내는 사이버 세계가 존재할 수 없는 것과 같다. 활동이 없는 것은 고요의 세계, 즉 죽음이다. 역설적이게도 동양에서는 이 아무런 활동이 없는 세계를 생명의 바탕 또는 중심으로 보고 있다는 점이다.

1 『莊子』, 「齊物論」 66, "樞始得其環中, 以應無窮. 是亦一無窮 非亦一無窮也"

제2절 환영의 뿌리命

0이 1이 되는 세계에서는 모든 활동이 정지되어 있다. 동양에서는 이 세계를 흔히 허虛, 공空, 무無의 개념으로 표현하였다. 그러면 이 세계가 진짜 비었고, 진짜 없고, 진짜 허망한가? 아니다. 오히려 꽉 차 있다. 이 빈 세계는 우주간에 미치지 않는 곳이 없고, 간섭치 않는 시간이 없기 때문에 예외란 있을 수 없다. 예외가 없기 때문에 완전하고, 미치지 않는 시간이 없기 때문에 영원하고, 안 가는 곳이 없기 때문에 무한하다. 동양에서는 이 '본래의 하나'를 참 생명으로 보아 여러 가지 다양한 이름으로 불렀다. 이름이란 표현을 의미하기 때문에, 이 하나는 본래 이름이 없는데 억지로 이름 붙여서 도道, 천주天主, 성性, 불佛, 일심一心 등으로 부를 뿐이다.

이름 없는 존재에게 이름 붙이는 것은 사람의 일이지 '본래의 하나'의 일은 아니다. 어떤 이름으로 부르거나 동양의 성현들은 그곳을 생명의 뿌리이자 근원으로 보았다. 이렇게 보면 '천생만민天生萬民'이나 '인명재천人命在天'과 같은 말이 이해될 수 있다. 생명이 하늘에 달려 있기 때문에 동학에서 '하느님을 잘 모시는侍天主' 길이 생명의 길이라 하였다. 수운을 이은 해월 최시형은 동학을 '생명을 살리는 길'이라고 하였다. 생명을 살리는 길이 천주를 모시는 데 있다면 천주는 어떻게 이해할 수 있을까? 천주는 수운이 '본래의 하나'에 붙인 이름이다.

'본래의 하나'가 무엇을 의미하는지 공간적 개념으로 풀이하여 그 이해를 좀더 명확하게 해 보자.

원효는 그 '본래의 하나'는 크고도 크다고 하였다. 산스크리트어로 마하Maha이다. 「대승기신론소」에서 원효는 이 클 '대大'를 크고도 크기 때문에 우주 전체가 다 들어와도 오히려 무한히 여유가 있기 때문에 '크다'라고 한다고 풀이하였다. 역易에서는 태극太極이라는 개념을 사용하여 가장 큰 것을 태극이라 한다. 너무 크기 때문에 태극을 벗어나는 것은 없다. 주렴계는 그 크기의 무한성을 드러내기 위하여 '태극은 곧 무극太極而無極'이라 하였다. 수운 역시 자신의 도는 '무극대도無極大道'라 하였다. '크다'라는 개념을 사용했지만 사실상 '본래의 하나'는 크기를 벗어난다. 우주가 아무리 크더라도 '본래의 하나' 안에 있게 된다. 달리 말하면, 본래의 생명 아래에서 우주의 현란한 드라마가 전개되는 것일 뿐 그곳으로부터 벗어나는 것은 아무것도 없다.

태극의 '태太' 안에는 크다는 의미와 가장 작은 씨앗의 의미가 있다. 태太에는 극대의 의미와 극소의 의미가 동시에 내재되어 있는 것이다. 미세한 것이 극에 이르면 관통하지 않는 곳이 없게 되어 모든 존재를 꿰뚫게 된다. 모든 것을 관통하기 때문에 율곡은 '탄다乘'는 개념을 사용하여 이理를 설명하고자 하였다. 율곡은 이가 타지 않은 곳은 없다고 하였으며, 이러한 자신의 입장은 성현이 문제 제기를 해도 바꿀 수 없다고 자신하였다. 수운은 혼원일기渾元一氣라는 개념을 사용하여 일체 우주 만물이 하나의 기운으로 통해 있음을 강조하였다. 하나로 꿰뚫지 못했다면 '본래의 하나'에 이르렀다고 할 수 없을 것이다. 일이관지一以貫之가 아니면 도라 할 수 없을 것이며, 도가 아니면 생명이 있다 할 수 없을 것이다. '본래의 하나'는 극미의 존재로서 우주 삼라만상을 하나로 꿰뚫고 있는 것이다. 의암 손병희는 "이 본래의 하나가 만물일체에 정묘한 줄과 묘한 이치의 기맥을 드리우고 있다垂精絲紗妙理之機脈"(「무체법경」)고 하였다. 요가철학에서는 우주 본체는 개체들과 개별적인 그물을 형성하고 있다고 하였고, 이를 프로타protah라고 하였다.

'크다' 혹은 '작다'라는 공간적 개념으로 볼 때 생명의 본체라 할 수 있는 '본래의 하나'는 거대하면서極大 미세極微하다. 그러나 움직임이 없다는 점에서 무한도로 거대하거나 무한도로 작은 것은 똑같다. 움직임이 없는 그 경지를 동양에서는 흔히 적정寂靜 Nirvana, 무무無無: Nitti Nitti, 무극無極, 중中이라 하였다. 그곳으로부터 생명이 솟구친다. 솟구치는 생명 그 자체를 '생생불식生生不息' 또는 '오목불이於穆不已'라 하였다. 끊임없이 솟구치므로 정지시킬 수 없으며, 정지시킬 수 없으므로 알 수 없다. 왜냐하면 안다는 것은 이원성을 전제로 하기 때문이다. 이원성이 전제되어 아는 자와 알려지는 것으로 나뉘게 되면 생생生生이 아니라 고착화가 된다. 선가禪家에서는 이를 '입을 열자 틀려버리므로開口錯', '일체를 놓으라放下着'고 가르친다. 오직 낳고 낳는 생동 자체만 있는 그곳에 생명이 있다고 할 수 있을 것이다. 나머지는 모두가 그림자이다. 그림자라는 것은 장자의 꿈이라는 이야기이다.

생명을 이와 같이 보는 사유는 우리에게 익숙하지 않다. 왜냐하면 지금까지 과학은 이런 방식으로 우리를 가르치지 않았기 때문이다. 옴살스러운holistic 생명의 약동 자체보다는, 화석화되고 개별화되고 고립된 개체를 잘게 쪼개는 방식을 합리적 과학이라고 교육받았기 때문이다. 불과 백년 전만 해도 우리들은 하늘천 따지를 모든 글자 가운데 가장 먼저 배웠다. 물론 천지라는 글자를 배웠다고 해서 생생하는 생명에 가까워지는 것은 아니다. 해부학은 의학 발전에 기여했는지 모르지만 생명공부를 하는 데는 그다지 큰 도움이 되지 않는다. 왜냐하면 생명이 이미 떠난 시체를 아무리 공부하더라도 생명을 알 수 있는 것은 아니기 때문이다. 사실상 해부학은 생명을 공부하는 데 목적이 있는 것이 아니라 생명의 그릇을 아는 데 있다고 하겠다. 마치 태양의 덕으로 만물이 낳고 자라서 열매를 맺지만 누구도 태양을 본 사람이 없는 것과 마찬가지로, 누구나 온살스러운 생명에 뿌리내리고 있지만 그것을 본 사람이 적다. 그러나 그 생명의 근원에 이르러 생명의 덕을 노래한 사람이 없는 것은 아니다. 그들은 생생한 그 명命의 근원을 천명天命이라 불렀다. 보이지 않는 하늘의 명이 일체 존재들에 내려와 있다는 것이다.

제3절 보이지 않는 그물網

분석에 익숙한 우리는 생명도 분석하려고 한다. 그러나 가르고 자르는 사이에 생명은 연기처럼 사라지게 된다. 생명은 사라지고 그 껍데기만 남게 된다. 과학은 껍데기를 분석하여 알맹이를 추론하고자 한다. 그러나 추론은 꿈에 불과한 것이다. 거꾸로 사유를 한다고 해도 마찬가지이다. 이른바 포스트모던의 전환점으로 이야기되는 프로이트는 꿈을 분석하게 되면 현재의식을 더 잘 알 수 있다는 발상을 한 학자이다. 과연 그럴까? 꿈은 꿈일 뿐이다. 현재의식이든 잠재의식이든 꿈일 뿐 깨어난 상태는 아니다. 달리 말하면 프로이트의 꿈도 0=1의 세계는 아닌 것이다.

생명은 분석하여 알 수 있는 대상이 아니라 온몸과 마음으로 함께 함으로써 느끼는 경지라 할 수 있다. 함께 한다는 것은 관계한다는 것으로, 모든 관계는 상대적이다. 불교의 연기론처럼 '이것이 있으므로 저것이 있다' 고 할 수 있다. 그러나 이것이 무엇이고 저것이 무엇인지는 분명치 않다. 관계는 상대적이다. 수운은 '불연기연' 이라는 개념으로 관계의 그물을 말하였다. 어떤 존재자(이것)가 있기 위해서는 수많은 다른 것(저것)이 있어야 하지만 그 경계선이 어디인지 알 수 없다. 경계선을 모르기 때문에 특정한 지점을 경계로 도려 낼 수 없는 것이다. 도려 낼 수 없기 때문에 과학은 언제나 도려 낼 수 있다는 가정을 하고 시작한다. 그렇기 때문에 과학은 언제나 근사치의 답이지 완전한 답일 수 없다.

사람은 어떤 존재자의 관계를 단지 보이는 바로 말하고 그에 의지하고자 한다其然. 왜냐하면 사람들은 분명하게 보이고 들리는 것을 그렇고 그렇다고 하여 확실하다고 믿기 때문이다. 그러나 보이지 않는 관계에 대해서는 말하지 않고, 멀고 힘들고 무관하다고 생각한다不然. 생명의 경우도 보이는 바에 의지할 뿐 보이지 않는 관계의 그물에 대해서는 말하지 않는다. 생명은 보이지 않는 그물에 걸려 있다.

중용은 "누구나 밥을 먹지만 그 참 맛을 아는 자가 드물다"[2]라고 하였고, 해월은 "밥 한 그릇을 먹는 것이 만사를 아는 것이다食一碗 萬事知"(「천지부모」)라고 하였다. 밥을 먹지 않고 생명을 유지할 수는 없다. 생명은 밥에 달려 있다. 이는 생명의 보이는 관계이다. 보이는 관계로 보면, 밥 한 그릇으로 오기까지는 햇살과 비바람 그리고 땅이 있어야 한다. 자연만 아니라 수많은 사람들의 노동도 함께 해야 한다. 보이는 관계로 보면 그야말로 밥 한 그릇은 우주 전체의 협동으로 만들어진

2 『中庸』, "人莫不飮食也 鮮能知味也"

결과임을 누구나 추론해서 알 수 있다. 관계의 그물을 떠난 생명체는 없다. 이러한 사실은 생물학자들이 더 잘 밝혀 주고 있다. 마걸리스와 세이건은 "생명은 전투에 의해서가 아니라 연결망의 형성을 통해 지구를 장악했다"[3]라는 조금은 전투적인 표현으로 생명의 보이는 그물을 드러내 준다.

난공불락의 황궁이나 도그마의 누에고치 안에서 사는 사람들 가운데는 간혹 이 사실을 간과하는 자들도 있다. 보이는 관계는 이들을 제외한 사람들은 누구나 다 아는 사실이다. 그러므로 이 점을 반복하여 설명할 이유는 없을 것이다. 그럼에도 불구하고 산과 물 그리고 공기를 무한정 남용할 수 있다고 생각하는 이른바 근대적 발상을 진보의 표상으로 삼는 사람들은 참으로 이해하기 어렵다. 그러한 발상을 찬양하고, 추종하고, 부화뇌동하는 자들에게 생명의 그물은 자유(?)를 방해하는 장애물로밖에 보이지 않는 모양이다. 이러한 문제들은 생태론자들과 환경운동가의 논의와 운동으로 상당 정도 이미 드러난 상태이기 때문에 여기에서 길게 이야기할 필요는 없다.

중요한 것은 보이지 않는 그물이다. 보이지 않는 그물은 동양의 눈이 훨씬 명확하게 잡아 내는 면이 없지 않다. 해월은 "사람은 하늘을 떠날 수 없고 하늘은 사람을 떠날 수 없나니, 그러므로 사람의 한 호흡, 한 동정, 한 의식도 이는 서로 화하는 기틀이니라"[4](「천지부모」)라고 하여 보이지 않는 그물에 대한 명료한 이해를 보여 준다. 사람의 활동 일체가 하늘과 연결되지 아니함이 없으므로 밥이 곧 하늘임을 알 수

3 Margulis, Lynn, and Dorion Sagan, *Microcosmos*, New York: Summit, 1986, 15쪽.

4 "人不離天天不離人故 人之一呼吸一動靜一衣食 是相與之機也"

있다. 이 때 참으로 밥맛을 안다고 할 수 있을 것이다. 해월은 사람은 하늘이 낸 빼어난 기운이요秀氣, 밥은 하늘이 낸 으뜸된 기운이라元氣 하였다. 사람이나 밥이나 근본은 하늘이라는 것이다. 그러므로 밥을 먹는다는 것은 '하늘이 하늘을 먹는다以天食天' 고 할 수 있다. 이는 보이지 않는 그물이 보이지 않는다면 말할 수 없는 말이다. 김지하는 이 이야기를 빌어 생활을 성화하는 사회운동론을 제창하였다.[5] 해월의 삶의 역정은 인간 삶을 성화聖化하는 역사였다고 하겠다. 해월은 생명 현상의 기초인 음식에서 천주를 보라고 말하고 있는 것이다. 그렇게 함으로써 우리의 삶은 성화될 수 있다는 것이다.

보이지 않는 그물은 비단 밥 이야기에 한정된 것이 아니라 물 이야기에서도 똑같이 나타나고 있다. 해월은 물고기가 보이는 물陽水 안에서 살듯이 사람은 보이지 않는 물陰水에 산다고 하였다. 물고기 눈에 물이 보이지 않듯이 음수는 사람의 눈에 보이지 않는다. 보이지 않는 물을 보기 위해서는 눈을 떠야 한다. 그러므로 해월은 확실히 통하여 크게 깨달아야確徹大悟 보이지 않는 물을 볼 수 있다고 하였다. 역易에서 말하는 생명의 근원으로서 북방의 물은 보이지 않는 물로 보아야 할 것이다. 물고기가 물을 떠나서 살 수 없듯이 사람도 보이지 않는 물을 벗어나서 살 수 없다는 것이 해월의 지적이다. 그러나 해월이 말하는 물은 H_2O는 아니라는 점이다. 보이지 않는 물에 가장 가까운 개념은 뉴턴 물리학 이후 사라져 버린 에테르라고 하는 개념일 것이다. 산스크리트어로는 아카샤Akasha가 음수에 가장 가깝다. 소리의 매질로서 제시되었던 에테르 개념을 굳이 부활시킬 필요는 없다. 오히려

5 김지하, 『생명』, 솔출판사, 1992.

해월이 사용하는 음수라는 개념이 더 적절하다고 할 수 있다. 보이지 않는 물은 생명의 바탕이며 근원이라 할 수 있을 것이며, 일체의 생명체들은 모두 이 보이지 않는 물을 마시고 사는 것이다.

호흡을 볼 때 생명의 보이지 않는 그물은 더욱 명료해진다. 호흡하지 않는 생명체는 없다. 인도에서 명상의 아버지이자 문명의 원조로 칭송되는 쉬바는 "저 하늘에 빛나는 별은 무엇이며, 인간의 생명은 무엇이며, 광대한 땅은 또한 무엇이냐"라는 자신의 아내 빠르바티의 근원을 묻는 질문에 대해 "너의 들고 나는 숨을 지켜 보라"고 대답하였다. 매우 흥미로운 답이 아닐 수 없다. 많은 사람들은 생명은 어디로부터 와서 어디에 머물다가 어디로 가는지 궁금해한다. 그 밖의 수많은 것들에 대해 사람들은 궁금증을 가지고 있다. 형이상과 형이하의 의문에 대한 답은 멀리 있는 것이 아니라 들고 나는 숨 가운데 있다는 것이 쉬바의 대답이다. 지금까지 우리는 꿈 같은 현실과 생명의 뿌리와 활동에 대해 이야기했다. 그러나 아무리 이야기했더라도 생명의 실상이 잡히지는 않는다. 오히려 생명은 더 멀리 달아난 느낌이다.

생각과 말 그리고 글이라는 그물은 생명을 잡기에는 너무나 성길 뿐만 아니라 너무나 작다. 쉬바의 대답에 의하면, 생명을 알기 원한다면 밖으로 치달을 것이 아니라 들고 나는 숨으로 들어가야 할 것이다. 쉬바는 밖으로 치달아 자신도 어쩔 수 없는 일을 논하지 말고 생명을 지탱해 주는 호흡에 주목하여 안으로 들어갈 것을 가르치고 있다. 들고 나는 역동적인 호흡을 가능케 해주어 일체의 생명 활동을 뒷받침해 주는 궁극이 무엇인지 보라는 뜻이다. 들고 나는 숨을 보려면 들고 나지 않는 멈춤의 상태가 있어야 한다. 들숨 뒤의 정지와 날숨 뒤의 정지 시간이 고요의 상태라 할 수 있다. 고요의 상태가 늘어나고 들고

남이 줄어들어 마침내 멈추는 무無의 지경에 이르러야 할 것이다. 쉬바는 들고 나는 일체의 움직임이 사라진 그곳에 이를 때 생명은 자신의 모습을 온전히 드러낸다고 하였다. 호흡의 들고 남은 의식의 요동과 밀접한 관계를 가진다. 그렇기 때문에 호흡이 멈추면 마음도 활동을 멈추게 된다. 마음이 활동을 멈추는 그 상태를 산스크리트어로는 삼매samadhi라 하였다.

생명의 역동적 활동을 수운은 영부靈符로 표상하였다. 수운은 영부를 궁을◎ 모양으로 혹은 태극☯ 모양으로 그려 냈다. 쉽게 말하면 생명의 형상은 역동적인 쌍으로 표상된다. 호흡이 들고 나고, 일음일양一陰一陽의 상象인 것이다. 정지된 쌍이 아니라 부단히 끊임없이 상호 작용하는 쌍이다. 모든 생명의 중심에는 역동적 쌍의 회오리가 자리잡고 있는 것이다. 그 회오리의 중심은 물론 음양을 넘어선 무극으로서 비어 있을 수밖에 없을 것이다. 태풍의 눈과 같은 자연 현상에서도 이는 마찬가지이다. 수운은 이 중심을 도심 혹은 천심이라 하였다.

밥에서, 물에서, 호흡에서, 마음에서 보이지 않는 그물이 어김없이 작용하고 있다는 사실을 살펴보았다. 해월의 밥과 물 이야기와 쉬바의 호흡 이야기는 보이는 그물과 보이지 않는 그물로 짜여진 우주를 드러내 준다. 수운은 생명 현상의 보이지 않는 그물을 다음과 같이 분명히 하였다. "사람의 수족동정 이는 역시 귀신이오, 선악간 마음용사 이는 역시 기운이오, 말하고 웃는 것은 이는 역시 조화로세."(「도덕가」). 수운에게 일상생활은 하늘의 귀신, 기운, 조화와 한시도 떨어질 수 없다. 일상생활은 곧 하늘의 자기 표현이 된다. 생명은 이와 같은 하늘과의 보이지 않는 관계망에서만 존재할 수 있다. 그러므로 해월은 "하느님이 간섭하지 않으면 고요한 한 물건 덩어리니 이것을 죽었다고 하는 것이요, 하느님이 항상 간섭하면 지혜로운 한 영물이니 이것을 살았다고 말하는 것이라"[6](「도결」)고 한다.

보이는 생명 현상과 보이지 않는 생명의 관계를 영화관을 비유해서 말해 보자. 생로병사라는 고해의 강물이 도도히 흐르고 그 가운데 사랑과 증오의 드라마가 스크린에 펼쳐지고, 모든 관객은 숨을 죽이고 스크린에 푹 빠져 있다. 때로는 장엄한 권력이 혹은 숨이 막힐 듯한 대자연이 스크린을 채우기도 한다. 그러나 눈앞에 전개되는 장면은 필름이 만들어 내는 가상의 세계이다. 파노라마의 이면에는 눈부신 빛이 있을 따름이다. 영원히 비치는 빛이 있고 끊임없이 돌아가는 필름 다발이 있기에 우리들 앞에는 거대한 우주의 드라마가 펼쳐지고 있는 것이다. 드라마의 어느 한 장면도 빛으로부터 떨어져 있을 수 없다. 의암은 '세상은 원래 영의 표현'[7](「성령출세설」)이라 하였다. 마음이라는 필름 다발에 더 이상 그림을 그리지 않을 때 우리들은 본래의 영, 즉 본래의 빛을 보게 된다. 물론 태양도 보지 못하는 육안으로 보는 것이 아니라 마음의 눈으로 보게 되는 것이다. 그 본래의 빛을 동양에서는 '명덕明德'이라 하였다. 하늘의 덕에 이르게 된다면 어찌 지극한 선至善에 도달하지 않겠는가?

지구상의 일체 생명체들이 햇빛에 의하여 태어났다가 돌아가듯이, 우주간의 일체 생명체들은 보이지 않는 빛에 의하여 태어났다가 돌아간다고 하겠다. 해는 하늘에 걸려 있지만, 보이지 않는 빛은 어디에 있는가? 수운은 "밝음이 있는 바를 알지 못하거든 멀리 구하지 말고 나를 닦으라"[8](「前八節」)고 하였다. 보이지 않는 빛은 창공에 있는 것이

6 "天不干涉則寂然一塊物 是曰死矣 天常干涉則慧然一靈物 是曰生矣"
7 "宇宙 元來靈之表顯者也"

아니라 나에게 내려와 있다. 해월은 "하늘은 만물을 지으시고 만물 안에 계시나니"(「기타」)라고 하였다. 우주 만물 안에 보이지 않는 빛, 즉 생명이 내려와 있으므로 주·객관적 조건이 형성되게 되면 생명 현상이 나타나게 될 것이다.

현대 생태학자들은 생명 활동을 자기 짜깃기self-organization로 개념화한다.[9] 자기 짜깃기란 단위체가 스스로 조직화하고 바깥 환경과 상호 작용하는 메커니즘을 의미한다. 여기에서 생태학자들이 말하는 자기 짜깃기를 부연 설명할 필요는 없다. 단지 짜깃기가 가능하기 위해서는 스스로 움직일 수 있는 능력을 가진 마음이 필요하다는 사실을 자각하는 것만으로 충분하다. 물질의 수동성과는 다른 의식의 자동성, 지향성, 구성 능력이 요청된다. 이런 능력이 없이는 생명 현상은 불가능하다. 여기에서 알 수 있는 것이 생명의 의식 현상이다.

생명의 핵심을 관계에서 찾고 그 관계지음은 마음에 의하여 이루어진다는 사실을 자연과학적으로 분석한 학자는 베이트슨이다. 그는 마음과 자연은 필연적으로 통합관계에 있음을 분석하여,[10] 생명을 최고도의 추상인 천명, 보이지 않는 빛, 하늘, 본래의 하나 등으로 개념화할 수 있는 천주에 연결시키려는 동양적 이해와 맞물릴 수 있는 여지를 만들어 준다. 생명은 관계를 짤 수 있는 능력에 의존하며 그 관계의 그물을 짜는 것이 마음이라는 논의는 베이트슨에게 맡기고, 여기에서는 동양적 화두의 핵이라 할 수 있는 부동의 중심 또는 '본래적

8 "不知明之所在 遠不求而修我"

9 Capra, Fritjof, *Uncommon Wisdom*, New York : Simon & Schuster, 1998, 215-233쪽.

10 Bateson, Gregory, *Mind and Nature : A Necessary Unity*, New York : Dutton, 1979.

하나' 에 초점을 두도록 한다. 신과학과 동양적 사유를 연결시키는 일련의 저서를 발표한 카프라는 한 걸음 더 나아가 "마음은 생명의 본질이다"[11]라는 표현을 써 보이지 않는 관계의 그물을 인식하고 있음을 보여 준다. 물론 카프라는 마음을 말하고 영성을 말한다. 그러나 동양으로 오면 이 점은 더욱 깊게 성찰된다는 것을 알 수 있다.

함석헌은 근대를 살았지만 두 세계에 걸친 생명의 그물에 대하여 비교적 깊게 사유하였다. '하나님의 아들' 예수와 '사람의 아들' 예수라는 서구인에게는 참으로 이어지기 힘든 두 세계를 나름대로 소화한 흔적이 생명에 대한 이해에서 비교적 선명하게 나타난다. 조금 길지만 그의 말을 인용해 보자. "상대, 절대 두 차원을 하나로 사는 것이 생명이요 사람인데, 상대에서는 일함이 길이요, 절대에서는 잠잠함, 고요함, 쉼이 길이라는 말 그대로 살아야 할 것이다. 그러므로 일함으로써 쉬고, 쉼으로써 일한다는 말이다. 그것을 어떤 특별한 도를 닦는 심정으로서가 아니라, 일상생활로 그것을 살아야 한다는 말이다. 천당에 가기 위해서가 아니라 이제는 살기 위해 그것을 알아야 한다. 요가가 어디 따로 있는 것이 아니라 이 우주가 바로 요가 도장이다. 만물이 요기다. 이 병든 문명, 망할 인간에게 약이 있다면 단 한마디 '잠잠하라' 뿐이다."[12] 시끄러움과 잠잠함, 즉 동정動靜에 대한 고민이 배어 있다. 한국인으로서 동양, 여기에서는 인도의 요가철학에 대한 나름대로의 이해가 있었기에 이 정도나마 말할 수 있었으리라.

수운의 개념에 의지하여 부동의 고요, 중심의 평화로 조금만 더 들어가 보자. 수운은 "13자 지극하면 만권시서 무엇하며"라고 하여 자

11 Fritjof Capra, *Uncommon Wisdom*, New York : simon & Schuster, 1998, 88쪽.
12 함석헌, 『바가다드 기타』, 한길사, 1997, 242쪽.

신의 깨달음을 '시천주' 주문 13자 안에 모든 것을 담고 있음을 강조하였다.[13] 그 뜻을 현대식으로 풀어 보면 일체 우주 만물이 모두 천주를 모시고 있다는 의미이다. 해월은 '시천주'를 '만물화생의 근본'이라 하였다. 천주를 모시면 조화가 정해진다侍天主造化定는 것은 근본 중심을 모시는 정도만큼 천주의 조화가 자리잡게 된다는 뜻이다. 천주라고 하는 근본 중심과 거리가 가까워질수록 천주의 능력이라고 할 수 있는 조화도 더 커지게 된다는 뜻이다. 생명 진화의 맥락에서 보면 천주라고 하는 중심 근원에 가까워지면 질수록 조화라고 표현된 자기짜깃기의 능력이 확장된다는 뜻으로 볼 수 있다. 짜깃기의 범위가 확장된다는 것은 자율성이 증대된다는 뜻이다. 자율성이 확장되어 마침내 자아self 관념이 생길 때 일반적 의미의 사람의 마음이 탄생한다고 할 수 있다. 자의식self-consciousness이야말로 사람을 특징짓는 점인 것이다.

자율성이 단순히 개체 자아에 머물지 않고 우주에 확장되어 온살스런holistic 자율성을 획득할 때 일체에 걸림이 없는 완전한 자유의 경지에 이르게 된다고 할 수 있다. 모심이란 바로 모든 존재의 중심 중의 중심인 천주와 완전히 합일되어 한치의 어긋남이 없는 경지라 할 수 있다. 이 때 개체 자아를 벗어나 참 자아인 "신령神靈이 자신의 안에 자리잡게 된다內有神靈"고 수운은 풀이한다. 동시적으로 참 자아의 활동 범위는 우주 전체로 확장되어 관통하지 아니하는 것이 없고 포섭하지 아니하는 것이 없게 된다. 이를 수운은 "밖으로는 기화가 있다外有氣化"고 풀이하였다. 우주에 관통하는 이 기운을 수운은 '혼원일기'

13 오문환, 「水雲 崔濟愚의 人間觀 - 侍定知를 통해 본 '新人間'」, 『東學硏究』 第4輯, 韓國東學學會, 1999.

라고도 하였으며, 상대적 크기의 개념으로 위에서 이미 살펴보았듯이 이 기운은 극대와 극미의 세계를 동시에 내포한다. 그러므로 수운은 '무궁無窮'의 개념으로 이 기운의 특성을 표현하였다. 이 경지에 이르게 되면 사람과 하늘 사이에는 아무런 장벽이 없게 된다. 장벽이 없는 그 자유를 수운은 「흥비가」에서 "무궁한 이 울 속에 무궁한 내 아닌가"라고 노래하였다. 이렇게 되면 사람은 우주를 자기의 뜻대로 짜짓게 될 수 있다. 공자의 개념을 빌리면 '종심소욕불유거從心所慾不踰矩'라 하겠고, 장자는 '소요유逍遙遊'라 하였다.

제4절 다시 열림開闢

새로이 태어나야 하는 것은 신이 아니라 사람이다. 사람은 하늘과 땅을 하나로 연결시켜 더 이상 하늘의 노예도 땅의 하인도 되어서는 안 될 것이다. 스스로 주인으로 뭇 생명체들이 기나긴 여행을 무사히 마치도록 끝까지 섬겨야 할 것이다. 그 섬김을 석가는 보살행이라 하고, 공자는 인仁이라 하고, 예수는 사랑이라 하였다. 그리고 수운은 포덕布德이라 하였다. 포덕은 해월의 표현으로 사람을 살리는 길이다. 사람만 살리는 길이 아니라 일체 우주 만물을 살리는 길이다. 그러할 때 새로운 세계가 안팎으로 열리는 것을 동학에서는 개벽이라 하였다. 하늘이 열리는 것을 개開라 하고, 땅이 열리는 것을 벽闢이라 하였다. 생명은 한편으로는 수직적으로, 다른 한편으로는 수평적으로 열리는 가운데서 피어난다고 하겠다.

제6장 원효, 율곡, 동학의 생명관*

제1절 머리말

현대인은 자아의 존엄권, 재산의 소유권, 정치적 자유권, 사회적 권리 등 실로 많은 것을 소유하고 향유하고 사용하는 것처럼 보이지만 가장 소중한 생명 자체가 위태롭게 되는 역설적 상황에 부딪치게 되었다. '천하를 얻더라도 생명을 잃으면 무슨 소용이 있겠느냐'는 옛말이 오늘의 상황을 대변해 주는 듯하다. 생명이 위기에 처하고 있다는 사실은 인류를 포함한 지구상의 뭇 생명들이 위험에 처하게 되었다는 것을 의미한다. 개인이나 집단 또는 계급으로서의 인간이 아니라 인간 종種 자체가 위기에 처했으며, 기타의 생명 종들도 지구상에서 사라질 위기에 처한 것이다. 생태계 파괴와 핵무기는 지구상에서

* 이 논문은 김지하 시인과 김경재 교수님을 비롯한 「바람과 물 연구소」 연구팀의 도움을 받아 수정한 것이다. 한국환경정책평가연구원, 『생명가치와 환경윤리 학제간 연구』, 한국환경정책평가원, 1997.7.

생명 전체를 파괴할 수 있는 현실적 위협이다. 문명사적으로 인류에게 여러 차례의 위기가 없지 않았으나 현대와 같이 전면적이고 총체적인 위기는 없었다. 생태계 파괴는 익히 알려졌다시피 근대 산업화의 산물이며, 핵무기는 근대과학의 결과물이다. 산업화와 과학기술은 인류에게는 여러 가지 편리함과 안락함을 주었으나, 그 반대 급부로 생명의 위기도 함께 안겨 주었다. 현재 인간은 스스로의 능력과 판단에 의하여 자신을 포함하는 생명 전체를 지구상에서 말살시킬 수 있게 된 것이다. 그러나 위기는 위태로운 시기이면서 동시에 전환의 기회이기도 하다. 그렇기 때문에 위기危機인 것이다. 이 점에서 현대문명은 결정적 선택의 갈림길에 서 있다고 할 수 있다. 이는 어떤 특정한 개인, 계급, 민족, 국가에 한정된 문제가 아니라 생명 전체의 관심사이기 때문에, 생명에 대한 새로운 인식은 어느 때보다 절실하다.

위기에 처한 생명에 대하여 동양의 사상가들은 어떻게 생각했는가? 또 위기에 처한 생명을 구원할 어떤 사유 방식이나 생활 방식, 더 나아가 사회 구조 방안 같은 것을 동양사상에서 찾아볼 수 있는가? 이른바 포스트 모더니스트들은 현대 위기의 근원을 근대성에서 찾아 이를 비판하고, 해체하고, 재구성함으로써 위기를 극복하고자 한다. 이들 사상가들은 모더니티라고 하는 거대한 사상적 · 사회적 구조물 안에서 비판과 해체 작업을 하고 있다. 아직까지 새로운 철학 체계나 대안 체계의 모색은 분명하게 제시되지 않고 있다. 여기에서는 동양사상의 시각에서 생명에 대한 새로운 이해를 시도해 봄으로써 모더니티에 대한 비판의 준거점을 모색해 보고 대안을 찾아 보고자 한다. 그 방법으로 방대하고 심오한 동양사상 가운데 원효의 「대승기신론소」, 율곡의 「답성호원서」, 수운과 해월의 글과 말에 의거하여 생명의 개념을 살펴보고, 이들 네 사상가들의 생명에 대한 공통된 생각을 이끌어 내는 데 논의를 한정하고자 한다.

여기에서 밝히고자 하는 것은, 생명이란 우선 끊임없는 창조와 활동하는 힘이라는 점이다. 생명은 언제 어디에서나 잠시도 쉬지 않고 끊임없이 활동하는 힘을 의미한다는 사실이다. 그러면 이 끊임없는 활동의 원천은 무엇인가라는 의문이 자연스럽게 제기된다. 세 명의 사상가들은 이 끊임없는 생명의 원천을 각각 부처 · 리理 · 천주라고 표현하였다는 점을 또한 밝혀 봄으로써 생명의 근원은 우리의 마음이나 말에 앞서는 주어라는 사실을 논구해 본다. 다시 말하면 생명은 객체가 아니라 주체이며, 보이는 자가 아니라 보는 자라는 점을 분석해 보고자 한다. 그러나 실험실의 개구리처럼 생명을 분석하여 그 실체를 밝혀 낼 수는 없으며, 우리의 눈을 안으로 돌려 스스로 바라보는 주체인 생명으로 회광반조回光反照함으로써만 생명의 근원을 느낄 수 있다는 점을 살펴보고자 한다.

생명 활동과 생명 원천은 따로 떨어진 것인가? 끊임없는 창조의 원동력이자 동시에 모든 활동을 관조하는 이 두 가지 원리가 따로 떨어진 두 실체인가, 아니면 하나이면서 둘인가? 생명은 생생불식生生不息하는 창조의 힘이며 동시에 대상화될 수 없는 창조의 원천이라는 사실을 밝혀 봄으로써, 둘이면서 하나라는 사실을 논구해 보고자 한다. 개체 단위의 시각에서 본다면 생명은 태어나 존재하다가 임종을 맞게 되지만, 전체 단위에서 본다면 생명은 태어난 적도 없고 죽은 적도 없는 불생불멸의 존재라는 점을 밝혀 보고자 한다. 이러한 시각에서 우주 전체를 하나의 거대한 생명으로 보고자 한다. 다시 말해서 본래 생명은 '한생명'이라는 점을 연구하는 것이 이 글의 목적이다.

제2절 생명은 활동 가운데 타고 있음不二

동양의 사상가들은 환경의 범위를 확장시켜, 인간이라는 생명체는 비단 지구상의 환경과 관계를 가질 뿐 아니라 우주 전체와도 밀접한 상호 관계를 갖는다는 사실을 강조하였으며 철학적으로 이를 규명하려고 하였다. 또한 이들은 현대과학의 잣대로 보면 무생명체에 속하는 것들을 생명이 있는 것처럼 취급하곤 한다. 이른바 모든 물질 안에 정령anima이 존재한다고 보는 사고는 자연 환경을 살아 있는 생명체로 간주하는 것이다.

동양인은 자연을 인간과 동떨어진 어떤 객체나 단순한 물질 덩어리로 간주하지는 않았음이 분명하다. 그러나 우리는 돌멩이보다 식물에서 생명 현상을 보다 분명하게 느끼고, 식물보다는 동물에게서, 동물보다는 인간에게서 생명 현상을 보다 뚜렷하게 느낀다. 돌멩이에도 생명은 있으나 이를 느끼기 위해서는 매우 예민한 감수성이 필요하며, 동식물에서는 비교적 활발한 생명력의 발현을 본다. 만물의 영장이라는 표현에 걸맞게 인간은 모든 생명 진화의 정점에 위치한다고 할 수 있다. 매우 발달된 의식을 가진 인간은 돌멩이가 숨쉬는 매우 긴 호흡의 생명력도 느낄 수 있다는 것이 동양사상가들의 주장이다. 이들은 현대과학이 무생명체라고 여기는 것들에서도 생명체 안의 심층에 흐르는 맥박을 느낄 수 있다고 보았으며, 그 어떤 근원적 맥박, 우주적 흐름, 섬세한 활동, 어떤 근원적인 한 기운을 생명으로 보았다. 그러면 생명의 근원 또는 근원적 힘에 대하여 원효, 율곡, 수운은 어떻게 생각하였는가?

원효는 그것을 대승大乘이라는 개념으로 설명하였으며, 율곡은 이승理乘이라고 하였으며, 수운은 하늘님이 모셔져 있다侍天고 하였다. 말 그대로 생명체와 무생명체를 막론하고 그 근저에는 어떤 절대존재, 무한존재, 우주적 섭리, 인격적 절대자가 타고 있다고 하였다. 이들은 생명체와 무생명체는 그 활동의 근거를 여기에 두고 있다고 보았다. 이들은 이를 근원적 존재, 생명의 원천으로 보았기 때문에, 철학의 궁극 목적은 이 근원적 존재 또는 이치를 밝히는 것이며 그곳으로 가까이 가는 것이었다. 원효는 모든 현상 안에 타고 있는 그것을 가리켜 대승大乘이라 하였으며, '클 대大'를 풀어 보임으로써 생명의 실상을 밝히고자 하였다.

'크다大'는 산스크리트어 '브라마Brahma'의 한역이다. 원효는 『대승기신론소』[1]에서 브라마는 크다거나 작다거나 하는 상대적 크기를 떠났기 때문에 크다고 설명한다. "크다고 말하고 싶으나 들어가도 안이 없어 오히려 남김이 없으며, 작다고 말하고 싶으나 감싸안아도 밖이 없어 남음이 있다"[2]고 말한다. 원효는 브라마란 크다 작다의 상대적인 경계선을 떠난 것이라고 말한다. 그러므로, 크다고 말하고 싶지만 안이라는 것이 도무지 없어서 얼마만큼 들어왔으니 얼마나 더 들어올 정도의 여유가 있다는 식의 표현이 어울리지 않는다. 작다고 하더라도 밖의 경계선이 분명해야 하는데 밖의 경계선이 없어서 아무리 끌어안아도 무한정 들어올 정도로 작으니 어떻게 작다고 하겠는가?

■

1 元曉의 저작은 『大乘起信論疏-別記』를 주텍스트로 하였으며, 번역본은 원효 저/은정희 역주, 『대승기신론소-별기』, 일지사, 1990을 참조하였다. 이하에서 인용은 소와 별기로만 밝힌다.

2 『大乘起信論疏別記』, "欲言大矣 入無內而莫遺. 欲言小矣 苞無外而有餘."

우주가 다 들어와도 무한히 비어 있을 정도로 크며, 아무리 작은 먼지 티끌 안에 들어가도 오히려 무한한 공간이 남아 있을 정도로 작다고 하겠다. 그러므로 브라마는 '크다', '작다'라는 상대적 잣대를 넘어 선다고 하겠다.

원효를 따르면, 대승기신론은 바로 이 브라마가 모든 존재들의 가장 깊은 내면에 내재하고 있으며 모든 존재를 감싸안고 있음을 명백하게 밝힌 글이다. 이 브라마가 모든 존재들 안에 내재하고 있기에 믿음이 일어날 수 있다. 믿음이란 모든 존재들 가운데 있는 브라마에 대한 믿음이다. 원효의 원융무애圓融無碍 사상도 여기에서부터 출발한다. 브라마는 우주 만물에 타지 않은 곳이 없으므로大乘 모두를 용납하며, 여기에 일단 타면 매이는 곳이 없으므로無碍 또한 자유자재한 것이다. 원융무애하므로 다툼이란 있을 수 없으며 얽매이는 곳이 없다. 해탈과 자유 그리고 깨달음의 근거가 또한 이곳에서 나온다. 모든 활동과 존재의 실상이 곧 원융무애인 것이다. 지금 여기를 떠나서 따로 어떤 존재를 설정할 아무런 이유가 없다. 지금 이 자리 안에 브라마가 타고 있음을 밝게 깨닫는 것이 대승기신론의 요체이다.

원효는 대승기신론을 통하여 일체의 이원론, 즉 세간과 출세간, 미망과 깨달음, 차안과 피안, 이름과 실상, 현상과 실상을 화해시키고 회통會通시켰다. 그러므로 원효는 "생각이 끊어졌으므로 대승을 체득한 이는 그 영향을 타서 방소方所가 없고, 감응하여 통하므로 이 대승에 기도하는 자는 명상名相을 초월하여 돌아감이 있다"[3]라고 말한다. 이름과 상을 초월하였으니 그 돌아가는 곳이 어느 곳이며, 어느 곳에

3 『大乘起信論疏別記』, "思議絶故, 體之者, 乘影響而無方. 感應通故, 祈之者, 超名相而有歸"

대고 기도를 하겠는가? 그러므로 원효는 "초월할 것도 돌아갈 곳도 없다"고 말하며, 이를 이치 없는 지극한 이치無理之至理라고 한다. 눈을 뜨고 보면 산은 이미 그곳에 있었고 물도 이미 그곳에 있었다. 브라마가 타지 않은 곳이 없기 때문에, 필요한 것은 시선을 돌리고 마음을 돌려 보고 느끼는 것일 뿐이다.

탈것은 타는 주체에 의하여 움직이고 방향을 정한다. 자동차는 주인이 가고자 하는 방향으로 움직인다. 브라마가 타고 있다는 것은 모든 존재들 안에 주인이 타고 있다는 말과 같다. 율곡은 이 관계를 말馬과 사람의 관계에 비유하여 설명하였다. 주인은 성리학에서 하늘이나 이理로 표현된다. '사람의 목숨이 하늘에 달려 있다人命在天'라는 말이 있다. 명命은 천명天命이며 하늘의 명령, 우주 법칙이다. 원효의 대승은 율곡에게서는 이승理乘으로 나타난다. 율곡은 기발이승론氣發理乘論을 통하여 독창적으로 성리학의 철학 체계를 정립한다. 이기론을 바탕으로 하여 인성론, 정치론, 사회론이 나온다. 율곡은 기발이승氣發理乘이라는 이기론을 분명하게 정립했기 때문에, 성인이 다시 나와도 자신의 주장만큼은 번복할 수 없다고 분명하게 선언했다. 율곡은 타는 주체를 어떻게 보았는가?

율곡에 의하면, 하늘의 명령은 우주 만물에 미치지 않는 곳이 없고 어느 곳에나 타고 있으며理乘,[4] 형이상의 한 물건으로 무형이며 무위하다고 할 수 있다.[5] 만약 이理가 타고 있지 않으면 우주 탄생은 물론이고 존재는 생각할 수 없다. 이는 존재의 바탕이며 근원이라 할 수

4 『栗谷全書』一, 197쪽, 「答成浩原」. 栗谷의 저서는 성균관대학교 대동문화연구소에서 펴낸 『栗谷全書』 一, 二를 참조했다.

5 『栗谷全書』一, 208-209쪽, 「答成浩原」, "無形無爲而爲有形有爲之主者理也有形有爲而爲無形無爲之器者氣也理無形而氣有形故理通而氣局"

있다. 이는 지극히 선한 것이며,[6] 우주 만물의 주재자이고 궁극적 원인자이다. 그러므로 이는 덜할 것도 더할 것도 없는 완전구족하다고 할 수 있다.[7] 율곡은 이를 우주 만물로 하여금 그렇게 움직이고 그렇게 되도록 한 궁극적 원인자이며 통제자로 설명한다. 이는 인간을 포함한 우주 만물의 어느 곳에서든지 주재자로 내재한다. 이는 더러운 곳이거나 깨끗한 곳이거나 타고 있다. 이가 타지 않은 곳은 없으며, 타지 아니하는 때도 없다. 그러나 타고자 하여도 탈것이 없으면 또한 타지 못하니 이는 기와 독립되어 허공에 있을 수 없다.

이는 기의 활동을 타고 있는 주인이다. 타고 있다는 표현은 우주 만물의 일체의 활동은 이가 없이는 일어날 수 없다는 뜻이다. 만약 이가 기와 동떨어져 있다면 타고 있다는 표현이 나올 수 없다. 이는 타고 있을 뿐 스스로 활동하는 힘과는 다르다. 운전을 하는 것은 기의 역할이지 뒷좌석에 타고 있는 주인인 이의 역할이 아니다. 그러나 운전자는 주인의 지시에 따를 뿐 자기 마음대로 갈 수는 없다. 양자의 관계는 뚜렷하게 구분되나 독립적 존재는 아니다. 이기理氣는 종이의 양면처럼 떨어지고자 하여도 떨어질 수 없는 관계이다.[8] 만약 떨어질 수 있다면 그것은 이도 기도 아니라고 하겠다.

율곡은 이기 양자의 관계를 '하나이면서 둘이고 둘이면서 하나一而二 二而一'의 묘한 관계로 설명한다.[9] '이기지묘理氣之妙'는 이러한 불가분리의 관계성을 표현하는 개념이다. 기는 우주 만물을 탄생시키고

6 『栗谷全書』一, 177쪽, 「上退溪先生別紙」, "理本至善 何嘗有不可"

7 『栗谷全書』一, 209쪽, "夫理上不可加一字 不可加一毫修爲之功"

8 『栗谷全書』一, 205쪽, 「答成浩原」, "氣不離理 理不離氣 夫如是則理氣一也 何處見其有異耶 所謂理自理氣自氣者 何處見其理自理氣自氣耶"

9 『栗谷全書』一, 197쪽, 「答成浩原」

발하게 하고 국한시킨다. 한마디로 기는 묶는 힘이다. 기의 묶는 강도에 따라서 존재의 다양성이 탄생한다. 기는 본질적으로 하나로 통한다는 점에서 하나의 기운이지만, 힘의 강도에 따라서 다양한 존재들을 탄생시키는 분수分殊의 역할을 한다. 기가 다양한 것처럼 보이는 것은 그 역할 때문이다. 그러므로 본연의 기는 담일청허湛一淸虛한 기운이지만 묶고 국한시키는 정도에 따라서 깨끗하거나 더러울 수 있고, 순수하거나 혼잡할 수 있다.[10] 형이상의 이는 형이하의 기와 떨어질 수 없기 때문에 기를 떠난 이는 있을 수 없으며, 또한 이가 타지 않는 기의 발發이란 있을 수 없다. 이 점에서 율곡은 일원론적 이원론 또는 이원론적 일원론을 제시했다고 할 수 있다. 뭇 현상을 낳는發 것은 기의 소관이지만, 무릇 발發하는 모든 곳에는 이가 타고 있다. 이가 타지 않으면 발하는 기는 그 근거를 잃게 되므로 발할 수 없다. 기로 하여금 발하도록 하는 소이所以가 이이므로, 이가 타지 않으면 기는 묶고 국한시킬 것이 없게 된다. 묶고 국한시켜 다양함을 만들어 내는 것은 기의 소관이며, 그 다양성의 바탕을 관통하는 것은 또한 이이다. 역할이 뚜렷하게 다르니 하나라고 할 수 없고, 서로 떼어 놓으려고 하여도 떼어 낼 수 없으니 둘이라 할 수 없는 것이다. 이와 같은 이기론은 생명 자체와 생명 활동의 관계와 같다.

'타고 있음'의 반대는 '떨어져 있음'이다. '나'를 지탱해 주고 있는 생명이 나를 떠나 떨어지게 되는 것이 죽음이다. 언제 어디서나 나를 떠난 적이 없으며 영원토록 같이 하는 것이 생명이다. 원효와 율곡은 내가 생명을 유지하는 것은 이와 같은 본질적 세계 또는 보다 큰 차원

10 『栗谷全書』一, 209쪽, 『答成浩原』, 53쪽.

의 생명의 궁극적 원천인 '브라마' 또는 '이理'와 관계를 맺고 있기 때문이라는 사실을 분명하게 제시해 준다. 그리고 모든 활동 안에는 이와 같은 생명이 내재하고 있음에 주목하였다.

생명은 나의 모든 활동이 이루어지는 바탕이고 근원이며 귀의처歸依處이다. 생명은 '나'보다 더 크기 때문에 바라보아도 보이지 않으며, 잡으려 해도 잡히지 않으며, 생각해도 쉽사리 생각의 대상이 되지 않는다. 이러한 측면을 논리적으로 분명하게 밝힌 사상가가 수운이다. 보아도 보이지 않고, 들어도 들리지 않고, 그려도 그려지지 않는 이 생명의 실상을 수운은 '그렇지 않다不然'라고 하였다. 반면 우리들이 쉽사리 파악해 내고 그려 낼 수 있는 세계는 '그렇다其然'라고 하였다. 그렇게 누구나 아는 세계는 기연이고, 알 수 없는 그렇지 않은 세계가 불연이다.

기연其然은 일반 상식적인 사고로서. 대상에 대한 감각적 판단이라 할 수 있다. 가령 '나는 누구인가'라는 질문에 대하여 기연적 논리를 따른다면 당연히 나를 낳은 아버지를 원인자로 생각하는 방식으로 논리를 끌고 간다. 형식논리이다. 나를 낳은 아버지는 '그렇고 그렇게其然' 쉽게 알 수 있으나 무한대로 소급해 올라가면 사정은 그렇지 않다. '그렇지 아니한 불연不然'과 만나게 된다. 기연적其然的 연구방법론은 측정 가능한 가시적인 대상에 대한 추론 방식으로 논의를 이끌어 가지만 결국 불연의 문제에 마주치게 된다고 수운은 설명한다.(「不然其然」).

수운은 불연기연의 논리를 권력의 정통성, 교육의 근원, 최초 인간의 탄생에 대한 문제까지 확장시킨다. "임금은 맨 처음 자리를 전해 준 임금이 없건마는 법강을 어디서 받았으며, 스승은 맨 처음 가르침을 받은 스승이 없건마는 예의를 어디서 본받았는가"[11](「不然其然」)라고 자문하고, 이는 '알 수 없고 또한 알 수 없는 일' 이므로 '불연' 이라고 대답한다. 또한 "태고에 천황씨는 어떻게 사람이 되었으며 어떻게 임금이 되었는가. 이 사람의 근본이 없음이여, 어찌 불연이라고 이르지 않겠는가"[12](「不然其然」)라고 하여 어떻게 하여 아버지 없는 최초의 인간이 탄생했는지의 문제를 제기하고 있다. 이러한 질문에 대하여 수운은 "나면서 알고 있었다고 해도 석연치 않고, 자연히 저절로 그렇게 되었다고 해도 석연치 않은 면이 있다"[13](「不然其然」)고 하면서 기연과 불연의 차이를 분명히 한다. 감각적이고 일반 상식적인 추론 체계인 '기연' 과 최초의 원인자를 추궁하는 멀고도 어려운 궁극적 탐구의 '불연' 을 나눈 다음, 일반 사람들은 쉽고 편한 기연의 세계에 안주하여 살아가고 불연에 대해서는 알려고 하지 않는다고 말한다. 일반 사람들은 편의에 따른 습관의 논리이며 세계인 기연을 믿고 의지하며 살아간다. 사람들은 그러므로 "무릇 불연을 말하지 못하고 기연은 알 수 있으므로 이에 기연을 믿으며"[14](「不然其然」) 살아간다. 불연은 알 수 없고 자신과는 무관계한 머나먼 일로 느끼기 때문이다.

수운의 대답은 무엇일까? 수운이 하고 싶은 말은 「불연기연」의 마지막 문장에 들어 있다. 천황씨가 최초로 사람이 된 것은 자신의 본성인 천주를 깨달아 그렇게 된 것이며, 최초의 스승이 된 것도 이 천도를 깨달아 그렇게 된 것이며, 최초의 왕이 된 것도 천명을 받아서 뭇

■

11 "君無傳位之君而法綱何受 師無受訓之師而禮義安效"
12 "太古兮 天皇氏 豈爲人 豈爲王 斯人之無根兮 胡不曰 不然也"
13 "生以知之而然耶 無爲化也而然耶 以知而言之 心在於暗暗之中 以化而言之 理遠於茫茫之間"
14 "夫如是則 不知不然故 不曰不然 乃知其然故 乃恃其然者也"

백성들에게 덕을 베풀기 위하여 그렇게 된 것이라는 것이다. 그러나 자신의 본성, 천도, 천명을 깨닫는다는 것은 상식적 판단으로는 아무리 생각해도 나올 수 없는 답변이다. 그러므로 불연이라 하는 것이다. 마치 우리는 자동차와 텔레비전이 만들어진 이치와 기술을 알지 못하더라도 잘 사용하는 것처럼, 어떻게 하여 최초의 사람, 최초의 교육, 최초의 정치가 나왔는지는 몰라도 그 혜택을 받으면서 살아가고 있다. 그러나 그 원리는 참으로 멀고 어려운 것이다. 그 궁극 원리를 아는 것이 불가능한 것은 아니다. "이에 그 끝을 헤아리고 그 근본을 캐어 본즉 만물이 만물 되고 이치가 이치 된 큰 일이 얼마나 먼 것이냐"[15](「不然其然」)라고 할 수 있으며, 만물이 '그렇게 된 소이', 만물의 근본 뿌리인 '그 온 바'를 헤아리는 불연은 참으로 알기 어려운 것이다. 아득한 일이고 어려운 일이며, 알 수도 없고 말할 수도 없는 일인 것이다. 그러나 이 알 수도 없고 아득한 일에 대해서 수운은 왜 말하는가? 그것은 일반 사람들의 생각처럼 불연은 나와 아무런 관계가 없는 참으로 멀고 먼 일이 아니라고 생각하기 때문이다.

불연이 어렵고 먼 일이라고 말하고 나서 수운은 일반 사람들이 생각하는 것처럼 불연은 그렇게 멀고, 알 수 없고, 나와 아무런 관계가 없는 것이 아니라는 점을 자연과 인간사의 여러 가지 사례들을 통하여 제시한다. 불연은 나와 무관하다는 사람들의 편견을 지적하는 것이다. 그러므로 수운은 일상의 기연적 세계에서 다양한 불연의 사례들을 나열하면서 불연은 일상의 기연적 세계와 아주 가깝다는 사실을 상기시킨다. 기연의 세계에서 바라볼 때 불연은 심오한 신비이다. 불

15 "於是而揣其末 究其本則 物爲物理爲理之大業 幾遠矣哉"

연의 세계가 신비로 보이는 것은 기연의 논리에서 보기 때문이다. 그러나 불연은 일반인의 생각처럼 일상생활과 멀리 떨어져 있고 어렵고 무관계하지 않으며, 일상생활의 한가운데에 들어와 있다. 불연은 일상생활의 기연과 멀리 떨어진 것이 아니라 바로 일상생활의 다른 차원에 불과하다는 사실을 수운은 설명하고 있다. 수운은 불연을 기연과 정반대에 위치하는 듯이 설명하다가 이제는 기연의 한가운데에 불연이 내재하고 있다고 말한다. 우리들이 일상적으로 살아가는 기연의 세계에 불연이 타고 있다는 것이다.

수운이 열거한 사례들을 몇 가지 살펴보자. 사계절이 차례대로 돌아간다든지, 산 위에 물이 있다든지, 갓난아이가 말은 못해도 부모를 안다든지, 성인이 나면 황하강이 맑아진다든지, 까마귀가 제 어미를 다시 먹일 줄 안다든지, 제비가 강남 갔다 제 집에 다시 돌아온다든지 하는 것들을 일일이 나열하여 어떻게 이러한 일들이 일어나는지 아는가 하고 묻는다.(「不然其然」). 우리의 주변은, 한편으로 보면 참으로 당연하게 여기는 일들인데 그 근본 소이를 생각하면 어렵고 또한 어려운 것들로 꽉 차 있다는 사실을 수운은 설명하고 있는 것이다. 일상의 평범함 안에 우주의 신비가 자리잡고 있는 것이다. 일상적 기연 안에 가득한 것은 불연의 일들뿐이다. 단지 의식하지 못할 뿐이다. 이처럼 우리들은 근본 소이를 알지 못한 채 일상적 상식으로 살아간다. 우리들은 불연의 한가운데 살면서 눈에 보이고 귀에 들리는 조그만 앎으로 스스로 한정시키면서 살아가고 있다. 더욱 난처한 것은 기연의 한정적 질서 안으로 불연을 끼워맞추면서 살아가고 있다는 사실이다. 기연의 척도로 불연을 재단하는 것이다. 비유로 말하면, 기연의 세계는 불연의 바다에 떠 있는 조그만 섬에 불과하며 빙산의 일각에 불과하다. 일상의 기연은 신비의 불연과의 상호 관계 속에서만 존속한다는 사실도 수운은 또한 분명히 한다. 불연의 바탕이 없는 기연은 있을 수 없다. 기연은 쉬우나 겉모습에 불과하고, 불연은 어려우나 근원으로 만물이 그렇게 된 바所以이며, 깊고 크고 멀게 우리에게 영향을 미친다.

해월은 불연의 세계 가운데 존재하는 기연을 물 속의 고기에 비유한다. "사람은 능히 양수陽水는 보고 음수陰水는 보지 못하느니라. 사람이 음수 속에서 사는 것이 고기가 양수 속에서 사는 것과 같느니라. 사람은 음수를 보지 못하고 고기는 양수를 보지 못하느니라."[16](「천지이기」). 사람이 음수 안에서 살면서 이를 보지 못하는 것은 경험적 · 감각적 지성으로는 알 수 없기 때문이다. 음수는 초의식과 직관을 통하여 볼 수 있을 뿐이다. 그러므로 해월은 "크게 깨달아서 확실히 통한 연후라야 현묘한 이치를 능히 알 수가 있다"[17](「천지이기」)고 말한다. 이처럼 불연은 기연을 근본적으로 규정하는 힘 또는 원인이다. 곧 생명의 바다이며 그 안에서 수많은 생명체들이 살아가고 있다. 그러나 기연의 한정된 시각으로는 이러한 불연의 바다를 볼 수 없다. 눈을 뜰 때 우리 앞에 펼쳐지는 것은 아득하게 펼쳐진 무한한 지평선과 무한히 출렁거리는 파도뿐이다. 자신까지도 불연에 녹아 버려 존재하는 것은 오직 무한바다뿐이다. 한 선승이 참선을 하다가 깨어나서는 만나는 사람마다 '나'를 좀 찾아 달라고 통사정을 했다는 이야기가 있다. 무한바다만 존재할 뿐 '나'는 사라져 버렸다. 물론 이 때 나는 무

16 "人能見陽水하고 不能見陰水也니라 人之在於陰水中이 如魚之在於陽水中也니라. 人不見陰水하고 魚不見陽水也니라."

17 "確徹大悟 然後에 能睹此玄妙之理也니라."

한존재가 되어 버렸기 때문에 우주 만물 가운데 내가 아닌 것이 없게 된다. 또한 인도의 라마야나라는 이야기 중에는, 브라마를 찾아 나선 어떤 구도자가 깊은 선에 잠긴 이후 눈을 떠 보니 천지 사방을 둘러보아도 보이는 것은 오직 춤추는 '시바' 뿐이더라는 이야기가 있다. 시바는 인도문명을 연 최초의 영적 스승이다. 천주 체험 이후 수운은 아마도 기연이라고 하는 보이는 세계 안에 숨쉬고 있는 것은 불연이라는 사실, 만물 안에서 약동하는 무궁한 기운을 보았던 모양이다. 수운은 「흥비가」에서 "무궁한 그 이치를 불연기연不然其然 살펴내니… 무궁한 이 울 속에 무궁한 내 아닌가"라고 노래하였다.

둘이면서 하나라는 사실을 인정하지 않는 이원론은 흔히 두 가지 함정에 빠지곤 한다. 하나는 절대적 위계 질서를 강조하는 경향이며, 다른 하나는 절대평등을 주장하는 성향이다. 위계 질서는 현상계의 필연이며, 절대평등은 절대계의 본모습이다. 양자를 동시에 안으면서 둘이면서 하나라는 사실을 보지 못한다면 우리는 두 편으로 갈라지게 되고, 두 편에 묶이게 된다. 두 편으로 갈라지게 되면, 그곳에 묶이게 되고 고착되게 된다. 위계 질서에 빠지게 되면 세상은 계급화되고 계서화되고 관료화될 수밖에 없다. 반면 절대평등에 빠지게 되면 세상은 무질서하고, 공허하게 되고, 무력증에 빠지게 된다. 불가식으로 표현하면 전자는 색色에 떨어져 버렸고, 후자는 공空에 떨어져 버린 것이다. 동학식으로 표현한다면 전자는 기연에 사로잡혀 세상을 위계 질서 속으로 편입시키려 하는 경향이고, 후자는 불연에 빠져 버려 절대평등의 왕국을 도모하려는 경향이다. 형이상의 이와 형이하의 기를 나누고 성인과 소인을 나누어 계급 사회를 도모하게 된다. 이원론자들은 자신의 세계와 타인의 세계를 진리와 거짓으로, 선과 악으로, 아름다움과 추함으로 나누어 저편을 버리고 이편으로 올 것을 강요하는 독단론자들이 된다. 질서를 주장하는 사람은 절대평등을 환상으로 여기며, 절대평등론자들은 질서를 또한 꿈으로 여긴다. 여기에서 투쟁, 갈등, 전쟁의 씨앗이 싹튼다.

두 세계가 하나이면서 또한 둘이라는 사실이 명명백백해야 한다. 주례周禮를 흠모했던 공자처럼 모든 것이 정확하게 질서잡힌 것을 노자는 생명의 질식으로 보았다. 그러므로 노자는 공자의 규율과 통제의 예禮를 받아들일 수 없었다. 노자는 예禮를 넘어서는 절대평등을 이야기했으며 무한자유를 노래하였다. 현대는 노자적 절대자유가 요구되는 시기인지도 모른다. 근대사회는 생명을 질서화시키고, 규격화시키고, 체계화시키는 데 집중하느라 생명의 또 다른 측면인 절대평등, 원융무애, 절대자유를 잊어버렸다. 자연은 무생명체로서 인간에게 환경으로서의 의미를 가지지만, 동시에 자연과 인간은 하나의 거대한 가족으로 절대평등의 가치를 가진다.

원효의 대승기신大乘起信, 율곡의 기발이승氣發理乘, 수운의 불연기연不然其然은 불교, 성리학, 동학이라는 역사적 · 사회적 상황에서 전개되었으나, 그 지향하는 바는 불이不二의 철학이며 세계이다. 세 사상가들은 생명의 궁극 원천은 생명 활동의 한가운데에 타고 있으며, 통하고 있으며, 내재하고 있다는 점을 각기 다른 개념으로 밝혔다고 하겠다. 모든 존재들 안에 내재되어 있는 대大, 이理, 불연不然을 보다 확연하게 드러내고 꽃피우는 것을 생명의 발현으로 보았으며, 지금 여기에서 그러한 일이 가능하다는 사실을 철학적으로 명백하게 밝혔다.

제3절 생명은 두루 통함通

생명은 모든 것을 총괄하는 중심이다. 진화된 생명체일수록 통제 범위가 너르며 깊다. 생명은 두루 통하여 막힘이 없을 때 가장 잘 발현된다고 할 수 있다. 생명의 완전한 발현은 두루 통하여 막힘이 없는 상태라고 할 수 있다. 통하지 않는 곳이 없으므로 진정한 의미의 생명은 있지 아니한 곳이 없게 된다. 그렇기 때문에 주관적, 객관적 조건이 충족되는 곳에서는 언제든지 생명이 발생하여 진화의 길을 걷게 된다. 여기에서 진화의 길이라 함은 물론 외면적 관계성을 확장시켜 나가면서 동시에 내면적 관계성을 진전시키는 길이다. 외면적 관계성의 확장이 구조와 기능의 복잡화와 전문화를 의미한다면, 내면적 관계성이란 위에서 살펴본 생명의 원형 또는 영성에 가까이 다가가는 것을 의미한다. 브라마, 천명天命, 불연不然이 보다 분명하게 드러나게 하는 과정이라 할 수 있다.

원효는 귀명歸命의 개념을 통하여 모든 존재가 돌아가야 할 곳이 생명이라고 한다. 그는 "명은 목숨을 이름이니, 이 목숨이 몸의 모든 기관을 통어한다. 명은 한 몸의 요체로 주가 되며, 온갖 산 것이 중하게 여기는 것이 이보다 앞서는 것이 없다. 이 둘도 없는 명을 들어 무상의 존귀함을 받들어 신심의 지극함을 나타내기 때문에 귀명이라고 한다. 또한 귀명이란 근원에 돌아가는 뜻이니, 왜냐하면 중생의 육근이 일심에서부터 일어나 스스로의 근원을 등지고 육진에 흩어져 달아나는 것인데, 이제 목숨을 들어 육정을 총섭하여 그 본래의 일심의 근원에 돌아가기 때문에 귀명이라고 말하는 것이다"[18]라고 정의한다. 생명의 근원은 바로 지극한 이치이고 일심이라고 하며, 이 일심에 의하여 목숨이 태어났는데 마음이 감각적 물질적 대상에 이끌려 감각기관을 타고 밖으로 향하기 때문에 이를 되돌려 놓는 것이 곧 생명으로 돌아가는 길이라고 설명한다.

명命을 소중하게 여기듯이 대승은 모든 것의 중심이며 가장 소중하게 여겨야 할 바이다. 생명이 각 기관에 통하지 아니한다면 인체의 모든 기관들을 통제할 수 없을 것이며, 그렇게 된다면 생명 현상은 있을 수 없게 된다. 복잡한 단위세포들을 전체적으로 통제할 수 있는 중심이 통어하는 범위가 복잡하고 정교할수록 고등생명체라고 한다. 마찬가지로 의식이 개체를 넘어서서 전체로 확장되어 마침내 그 궁극점에 이를 때 보다 고차원의 큰 의식에 이르게 된다. 이를 한마음 또는 한생명이라 부를 수 있을 것이다. 원효가 돌아가야 할 곳으로 본 것은 개체의식이나 소자아가 아니라 한마음 또는 한생명이라 할 수 있다. 즉 우주 전체를 통어하는 시공간적으로 매우 확장된 우주의식 또는 심층의식을 의미하는 것으로 보아야 할 것이다. 일음一音과 원음圓音에 대한 설명에서 이 점을 확인할 수 있다.

일음一音은 모든 존재들이 귀를 안으로 돌릴 때 들리는 내면의 소리라 하겠다. 원효는 생명체와 무생명체를 막론하고 그 심층의 내면에는 하나의 음이 진동하고 있다고 본다. 원음圓音이란 그 소리가 시방세계에 미치지 않는 곳이 없기 때문이며, 모든 존재들은 그 기틀에 따

18 『大乘起信論疏別記』, "命一謂身命之根要, 總御諸根. 唯命爲主. 萬生所重. 莫是爲先. 擧此無二之命. 以奉無上之尊. 表信心極. 故言歸命. 又復命者還源義. 所以者, 衆生六根, 從一心起, 而背自源, 馳散六塵. 今擧命總攝六塵, 還歸基本一心之源."

라서 각기 일음一音을 들으며 살아가기 때문에 원음圓音이라 하는 것이다.[19] 소리는 하나이지만 각 사물의 기틀에 따라서 다른 소리를 울리는 것을 일컬음이다. 그러므로 일음과 원음은 상충하지 아니하며, 일음을 떠나서 원음이 있는 것도 아니며 원음을 떠나서 또한 일음이 있는 것도 아니다. 일신론과 범신론을 대치시키는 이원론으로는 일음과 원음 개념을 이해할 수 없다. 까마귀는 까마귀 소리가 아름다운 것이며, 꾀꼬리는 꾀꼬리 소리가 또한 아름다운 것이다. 바람이 피리 구멍을 통과하면 피리 소리가 나고, 퉁소를 통과하면 퉁소 소리가 난다. 생명은 어느 한 곳에 존재하는 것이 아니라 두루 편재되어 있으며 조건이 충족될 때 자연스럽게 드러난다. 각각 그 주어지는 인연에 따라서 각기 다른 모습과 소리로 이루어지나 그 안에는 하나의 음이 관통하고 있다. 그러나 이는 억지로 불러 일음이라고 하는 것일 뿐, 하나의 소리를 의미하는 것이 아니라 모든 존재들의 소리圓音이다.

마음으로 말하면 이 이치는 말과 생각이 끊어진 곳이니 강제로 불러 일심[20]이라고 하는 것이지, 하나의 마음이 아니라 모든 마음에 두루 통함을 의미한다. 하나라고 하면 숫자 중의 하나를 연상하지만, 하나라는 것은 숫자 개념을 떠난 것을 의미한다는 점에서 공空이나 무無로 표현하는 것이 보다 적절하다고 하겠다. 소리 없는 소리, 빛 없는 빛, 말 없는 말, 마음 없는 마음 등의 표현을 쓰는 것도 이러한 이유 때문이다. 베푼다는 생각 없이 베푸는 것이 진정한 봉사이듯이, 소리 없는 소리가 일음이며, 마음 없는 마음이 일음이다. 생명의 실상은 이

19 『大乘起信論疏別記』, "隨其根性各得一音, 不聞餘聲, 不亂不錯. 顯是音奇特. 音遍十方隨氣熟處無所不聞, 故名圓音."

20 『大乘起信論疏別記』, "强號爲一心也"

처럼 무無나 공空으로 말하지만 생명 발현은 또한 우주에 가득하여 있지 아니한 곳이 없이 두루 통하여 있다. 여여如如하다고 하며, 평등하다고 하며, 걸림이 없는 마음이란 이처럼 모든 곳에 걸림이 없으면서 통하는 마음을 일컫는 것이다. 원효는 모든 존재 안에는 여래의 씨앗이 잠재해 있으므로 여래장如來藏[21]이라는 개념을 사용한다. 모두가 여래를 모시고 사는 것이다.

비일비이非一非異의 논리도 여기에서 나온다. 통하여 있으므로 하나라고 할 수 있으며, 각각 다른 소리이므로 다르다고 할 수 있다. 그러나 하나라고 하면 다양한 색깔과 소리를 억지로 하나로 만들려고 하니 하나라고 할 수 없으며, 또한 다르다고 하면 다양성의 내면에서 숨쉬는 하나의 소리와 색깔 없는 빛을 보지 못하는 것이니 또한 다르다고 할 수 없기 때문에 하나도 아니며 다름도 아니라고 한다. 표현할 수 있는 말의 경계선을 떠난 상태를 설명하려니 역설을 사용하지 않을 수 없는 것이다.

통하여 막힘이 없는 것을 율곡은 이통理通[22]이라 하였다. 이는 통하여 막힘이 전혀 없는 것을 일컫는 개념이며, 기는 묶어 국한시키는 작용을 의미한다. 그러므로 기가 없으면 세상에 다양함이 있을 수 없으며, 이가 없으면 세상에 통함이 없게 된다. 창조의 다양함과 현란함이 있는 것은 시시각각 기의 다양한 묶음 작용으로 말미암아 이루어지는 것이며, 이들간의 교통을 통하여 생멸의 활발한 발현이 있게 되는 것은 이가 내면에서 서로 통하기 때문이다. 율곡은 자신이 깨달은 바를 이통기국론理通氣局論으로 설명하며, 이러한 이기론을 토대로 율곡의

21 『大乘起信論疏別記』, "故於此門如來之性隱而不顯, 名如來藏."

22 『栗谷全書』 一, 208쪽, 「答成浩原」

독자적인 인성론이 전개된다. 인성론은 사실상 인간 생명의 실상이 무엇이며 생명을 구현하는 길이 무엇인가에 대한 성찰이다. 율곡은 두루 통하여 막힘이 없는 존재를 성인으로 보았으며, 막힘이 많아 편벽된 것을 소인으로 보았다. 그러나 성인과 소인은 엄격하게 구분되어 서로 소통할 수 없는 고정된 존재가 아니라, 노력 여하에 따라서 두루 통할 수 있으며 반대로 꽉 막힐 수도 있다. 성인과 소인이 어떻게 같을 수 있겠냐마는, 이것은 마음을 어떻게 쓰느냐의 문제이지 결정된 신분과는 무관한 것이다.

통하여 막힘이 없는 성性은 본선本善이라 하고[23] 막힘이 있어 차별이 있는 것은 심心이라 한다. 발하기 이전의 본마음은 지극히 선하지만, 일단 발현하게 되면 마음은 순전히 선하다 할 수 없다. 왜냐하면 일단 발현한 것은 막혔기 때문이다. 자의식과 존재는 기의 묶음으로 인하여 나타난 현상이다. 막힌 기를 뚫어 완전히 통하게 되면 본연지성本然之性을 회복하게 되므로 소인도 얼마든지 성인이 될 수 있다. 율곡은 '심중지리心中之理를 성性'[24]이라고 하였는데, 두루 통한 본성이 따로 있는 것이 아니라 마음 한가운데 타고 있는 중심자리를 일컬어 성이라 하기 때문이다. 기가 발할 때는 반드시 이가 타고 있듯이, 마음心이 있는 곳에는 성性이 있을 수밖에 없다. 슬플 때나 기쁠 때나, 욕정으로 치달을 때나 도심을 지향할 때나 성性은 마음을 떠날 수 없다. 왜냐하면 성性은 마음의 한가운데中에 타고 있으며 두루 통하기 때문이다. 이처럼 인간 본성이 완전하므로 모든 인간은 자기 안의 성

23 『栗谷全書』二, 581쪽, 「四子言誠疑」, "人性本善而衆理具焉".

24 『栗谷全書』一, 210쪽, 「答成浩原」, "心是氣也 或原或生而無非心之發則 豈非氣發也 心中所有之理乃性也."

인을 모범으로 삼아 실현해야 하는 것이다. 율곡에게 있어서 학문, 교육, 정치의 목적은 자기 안의 원만한 본성을 실현하는 방편 이외에 아무것도 아니다. 율곡은 성性의 완전한 구현을 인간 생명의 본질로 보았다. 모든 인간은 천성天性을 부여받았기 때문에 인간은 또한 완전 생명을 구현할 수 있다.

인심도심人心道心과 사단칠정四端七情의 문제에서도 율곡은 도심이나 사단을 성性에서 발한 것으로, 인심과 칠정을 정情에서 발한 것으로 보지 않는다. 도심이나 사단은 모두 마음의 선한 측면일 뿐이며, 인심과 칠정은 마음의 낮은 측면이다. 매임이 없이 두루 통하는 마음을 일컬어 도심道心이니 사단四端이니 한다는 것이다. 율곡은 '사단四端은 선정善情의 별명'[25]이라 하여 인심과 도심 또는 사단과 칠정이 전혀 별개의 기원을 가지는 이원적이 아님을 분명히 한다. 본연의 기와 편벽된 기의 차이에 의하여 본연의 마음과 편벽된 마음이 갈라질 뿐 마음은 기의 소산이다. 본연지성本然之性과 기질지성氣質之性의 관계도 이와 같다.[26] 양자를 뚜렷이 구분되는 것으로 간주하게 되면 생명의 본성인 두루 통함은 구현될 수 없다. 인심이든 도심이든 또는 사단이든 칠정이든 모두 기가 발한 이후의 일이다. 발하는 것은 오직 기이며 그 안에 이가 타고 있다.[27] 단지 기가 편벽되었는가 아니면 본연한가에 따라 인심과 도심이 갈리고, 사단과 칠정이 갈리고, 본연지성과 기질지성이 갈릴 뿐이다. 선한 측은의 마음이든 악한 마음이든 마음이 발

25 『栗谷全書』一, 199쪽, 「答成浩原」, "四端只是善情之別名"
26 『栗谷全書』一, 192쪽, 「答成浩原」, "四端七情 正如本然之性 氣質之性"
27 『栗谷全書』一, 198쪽, 「答成浩原」, "所謂氣發而理乘之者 可也 非特七情爲然 四端亦氣發而理乘之也".

하여 움직이는 것은 모두 기氣의 소관이다. 천지이든 사람의 마음이든 기氣가 발하여 움직이는 것은 같다.[28] 그러나 천지는 하지 않아도 저절로 본연지성을 갖추었으나, 인간은 노력하여야 본연지성을 회복할 수 있다. 천지와 인간이 하나이나 이 점에서 갈라진다. 인간은 의지적 노력에 의하여 완전해지는 존재이다. 성실과 공경의 생활이 요구되는 이유가 여기에 있다.

노력하여 본연지성을 회복할 수 있기에 인간은 만물의 영장이라 한다.[29] 인간은 노력하여 본연지성을 성취할 수 있다. 하늘은 노력하지 않아도 스스로 본연지성을 갖추었으나, 인간은 노력하여야 본연지성을 성취할 수 있다.[30] 인심, 칠정, 기질지성을 돌려 도심, 사단, 본연지성에 이를 수 있기 때문에 인간은 하늘적 존재이다. 율곡이 천민天民을 말할 수 있는 것은 이러한 이유에서이다. "내 몸은 성인이 아니나 내 본성은 성인이므로"[31] 본성을 확충하게 되면 성인이 될 수 있다. "마음이라는 물건은 허령통철하여 만 가지 이치를 갖추고 있으며 탁한 것을 맑게 할 수 있고 잡박한 것을 순수하게 만들 수 있다. 그러므로 수련과 행위의 공은 오직 사람에게만 있으므로 천지의 지극 경지에 이르고 만물을 키운 연후에야 사람의 일을 다하게 된다."[32] 인간은 스스로 수련하고 실천하여 천지 본연지성의 경지에 이르러 만물을 길러야 일을 마친다고 할 수 있다는 것이다. "중인衆人이 성인과 같은

28 『栗谷全書』一, 198쪽, 「答成浩原」, "天地之化則 吾心之發也".
29 『栗谷全書』一, 266쪽, "最靈者吾人也"
30 『栗谷全書』二, 549쪽, 「神仙策」, "夫有所爲而然者人也 莫之爲而然者天也." 『全書』二, 550쪽, 「祈禱策」, "莫之爲者天也 有所爲者人也."
31 『栗谷全書』二, 「言行難」, "我身非聖人 我性則聖人也 在擴而充之耳."
32 『栗谷全書』一, 197쪽, 「答成浩原」, "但心之爲物虛靈洞徹萬理具備濁者可變而之淸駁者可變而之粹故修爲之功獨在於人而修爲之極至於位天地育萬物然後吾人之能事畢"

것은 성이요, 다른 것은 기"[33]이므로, 탁하고 어지러운 기를 다스리게 되면 중인도 성인과 같아진다. 비록 기질의 차이로 인하여 성인, 현인, 군자, 학자, 소인의 차이가 있을 수 있으나 그것은 일시적 현상일 뿐 인간은 성심 성의를 다하고 실천하면 누구나 성인이 될 수 있다.[34] 누구나 성인이 된다는 것은 누구나 생명의 실상에 다가설 수 있다는 의미이기도 하다. 율곡은 성리학을 '소인을 성인聖人과 성왕聖王으로 만드는 학' 으로 본다.[35] 원효와 율곡은 생명을 어느 특정한 곳에 매인 것이거나 특정인의 소유물로 보지 않았다는 데 그 의미가 있다.

생명은 두루 통하여 있기 때문에 그곳에 이르려는 노력에 의하여 누구나 생명의 실상과 행복을 누릴 수 있는 것이다. 수운은 만법귀일萬法歸一이라 하여 모든 법은 궁극적으로 하나로 통한다고 하였다. '사람이 하늘' 인 것은 만법귀일하기 때문이다. 사람과 하늘이 하나의 법으로 돌아가기 때문이다. 사람과 하늘이 다르다는 것은 만인이 아는 사실이지만, 또한 하나임은 알지 못하므로 이를 강조하기 위하여 동학은 '사람이 하늘이다' 라고 하며 만법이 하나로 돌아간다고 한다. 해월은 말하기를, 수운 선생을 만나 마음공부를 하기 이전에는 성인은 따로 있는 줄 알았으나 공부를 하고 보니 모두가 마음 정하기 나름이라고 하였다. 자신의 본래 마음자리에 정定한 사람은 성인聖人이며, 그렇지 못하여 늘 옮기는 사람은 범인凡人인 것이다. 본성에 따르는 사람은 군자이며, 그렇지 못한 사람은 소인이다. 하늘은 인간으로부

33 『栗谷全書』一, 267쪽, 「別洪表叔浩序」, "衆人之同於聖者性也異於聖者氣也性同一理修之則皆至於聖."

34 『栗谷全書』二, 82쪽, 「擊蒙要訣」, "蓋衆人與聖人其本性則一也 雖氣質不能無淸濁粹駁之異 而苟能眞知實踐 去其舊染 復其性 初則不增毫末 而萬善具足矣."

35 『栗谷全書』 一, 418쪽, 「聖學輯要」, 「進箚」

터 독립된 별개의 존재가 아니라 마음이 하늘에 정定하면 곧 사람이 한울인 것이다. 하나의 연결된 전체이기 때문에 그 연결된 끈을 따라서 생명의 원천으로 되돌아갈 수 있는 것이다. '하늘이 하늘을 먹는다' 고 하는 이천식천以天食天의 개념과 동포同胞 개념은 생명의 두루 통함의 사상이 가장 잘 나타난 개념들이다. 동학에 이르러 원효와 율곡의 생명사상은 철학적으로 정립되고, 생활 양식으로 제시되고, 사회운동으로까지 발전한다. 여기에서는 지면 관계상 수운의 뜻을 이은 해월의 개념을 중심으로 살펴보자.

해월은 우주를 '하늘이 하늘을 먹는 관계' 로 보았다. 모든 관계를 하늘과 하늘의 관계로 말하는 이유가 무엇인가? 해월이 세계를 '하늘로써 하늘을 먹는 관계' 로 보았다는 것은, 천지인은 셋이지만 내면에서 본다면 결국 하나라는 사실을 강조하기 위함이다. 인간 관계도 하늘과 하늘의 관계이고, 인간-자연 관계도 결국은 하늘과 하늘의 관계이다. 내면적인 절대평등의 심경을 이렇게 표현하였다고 하겠다.

이천식천은 둘로 나누어 설명된다. 동질적 기화同質的氣化와 이질적 기화異質的氣化가 그것이다. 해월은 인간과 인간 사이의 관계를 동질적 기화라 하며, 사람과 사물과의 관계를 이질적 기화라 한다. 동질적 기화는 서로가 서로를 도와서 종種의 발전을 도모하는 것이며, 이질적 기화는 연대적 협력으로 서로의 발전을 도모하는 것으로 정의한다. 해월은 동질적 기화와 이질적 기화를 각각 인오동포人吾同胞와 물오동포物吾同胞라는 개념으로 설명하기도 한다. 동질적 기화가 인간 사회의 발전을 도모하는 것이라면, 이질적 기화는 동식물과 자연 사물과의 연대적 발전을 도모하는 것이라고 할 수 있다. 인간뿐만 아니라 자연까지도 동포로 보는 우주적 대가족주의 또는 보편주의를 제시하였다.

편협한 개인주의, 계급주의, 민족주의, 세계주의와 비교할 때 해월의 지향은 훨씬 광대하고 보편적이다.

기화론氣化論과 동포론同胞論은 모두 불연기연의 논리에 근거한다. 일반적으로 사회라고 하면 인간 사회를 연상하지만 불연의 측면에서 본다면 인간 사회는 홀로 존재할 수 없으며, 동식물과 사물들과의 밀접한 상호 관계 속에서 존재한다. 이 점에서 해월의 사회관은 인간 사회에 한정되는 것이 아니라 동식물 및 사물이 포함되는 보다 큰 사회를 염두에 두고 있다. 범우주적인 사회를 염두에 두고 있음을 알 수 있다. 해월은 하나의 거대한 생명이 모든 곳에 통하고 있음을 보았기 때문에 이와 같은 매우 확장된 사회관을 제시할 수 있었다. 무생명계라고 보는 환경까지도 하나의 가족, 하나의 사회 구성원으로 보는 이와 같은 관념을 받아들이는 곳에서 자연 파괴와 환경 파괴는 일어날 수 없을 것이며, 열린 사회의 가능성은 이러한 철학에 의해서만 가능할 것이다. 개인들의 아집, 계급의 독선, 국가의 전제가 숭배되는 곳에서는 열린 사회는 불가능하다. 우주간에 통하지 아니하는 곳이 없는 생명 가치만이 열린 사회의 비전을 열어 줄 수 있을 것이다. 이 점에서 원효, 율곡, 동학은 각 시대적 상황에 따라서 제도적 형태는 다르지만 열린 사회를 추구한 사상가로 평가할 수 있을 것이다.

제4절 생명은 우주적 네트워크緣起

'이것이 있으므로 저것이 있고, 저것이 있으므로 이것이 있다' 라는 선Dhyana; 禪의 화두는 네트워크적 존재 실상을 가장 단순하게 표현해 준다. 과학은 보이는 세계만의 인과관계를 다루지만 동양사상에서의 보이지 않는 세계에 대해서도 관심을 기울인다. 이와 관련된 재미있는 이야기가 있다. 외딴섬에서 어느 날 한 마리의 원숭이가 바나나의 껍질을 까서 먹으니까 한결 맛이 좋다는 사실을 알게 되었다고 한다. 이를 본 다른 원숭이들도 흉내를 내게 되어, 그 섬에서 바나나를 까먹는 원숭이들의 숫자가 급격하게 늘어나게 되었다고 한다. 흥미로운 것은 101마리째 원숭이가 바나나를 까먹자 그 섬에 있는 원숭이들뿐만이 아니라 다른 지역의 원숭이들도 모두 바나나의 껍질을 까기 시작했다는 이야기가 있다.

이것은 보이는 끈과 보이지 않는 끈에 대한 재미있는 이야기이다. 이 이야기는 모든 존재자들이 하나의 연결된 전체, 공동체적 존재, 네트워크적 존재, 의사소통적 존재라는 점을 보여 준다. 가시광선과 가청음처럼 감각적 세계는 매우 한정적이다. 보이는 세계에서의 관계는 매우 제한적이며 계산이 가능하지만, 보이지 않는 세계에서의 관계는 심층적이며 계산할 수 없다. 동양사상은 관계망의 범위를 보이지 않는 세계까지 확장한다.

동학의 불연기연不然其然 논리에서 단적으로 나타나듯이, 우리들이 잘 알고 있으며 감각으로 알 수 있는 상식 세계도 그 근원을 찾아 묻기 시작하면 도대체 알 수 있는 것은 아무것도 없게 되고 근본 소이를 명확하게 제시할 수 있는 것은 아무것도 없게 된다. 이를 수운은 불연이라고 불렀던 것이다. 보이는 명확성의 세계를 파고들어가다 보면 마주치는 것이 눈에 보이지 않는 불명확성의 세계라는 것이다. 비유적으로 표현하면, 확실한 원자 세계를 파고들어가다 보면 불확실하고 추상적인 소립자의 세계를 만나게 된다는 것이다. 보이는 확실성의 세계와 보이지 않는 불확실성의 세계가 맞물려 있는 지점에 이르는 것이다. 물질과 비물질의 경계선에 이르게 된다는 것이다. 그리고 그 불명확한 보이지 않는 세계는 보이는 세계와 동떨어져 있는 것이 아니라, 보이는 세계가 있는 곳이면 어느 곳이든지 보이지 않는 세계가 이미 배경으로 와 있다는 것이다.

불연기연 논리를 통하여 수운이 말하고자 하는 것은 바로 이와 같은 연결된 전체성 또는 공동체성 또는 유한적 존재의 무한성이라 하겠다. 하늘을 나는 연은 보이지만 그 연줄은 잘 보이지 않는다. 그러나 연을 날리는 사람이 연줄을 풀거나 잡아당기게 되면 연은 하늘 높이 날거나 땅으로 추락하게 된다. 보이는 세계만으로 우리는 왜 연이 추락하는지, 왜 더 높이 날아오르는지 알 수 없다. 그러나 보이지 않는 연줄을 아는 사람은 왜 그런지 알 수 있다. 원효 · 율곡 · 수운 · 해월은 보이는 현상계는 보이지 않는 끈에 의하여 보이지 않는 세계와 연결된 전체라는 사실을 강조한다.

인간이 사회적 존재라는 사실에 대하여 큰 의문을 제기하는 사람은 없는 것 같다. 극단적 고립주의자들도 사회와 역사로부터 완전히 자유로운 인간은 생각할 수 없다는 사실을 인정한다. 인간이 생명을 유지하기 위해서는 밥을 먹어야 하며, 밥을 먹기 위해서는 노동을 해야 한다. 노동은 대자연과의 관계이면서 동시에 대인간 관계이다. 왜냐하면 인간은 과학기술을 매개로 자연을 만나기 때문에, 특히 현대사회에서의 노동은 매개된 노동이며 자연은 사회화되고 역사화된 자연이다. 그러므로 노동 현상은 사회 역사적 현상일 수밖에 없으며, 대자연 관계로만 규정지을 수 없다. 인간이 존재하기 위하여 자연과 관계를 맺는데 그 자연물은 궁극적으로 어느 곳에서부터 왔는지를 생각해 보아야 하며, 그 자연물을 가공하거나 변형시킴으로써 인간이 소화해 낼 수 있는 음식을 만드는 데 들어가는 정신적, 기술적 축적은 또 어느 곳에서부터 왔는가는 생각해 보아야 할 것이다.

우리들이 하루 세 끼 먹는 밥 한 그릇에는 실로 우주 탄생의 신비와 인간 정신의 신묘함이 농축되어 들어 있다. 밥 한 그릇에는 태양, 서리, 눈, 비, 이슬, 대지 등 실로 헤아릴 수 없는 대자연의 교향악적 협동이 들어 있으며, 그 가운데에서 또한 기나긴 역사를 통하여 형성된 사회 역사적 노동이 들어 있다. 이 점에서 밥 한 그릇은 기술과 문화의 결정체이다. 밥 한 그릇에는 보이는 세계와 보이지 않는 세계가 융합되어 녹아 있다. 그러므로 해월 최시형은 "밥 한 그릇을 먹는 것이 만사를 아는 것이다"라고 하였다. 자연과 인간의 협동이 농축되어 들어 있으니 어찌 만사를 아는 것이 아니겠는가? 여기에서 인간은 사회적 존재에 그치는 것이 아니라 우주적 존재가 된다. 동학이 말하는 심층 구조의 범위를 알 수 있다.

지구상에서 살아가는 생명체는 그 생명 에너지를 태양에서 받고 있다는 사실은 대부분의 사람들이 의식하고 있으나, 태양계 밖에 대해서는 잘 알지 못한다. 그러나 잘 알지 못한다고 해서 태양계 밖의 은하계나 우주가 지구상의 생명체에 태양계보다 더 적은 영향을 행사한다거나 또는 미미한 영향밖에 없다고는 말할 수 없다. 왜냐하면 은하계나 우주를 생각하지 않고 태양계를 생각할 수는 없기 때문이다. 수운의 불연기연의 방식으로 말하면 현 차원에서 태양계가 기연이라면 태양계 밖은 불연이라 할 수 있으며, 태양계가 존재하기 위해서는 태양계 밖이 근원적 바탕으로 존재해야 한다고 할 수 있다. 그러므로 현 단계에서는 태양계 차원에서 사고하는 것만으로도 매우 확장된 의식이라 할 수 있으나 동양사상가들은 그 이상을 추구하였다. 그리하여 궁극적인 근원과의 끊을 수 없는 보이지 않는 끈을 강조한다.

세 사상은 사회의 한계를 무한하게 확장시킨다. 이들은 인간을 대우주와 직접적으로 연결된 존재로 본다. 매우 추상적으로 들릴 수 있으나, 세 사상은 이보다 구체적이고 이보다 명료한 것이 없다고 말한다. 인간이 우주와 연결된 존재이며 언제 어디서나 끊어져 본 적이 없는 연결된 전체인 것이다. 그러므로 이 관계성은 가깝기로 말하면 사랑하는 님보다도 더 가깝고, 존엄하기로 말하면 천상천하에서 오직 이보다 존엄한 것이 없으며, 귀중하기로 말하면 천지 만물 가운데 이보다 귀중하고 보배스러운 것 또한 없는 것이다.

해월에 의하면, 공자는 육신을 낳아 주신 부모님이 귀하신 것을 알아 효도를 말씀하셨지만, 우주 만물을 낳고 지금 여기의 나를 먹이고 입히고 보살피는 이 우주 생명인 천지天地가 참부모임은 말하지 않았으며, 이러한 사실은 수운 최제우에 이르러 분명하게 밝혀졌다고 하였다. 그러므로 해월은 천지는 곧 부모이므로 천지를 부모 모시듯이 극진히 모시는 것이 곧 인간이 가야 할 길이라고 하였다. 인간이 한생명을 모시고 있는 존재라는 사실을 알게 된다면, 율곡의 말대로 어찌 매사에 그 한생명에게 정성을 다하지 않을 수 있으며 다른 사람이나 물건을 대함에 있어 오직 공경을 다하지 않을 수 있겠는가? 언제 어디에서나 성실을 다하는 것은 자신의 모든 에너지를 다하여 오직 한생명 또는 천지부모에게 되돌려 드리려는 노력 이외에 다름이 아니며, 대인접물對人接物에 있어 공경을 다하는 것은 모든 사물이나 인간을 접하고 대함에 있어 천지부모를 대하듯 하는 것이라 하겠다. 이렇게 된다면, 발이 닿는 곳이 어느 곳이든, 손이 닿는 곳이 어떤 것이든,

마음이 가는 곳이 그 무엇이든 보고, 듣고, 느끼는 존재는 한결같다. 그러므로 원효는 이를 일음一音이라 하였다. 모두가 천지부모의 목소리이니 어찌 한결같이 모시고 따르며 그곳으로 돌아가지 않겠는가? 그러나 소리는 어느 하나의 소리가 아니라 소리 없는 한없는 소리이니, 그곳에는 수많은 소리들이 한없이 함께 어울리므로 또한 원음圓音이라 하였다. 그러므로 일음에 통하면 바람 소리, 물소리, 새소리, 사람 소리 그 어느 것 하나도 천지부모의 소리 아님이 없다 하겠다. 그러므로 동양에서는 인간은 이와 같은 우주 소리에 주파수를 맞추어 우주 음악의 리듬에 따라서 춤추는 존재로 보았다.

생명 가치는 인간을 개인, 가정, 계급, 사회, 국가, 지구에 가두지 아니하고 우주 끝까지 확장시킨다. 인간의 갈망은 무한하며, 오직 무한존재에 의해서만 그 갈증을 해소할 수 있다. 무한존재만이 영원히 목마르지 아니한 샘물이다. 영원토록 솟구치는 영생의 샘물을 마시지 않는 한 인간은 만족하지 못한다. 그러므로 인간은 우주와 하나가 되는 경지에 이르러 비로소 여행을 마친다. 그러므로 생명은 무한바다에 이를 때까지 활력있게 운동하는 역동성이라 말할 수 있다. 왕궁을 떠난 거지가 왕궁이 자신의 집이었다는 사실을 잊어버렸듯이, 한생명의 자리를 떠나온 인간은 자신이 한생명이라는 사실을 실감하지 못한다. 그러나 세 사상은 인간이 곧 부처이며, 성인이며, 천주라고 말한다. 인간은 그와 같은 이름들이 지칭하는 존재와 밀접한 관계 속에서 존재하고 있다는 사실을 말하고 있다.

우리는 그곳으로 돌아가는 여행길에 있으며, 원효는 이를 귀명歸命이라 하였다. 해월은 그곳에서 우리는 진리를 알 수 있으며, 영생을 알 수 있으며, 우주가 한 가족이므로 봉사와 헌신의 의미를 알 수 있다고 하였다. 그곳은 생명의 고향이다. 그곳으로부터 생명이 왔으며 다시 그곳으로 되돌아간다. 고향으로 돌아가고자 하는 불굴의 활력이 바로 생명이라 하겠다. 본래적 관계의 회복이 곧 생명의 특성이라 하겠다. 원효가 믿음을 불러일으키고, 율곡이 성실과 공경의 공부를 하고, 수운과 해월이 시천주侍天主로 수행하며 덕을 천하에 펴려고 한 것은 모두가 생명의 본래적 관계성, 우주적 관계성, 하나의 관계망을 회복하기 위함이었다고 하겠다.

제5절 맺음말

중세가 신을 중심에 놓고 섬겼듯이 근대는 인간을 중심 가치로 등장시켰다. 다가올 신문명은 무엇을 중심 가치로 삼을 것인가? 그것을 우리는 한생명 또는 생명 가치로 표현해 볼 수 있을 것이다. 생명 가치란 위에서 보았듯이 자신 안에서 신성을 구현함을 의미하며 동시에 우주적 네트워크를 구현한 것을 의미한다. 이를 도중심주의라고 부를 수도 있을 것이다.

신과 자연 그리고 인간은 별개의 존재이면서 동시에 한생명의 다른 표현물로 볼 수 있다. 인간은 이제 자신 안에 우주적 자연과 성스러운 신을 동시에 지닌 하나의 큰 생명이라는 사실을 제시해 보는 것이다. 이러한 한생명을 신인간이라 부를 수 있을 것이며, 그들의 철학을 네오휴머니즘이라 부를 수 있을 것이다. 원효, 율곡, 수운, 해월에게서 모든 존재를 우주적 한 가족으로 보는 네오휴머니스트의 모습을 볼 수 있으며, 자신들이 살았던 시대와 사회에 구현하려고 했던 활동을 볼 수 있다.

신인류는 철학이 만들어 낸 추상적 인간이 아니라 현실적 존재이다. 원효는 저자거리의 민중들에게서 불국토의 꿈을 찾았고, 율곡은 향촌에서 군자 사회를 희구하였고, 동학은 신인간에 의지하여 후천개벽을 도모하였다. 생명 가치는 살아 있는 하늘의 명령(생명)에 따라서 살아가는 사람들에 의하여 구현될 수밖에 없을 것이다. 생명은 관념이나 실천이 아니라 삶이다. 그러므로 위에서 살펴본 사상가들은 몸소 그러한 삶을 사는 모범을 보여 준 인격체들이다. 뿐만 아니라 다른 모든 사람들로 하여금 그와 같은 인격체로 진보하기를 바랐으며 새로운 사회를 창건하려고 노력하였다. 정치사회적인 측면에서 동학은 특별한 의미를 갖는다. 왜냐하면 동학은 19세기 말 모더니티적 인격과 사회에 대응하여 생명 가치를 실현하는 구체적 사회 질서를 구현하고 정치 세력을 형성했던 주체적 노력이기 때문이다. 이 점에서 동학은 생명철학의 결정체이며 생명 가치에 입각한 사회 질서를 창건하려고 했던 주체적 정치운동으로 평가할 수 있을 것이다. 이와 같은 동학의 정치철학은 한반도의 통일철학으로 발전시킬 수 있을 것이다.[36]

해월의 향아설위向我設位 개념에서 동학이 추구했던 신인간의 모습을 볼 수 있다. 해월은 관군에 체포되기 1년 전인 1897년에 경기도 이천군 설성면 수산1리에서 "향아설위向我設位는 직접 신인합일神人合一의 이치를 표시하는 것이며 천지만물天地萬物이 내 몸에 갖추어 있는 이치를 밝힘이니라" 하고 스스로 향아설위를 행하였다.[37] 여기에서 '나'는 안으로는 우주 만물을 바라보며 우주 만물과 내적으로 연결된

36 노태구, 「동학의 무극대도와 통일」, 『동학학보』 제4호(2003), 397~441쪽.
37 『天道教創建史』第二編, 77쪽; 『天道教百年略史』, 299쪽.

공동체적 중심이며, 물질과 의식으로 하여금 존재하도록 하는 근원이며 소이이다. 이 때의 '나'는 우주적 공동체이며, 영적 존재이다.

생명 가치란 해월이 말하는 한생명인 '나'를 실현하는 길이면서 신사회를 형성하는 길이다. '후천개벽後天開闢' 사회는 한생명을 실현한 사람들이 중심된 사회이다. 곧 생명 가치를 구현한 사회라 하겠다. 그러므로 동학이 제시한 신인간과 신사회의 비전은 19세기에 끝난 것이 아니라 모더니티 문명의 위기를 극복하는 인간혁명이자 사회혁명의 이념으로 재성찰되어야 할 것이다.

위의 사상가들은 근대성의 중심 가치로 자리잡고 있는 '합리성'을 새롭게 바라볼 수 있는 눈을 제공해 준다. 근대적 합리주의의 편협성과 인간중심주의를 극복할 수 있는 가능성을 찾아볼 수 있다. 서구의 합리주의는 주로 개인, 계급, 조직, 국가라는 단위에 한정된 의미의 합리성을 주로 발전시켰다. 자유주의, 마르크스, 막스 베버, 헤겔 등이 이러한 합리주의를 발전시킨 사상가들이다. 그러나 위의 사상가들은 보다 보편적인 차원에서 합리성을 이해할 수 있는 준거점을 제시해 준다. 글자대로 본다면 합리성合理性이란 천리天理와 본성本性과의 합일을 의미하는 개념이다. 합리성은 우주적 진리에 합일하는 것인 동시에 인간 본성에 자리하는 것이다. 합리성은 득도라는 개념의 철학적 표현이다. 합리성은 자기 안의 브라마를 구현하여 불생불멸에 이르는 것이며, 내 안에 모신 천주를 모시는 길이다. 역사의 진보도 물적 생산의 증대나 지식의 증대가 아니라 우주 법칙天地을 따르고 인간 본성을 구현하는 것으로 다시 정의하여야 할 것이다.

현상적 현란함을 보여 주는 것은 빛이지만 그 빛은 보이지 않는다. 보이는 것은 반사와 굴절일 뿐 빛 자체는 보이지 않는다. 마찬가지로 인간이 존엄하고, 신령스럽고, 고귀한 것은 인간이 보이지 않는 도, 부처, 성인, 천주와 교감하고 소통하기 때문이다. 동학이 그러했던 것처럼 현대 문명의 위기는 자기 안의 천주를 모시는 구체적인 일부터 시작하여야 할 것이다. 생명의 원천을 업신여기고서야 아무리 환경운동을 열심히 하더라도 생명을 살릴 수는 없을 것이다. 밖으로 향한 눈길을 안으로 돌려 본래적 생명의 활력을 되살리는 일을 함께 해야 할 것이다. 일본 침략주의와의 전쟁터에서 해월 최시형이 동학의 기본은 내수도內修道에 있으므로 안을 닦고 밖으로 향하여야 한다고 한 이유도, 본래적 생명을 살려야 그곳으로부터 새로운 인격체, 새로운 사회, 새로운 문명을 열어 갈 수 있는 힘의 원동력이 분출된다고 보았기 때문일 것이다. 원효, 율곡, 동학은 안팎을 함께 하는 생명을 살리는 길을 분명하게 보여 주었다.

생명을 살리는 길이 다양한 존재들 안에 각양각색으로 깃들어 있는 한생명을 밝게 드러내는 과정이라면, 안팎으로 생명을 가로막고 있는 온갖 분열주의와 파괴주의에 대항한 투쟁 또한 생명을 살리는 길이다. 모든 존재들 안에 와 있는 한생명을 중심으로 삼을 때 인류는 보다 확장되고 심화된 의식을 발전시킬 수 있을 것이며, 보다 평화롭고 안정된 사회를 형성할 수 있을 것이다.

제7장 해월의 삼경사상*

제1절 머리말

서구 중세는 신 중심 사회였다. 신을 모시는 제사장이 중심 계급으로 군림했다. 교황은 신과 인간을 이어주는 다리였고, 교회당은 지상에 세운 신의 왕국이었다. 근대인은 신이 차지하고 있던 그 자리를 쟁취하였다. 데카르트의 '생각한다 고로 존재한다cogito ergo sum' 라는 명제는 신으로부터 인간으로의 대전환을 가능케 했다. 그리하여 신은 인간의 공포심이나 사유가 만들어 낸 대상이 되었고, 자연은 인간의 정복 대상이 되었다. 그리하여 인간 중심의 모더니티 시대가 시작되었다. 그러나 인간에 의한 자연 정복은 지구적 차원에서 생태계 파괴라는 전대미문의 현상을 낳고 있다. 일부 환경론자들은 생태계 중심 질서에로의 대전환을 요구한다. 생태계 파괴는 인간 생존 자체를 위

* 「해월의 삼경사상」, 부산문화예술대학교 편, 『해월 최시형과 동학사상』, 예문서원, 1999.

협하게 되면서 자연 생태계의 중요성이 부각된 것이다. 일부 해체주의자들은 근대를 이끌어 온 이성 중심적 사고와 사회를 해체할 것을 주장한다. 마치 신 중심의 중세에서 인간 중심의 근대로의 이행을 연상시키는 근본적 변혁의 필요성을 개진한다. 서구의 정신사와 역사를 볼 때 이와 같은 이행 경향은 매우 분명하게 나타난다. 동학은 하늘-사람-자연 생태계의 관계에 대하여 어떤 입장을 취하고 있는가? 고대로부터 철학의 근본 주제였던 신-인간-자연에 대한 동학의 사상을 고찰하지 않고서는 동학의 근본 특성과 현대적 의미를 명확히 할 수 없을 것이다.

동학의 출발은 수운 최제우의 경신년(1860) 4월 5일 천주 체험에서부터 시작된다. 달리 말하면 동학은 신과의 만남에서 출발하는 학문이자 운동이었다. 천주와의 만남에서 동학이라고 하는 한국적 근대성이 출발한다는 점은 서구 정신사의 시각에서 보면 매우 흥미로운 점이다. 천주와의 만남 이후 수운은 모든 존재들이 천주를 모시고 있다는 사실을 널리 알리기 시작한다. 수운은 우주에 편만한 천주의 존재를 널리 알리는 것을 '덕을 펴는 것布德'이라 하였다. 결론부터 말하면 수운은 신-인간-자연이 하나로 관통한다고 주장한다. 서구의 정신사에서 신-인간-자연의 단계적 발전사를 볼 수 있다면, 동학에서는 동시적 통일성을 보게 된다. 달리 말하여 서구의 정신사에서는 엄격하게 구분되는 셋의 분석적 차이를 보게 된다면, 동학에서는 셋의 종합적 통일성 또는 동일성을 목도하게 된다. 성경신誠敬信과 삼경三敬 개념의 분석을 통하여 동학의 일원론적 성격을 규명하는 것이 이 글의 목적이다.

동학은 성경신誠敬信이라는 유학 개념을 나름대로 재해석하여 사용한다. 수운은 동학은 공자의 도와 대동소이大同小異하다고 하며, 해월도 동학의 요체는 성경신 세 자에 있다고 단언한다. 동학은 유학의 핵심 개념인 성경신을 통하여 동학이 지향하는 성인에 쉽게 이를 수 있다고 말한다. 성인에 이르는 도에서는 일치하지만 이치를 풀이하는 개념과 접근법에서는 차이가 있다. 정성誠이 하늘의 도라면, 공경敬은 만물과 사물을 접대하는 도이고, 믿음信은 현실적 삶에서 하늘의 도를 잊지 않는 도라 하겠다. 외면적으로 볼 때 셋은 다르지만 내면은 상통한다. 하늘이 한결같이 쉬지 않고 덕을 베푸는 것이 정성이고, 모든 존재와 만물을 하늘의 표현으로 대접하는 것이 공경이고, 일체 만물의 근원자에 대한 천주에 대한 흔들리지 않는 신뢰가 곧 믿음이다. 성경신의 의미 분석에 의거하여 삼경을 분석한다. 유학이 지배적 담론인 조선에 동학을 정착시키기 위하여 동학은 의식적으로 동학의 도를 유학 용어로 풀이하였다.[1]

삼경은 '경천敬天-경인敬人-경물敬物'이다. 성경신의 구조가 경敬 안에서 다시 반복됨을 알 수 있다. 삼경의 내용은 매우 간명하지만 그 의미는 깊다. 공경을 하는 이유는 모든 존재들이 천주의 표현 아닌 것이 없기 때문이다. 중세-근세-현대를 걸쳐서 서구 사상은 신의 존엄함, 인간의 존엄함, 자연의 소중함을 발견했다. 그러나 서구의 역사에 있어서 한 시대는 이전 시대를 비판하고 부정함으로써 시작되는 데 반하여, 동학의 구조는 중복-종합의 성격을 보인다. 다시 말하면 해월은 하늘을 공경하면서 사람도 공경하고 그리고 또 자연을 공경하라고 한다. 신과 인간은 상호 대립하고 배척하는 관계가 아니라 보완적

1 동학의 성경신을 유교와 불교의 맥락에서 연구한 논문으로는 '정혜정, 「동학의 성경신 이해와 분석」, 『동학학보』제3호(2002), 243-277쪽'이 있다.

이고 조화적인 관계로 설명되고, 인간과 자연도 또한 협조적 통일 관계로 이해된다.

제2절 인격 완성의 길: 성경신誠敬信

공경을 보기 위해서는 동학이 성경신을 어떻게 이해했는가를 먼저 알아야 할 것이다. 해월은 성경신이라는 유학의 개념을 통하여 동학을 조선 사회에 뿌리내리려 하였다. 성경신은 동학의 이상인 성인이 되기 위한 인간 행동의 길잡이이자 동시에 인간의 존재 구조로 제시된다. 즉, 성경신은 단순한 도덕적 당위에 그치는 것이 아니라 존재 구조이기도 하다. 이처럼 동학에서는 당위론과 존재론은 동전의 양면에 불과하다. 인간의 존재 자체가 사악한데 이상적인 선행을 베풀라고 할 수는 없다. 존재의 실상을 그대로 구현하는 것이 당위의 근거로 이해된다.

해월은 정성誠을 우주 법칙으로 보았다. 우주 법칙이 한시라도 멈추거나 소홀할 때 우주는 혼란으로 빠져들 것이다. 어김없이 사시사철이 돌고 밤낮이 순환하여 한결같아 변함이 없는 것이 정성이다. 이같이 쉬지 않는 하늘의 지극한 정성을 나의 생활에 받아들이는 것을 유학은 인간 행위의 제일 원리로 받아들인다. 생활의 여러 방면에서 모든 사람들은 자신이 맡은 바 일을 하늘처럼 한결같이 수행하는 것을 정성으로 보았다. 자신의 맡은 바 임무만 수행하는 데 그치는 것이 아니라, 하늘처럼 순수하고 한 가지 마음을 가져야 정성이라고 할 수 있다. 해월이 가장 많이 사용한 개념 중의 하나가 바로 정성일 것이다. 포덕 133년(1982)에 펴낸 『천도교경전』 「해월신사법설」편을 보면 정성 개념이 51번이나 나타난다. 그만큼 해월은 정성을 강조하였다.

하늘이 네 계절을 순환시키고 밤낮을 순환시키는 데 어떤 사심이나 생각이 있는 것이 아니라 오직 덕을 베푸는 한마음밖에 없다. 덕을 베푼다는 생각조차도 없기 때문에 천덕天德이라 한다. 그러므로 순수하고 하나純一인 것이다. 이와 같은 하늘의 운행에 한순간이라도 멈춤이 있다면 그것은 곧 우주 대혼란이자 종말을 의미한다. 그러므로 우주의 덕은 영원히 샘솟는 우물처럼 잠시라도 그침이 없다. 그러므로 '쉼이 없다無息' 라고 한다. 자신에게 주어진 바를 이같이 처리하는 것이 바로 정성이다. 지극하게 정성을 다할 때 찾아오는 것이 지극한 성스러움이라 하겠다. 그러므로 지극 정성을 다하면 성인이 된다는 것이 동학의 가르침이다. 동학의 궁극적 목적이 성인에 있음은 재론을 요하지 않는다. 정성을 다하여 하늘의 정성과 차이가 없어질 때 인간은 성인으로 태어난다. 순수하고 하나 된 마음으로 쉬지 않고 정성을 다할 때 얻어지는 결과가 바로 성인의 경지이다.

인간 존재 구조로서 성경신은 다음의 세 가지 층으로 볼 수 있다. 성경신은 인간의 얼性-마음心-몸身으로 볼 수 있다. 유학의 용어로 보면 성경신은 곧 성性-정情-신身으로 볼 수 있다. 인간의 얼-마음-몸을 완전하게 하는 길이 성경신이라 하겠다. 얼은 하늘처럼 순일純一하고 무식無息하여 한 점 티끌도 없으며 우주의 그 어떤 곳에도 걸림이 없는 하나이다. 또한 빛 없는 빛으로서 한시도 우주 만물을 비추지 아니한 적이 없으며, 이로 말미암아 우주 만물이 존재한다. 얼은 인간 존재의 본성이며 바탕이며 고향이다. 한없이 크고 하나이며, 한이 없기 때문에 이를 '한얼' 이라 할 수 있으며 하늘님, ᄒᆞᆫ날님, 하나님, 한울님으로 불리운다. 이 하느님은 인간 존재의 진정한 주체이며 진정한 '나'이다. 하느님은 순수하고 하나이기 때문에 그 안에는 어떤 활동도 없다. 그러므로 존재감도 없으며 생각도 없다. 유학에서 얼을 성性이라고 개념화하는 이유는 마음이 바로 이곳에서 태어났기 때문이다. 그러므로 얼은 마음의 아버지라 하겠다.

일상생활 속에서 정성을 실현하는 구체적 행위규범이 공경이다. 공경은 구체적 인간 행동의 길잡이다. 해월은 공경을 세 가지 방향에서 우선 이야기하고 그 효과를 이야기한다.(「誠敬信」). 첫째로 자신의 마음을 공경하는 것이다. 마음을 천주의 표현으로 여겨 공경하게 되면 기운과 피가 조화롭게 되어 마음에 평화가 깃든다고 한다. 요동하는 마음이 가라앉으면서 평화를 느끼게 되는 것이다. 둘째로 다른 사람을 공경하는 일이다. 다른 사람을 천주의 표현체로 공경하는데 좋아하지 않을 사람이 없을 것이므로 다른 사람들과 화목하게 된다. 셋째로 사물을 공경하는 일이다. 사물을 천주의 표현으로 공경하는데 사물이 나에게 해로움을 끼칠 수 있겠는가? 해월은 이처럼 일상생활 전반을 세 차원으로 분석하여 각 부분에서 공경을 실천할 것을 말한다. 해월은 자신의 경험을 근거로 왜 이처럼 해야 하는가를 설명한다.

해월은 한 어린아이가 나막신을 끌고서 딱딱거리며 지나갈 때 자신의 가슴을 쓸어내리며 아파했다고 한다. 우주는 하나의 기渾元一氣로 연결된 전체이므로, 땅에 아픔을 주는 것이 곧 사람에게 아픔을 주는 것이라는 사실을 느껴 말한 것이다. 그러므로 우주에 존재하는 모든 존재들을 오직 공경하여 천주로 모시도록 가르친다. 매사에 천주를 공경하고 어려워할 줄 아는 마음을 가지는 것이 곧 공경의 길이다. 우주가 천주의 정성에 의하여 이처럼 존재하는 사실을 모른다면 우주 만물을 공경할 수 없을 것이다. 그러므로 공경의 마음은 천주의 정성을 헤아리는 마음에서부터 나온다. 어떤 상황에서든지 인간이 살펴야 할 바는 그러므로 오직 천주의 지극한 정성이라 하겠다. 그 살피는 마음이 공경이다. 동학의 입장에서 본다면 수행의 요체는 천주의 마음을 헤아려 살피는 데 있다고 하겠다.

성경신을 존재 구조로 본다면 공경은 마음에 해당된다. 존재의 느낌과 생각의 시작은 주체와 대상이 갈라지고 상호 작용이 발생하면서 일어난다. 마음은 '나'가 존재한 뒤 대상이 생겨야 가능한 것이다. 왜냐하면 마음은 상대적인 것이기 때문이다. 무한한 영성이 구속되어 경계선이 생기면서 존재의 느낌이 일어날 때 마음이 발생한다. 경계선이 없다면 존재의 느낌이 일어날 수 없으며, 동일성만 있는 곳에는 마음이 있을 수 없다. 그러므로 무한을 묶는 힘이 작용하여 경계선이 그어지고 다름이 나타날 때 비로소 존재감이 나타나고 마음이 발생한다. 대상 없이 마음은 홀로 존재할 수 없기 때문에 마음은 언제나 주체와 객체를 요구한다. 하나의 얼을 묶어 처음으로 태어난 마음은 무한히 큰 하나의 마음이다. 물론 그 대상도 우주 전체라 할 수 있다. 우주 전체라고 하더라도 그것은 유한한 것이기 때문에 제한된 것이며, 하나의 얼에 비추어 본다면 아주 작은 것이다. 하나의 얼을 묶는 힘이 강해지면 마음은 작아지고 생각하는 대상도 작아진다. 그러므로 크기로 말하면 마음은 우주 전체를 다 안고도 여유가 있을 정도로 크고, 작기로 말하면 바늘 하나 꽂을 수 없을 정도로 작아질 수 있는 것이 마음이라 할 수 있다.

하나의 얼이 묶여 최초로 경계선이 나타나는 그 마음을 하늘마음, 본래의 마음, 도심, 한마음 등으로 부를 수 있다. 본심은 본래적 대상을 생각한다는 것 이외에 한얼과 아무런 차이가 없다. 한얼은 움직이지 않으나 한마음은 움직인다는 차이 말고는 아무것도 없다. 한얼이 가장 느슨하고 가장 크게 제한 또는 국한된 것 말고는 양자는 본질상 아무런 차이가 없다. 한얼이 자기분화하여 한쪽은 본심으로, 한쪽은 본질적 대상으로 변화되었다. 본질적 대상이라고 표현하는 것은 한얼 스스로 대상화 또는 객체화되었기 때문이다. 공경은 대상도 자기와 같이 천주의 표현물이라는 사실을 아는 마음이다. 모든 존재를 천주의 표현체로 모시는 마음인 것이다. 즉 하늘마음이고 도심이며 본심인 것이다. 공경은 바로 이 본심의 작용이라 하겠다. 생각하는 자신이나 생각되는 대상이나 모두가 하나의 얼에서 나온 주체와 객체라는 사실을 아는 마음에 이를 때 비로소 공경할 수 있는 것이다.

믿음信은 실천이자 결과이다. 현실 생활에 뿌리를 내리는 것이 믿음이다. 그리하여 해월은, 유학의 기본강령인 인의예지신仁義禮智信과 다섯 가지 원소인 금목수화토金木水火土를 들어 믿음은 곧 흙土과 같아 믿음이 아니면 나머지 네 가지가 이루어질수 없음을 강조한다. 그리하여 믿음은 바퀴의 축이며 성경의 토대임을 강조한다. 믿음은 수행의 출발점이라 한다. 믿음은 물론 현상계가 아닌 천주에 대한 믿음이다. 순일하고 쉬지 않고 일하는 천주를 매사에 공경하는 생활의 구체화이다. 구체화되지 않는 성과 경은 허공의 일로서 어떤 진보나 발전이 있을 수 없다. 믿음은 보이지 않는 추상적 존재인 하늘을 인간 존재의 물질성 또는 현실성으로 구체화시키는 힘이다. 자연 사물의 존재에서 천주의 존재를 확신하는 것이 믿음이다. 달리 말하면 사계절이 순환하고, 밤낮이 순환하고, 서리와 이슬이 내리는 자연 사물에서 천주의 정성을 확인하는 것이다.

천주는 창공에 있는 것이 아니라 자연 사물의 깊은 곳에서 그렇게 운동하도록 하는 근본과 중심에 이르게 하는 것이 믿음의 힘이다. 그러므로 인간의 본성에서 천주의 정성을 보고, 자연 사물의 순환에서 천주의 정성을 간파하는 것이 바로 믿음이다. 믿음은 성경의 생활화이자 구체화라 하겠다.

믿음信을 존재 구조의 측면에서 보면 몸身에 해당된다. 마음이 바라보는 대상 또는 객체가 몸이다. 몸은 바탕이며 토대이다. 얼과 마음이 깃든 곳이 몸이다. 한얼을 보관하고, 마음을 최초로 순수하고 하나인 마음으로 변화시키는 구체적 도구가 바로 몸이다. 그러므로 몸이 없으면 얼과 마음은 깃들 곳을 잃게 되므로 이루어질 수 없다. 해월은, 토土가 아니면 금목수화金木水火가 이루어질 수 없듯이 믿음이 아니면 인의예지仁義禮智가 불가능하다고 하였다. 깨어진 그릇에 물을 담을 수 없듯이 병든 몸에는 하늘의 마음을 담을 수 없다. 물이 없는 꽃병에 꽃을 꽂을 수 없듯이 마음이 없는 몸에 한얼이 머물 수 없다. 그러므로 몸은 수행의 기초이며 만사의 기본이다. 완전한 한얼의 모습을 그대로 꽃피우고 무한한 마음이 완벽하게 나타날 수 있도록 몸을 닦고 또 닦아야 한다. 순수한 한얼이 때묻지 않고 그 아름다움을 나타내고 광대무변한 마음이 장엄하게 나타날 수 있도록 몸을 깨끗이 하고 또한 정교하게 가다듬어야 한다. 몸이 깨끗하고 정밀하지 못하다면, 한얼과 마음은 자신의 본 모습을 이 몸을 통하여 드러내지 못할 것이다.

해월은, 수운이 성경신의 극치에 이르러 하늘에 통했기 때문에 성인이 되었다고 말한다. 수운의 정성이 하늘의 정성과 일치하기 때문에 천명을 받고, 공경이 하늘에 부합했기에 하늘의 말을 듣고, 생활 속의 천주에 대한 믿음이 추호의 의심이 없기 때문에 대성인을 이루었다(「誠敬信」)고 하였다. 여기에서 하늘-사람-땅을 하나로 끌어안는 큰 포용을 만나게 된다. 원융회통圓融會通이라 하겠다. 셋을 안에 갖춘 사람이 바로 수운이고, 그렇기 때문에 성인이라 할 수 있다는 주장이다. 셋 가운데 둘이나 하나만으로는 성인에 이를 수 없으며 이상적 인간이 될 수 없다. 달리 말하면 천주에게 정성을 다하는 것만으로, 인간을 천주로 공경하는 것만으로는 부족하다. 물론 천주에 대한 믿음만으로도 부족함은 말할 것도 없다. 성경신 모두의 조화를 통해서만 완성에 이를 수 있다는 것이 동학적 사고이다. 성경신을 함께 이야기하는 이유도 여기에 있다. 여기에서 동학의 종합적 통일성이 분명하게 나타난다.

'얼-마음-몸'이 원만하게 조화될 때 나타나는 것이 성인의 경지이며 동학의 신인간이다. 삼경은 신인간 탄생을 위한 구체적 행위 지침이다. 수운이 하늘의 길을 열었다면, 해월은 인간의 길을 열었다고 할 수 있다. 다시 말하여, 수운이 우주의 진리를 열어 보였다면, 해월은 그 진리를 구체적 생활에 어떻게 구현할 것인가에 집중했다. 성경신은 인간의 얼-마음-몸을 완전하게 하기 위한 행위 준칙이며 도덕 이상이라 하겠다.

제3절 생활의 길: 삼경三敬

공경은 생활의 길이다. 생활 속에서 도를 구현함이다. 해월만큼 생활의 길을 명확하게 제시한 철학가와 도인 또한 드물다. 해월에 의하면 "사람은 한울님을 떠날 수 없고 한울님은 사람을 떠날 수 없나니,

그러므로 사람의 한 호흡, 한 동정, 한 의식도 서로 화하는 기틀이니, 잠깐이라도 떨어지지 못한다."[2](「天地父母」). 해월의 주된 관심은 천주나 사람에 있는 것이 아니라 '둘이면서 하나'인 그 관계에 있다. 해월에 의하면 인간은 숨쉬고, 활동하고, 입고 먹는 그 모든 것들 속에 천주가 들어와 있다. 그러한 사실을 자각하는 것이 천주의 이치에 따르는 삶이며, 인간 본성에 따르는 삶이라 할 수 있다. 해월은 또한, 천주를 아는 것은 다른 데 있는 것이 아니라 "밥 한 그릇을 먹는 데 있다"(「天地父母」)고 하였고, "부모를 모시는 것처럼 천지를 모시는 삶"(「天地父母」)이 천주를 모시는 생활이라고 하였다. 공자는 '신체발부수지부모身體髮膚受之父母'의 부모에 대한 효도만 말하였지, 그러한 인간이 숨쉬고 활동할 수 있도록 하여 주는 천주에 대한 효도는 수운이 밝힌 도라는 것이다. 해월에게서 도는 생활을 떠날 수 없다. 해월이 공경을 중시한 이유도 여기에 있다. 공경은 일상생활을 통하여 누구나 실행할 수 있는 수도이며 수행이기 때문이다. 일상생활을 어떻게 하여야 하는가? 해월은 삼경을 통해서 세 가지 차원에서의 일상생활을 말하고 있다.

1. 영성적 자아: 경천敬天

경천은 영성 본위의 생활이다. 영성은 인간의 본성이며 하늘의 명

---

2 "人不離天이요 天不離人이니 故로 人之一呼吸 一動一靜 一衣食도 是相與之機也니라.", "天人相與之機는 須臾不可離也니라."
『天道敎百年略史』, 296쪽. "人之呼吸 動靜 屈伸 衣食이 皆是天主造化之力이니 天人相與之機는 須臾不可離也니라"

령이다. 모든 것이 변하는 법이지만 변치 않는 것이 영성이다. 영성은 태어난 적도 없고 존재한 적도 없으며 사라진 적도 없다. 모든 것이 이로 말미암은 것이기 때문에 우주의 중심이며 존재의 본질이다. "한울님 공경의 원리를 모르는 사람은 진리를 사랑할 줄 모르는 사람"(「三敬」)이라고 하는 이유가 여기에 있다. 천주를 공경하는 것은 진리를 공경하는 것이며 존재의 중심을 잡는 것이다. "경천은 곧 진리인 실체에 대한 인식이며 동시에 그것의 실천"인 것이다.[3] 존재의 중심은 다름아닌 천주이다. 천주를 공경하는 것은 모든 존재가 천주로부터 나왔기 때문에 여기에 대하여 감사를 드리는 일이다. 해월은 수운의 도는 바로 경천에 있다고 하였다. 동학의 도는 다른 곳에 있는 것이 아니라 천주를 지극히 정성 드려 공경하는 것이다. 동학의 도가 효도에 있다고 해월이 말하는 이유도 여기에 있다. 천주는 모든 물질적 · 정신적 존재를 낳은 분이기 때문에 그분에게 감사의 마음을 가지고 공경을 다하는 것을 최초로 밝힌 분이 바로 수운이라는 주장이다. 해월에 의하면, 공자는 몸을 낳아 주신 부모님께 대한 효를 이야기했지만 수운은 몸과 마음을 포함하는 우주 만물을 낳아 주신 부모님인 천주에 대한 효를 이야기했다는 것이다.

효도가 동학의 도라고 할 때 중요한 것은 효도의 대상이다. 효도의 대상은 육신의 부모님이기도 하지만, 또한 물질적-정신적-영적 우주 만물의 부모님이다. 그러한 천지의 부모님이 어디에 계시는가? 해월은, 그러한 천주는 '허공의 창공에 있는 것이 아니라 내 마음 안에 있다' 고 하였다. 그러므로 '내 마음을 공경치 않는 것이 한울님을 공경

3 최민자, 「우주진화적 측면에서 본 해월의 '삼경' 사상」, 『동학학보』제4집(2002), 284쪽.

치 않는 것'이라고 하였다. 천주는 우리의 공경 대상으로 존재하는 것이 아니라 마음의 주인인 것이다. 경천은 다름아닌 마음의 주인을 공경하는 것이지 어떤 대상을 설정하여 숭배하는 것이 아니다. 동학의 효도는 궁극적으로 자신 안의 본성, 영성, 한얼을 공경하는 것이다. 그러므로 수운은 동학의 도는 '내가 참 나가 된 것 이외에 다름이 아니다我爲我而非他'고 하였으며, 해월은 제단을 향하여 차리던 제사상을 자신을 향하여 돌려 놓는 '향아설위向我設位'를 행하였으며, 의암은 동학은 '자심자배自心自拜'의 종교라 하였다. 그리고 해월은 마음의 주인이자 근원인 천주를 공경함으로써 어떤 효과가 있는가를 설명한다.

첫째, 경천은 자기의 영원한 생명을 깨닫게 된다는 점을 지적한다. 천주는 다름아닌 자신의 영원한 생명이다. 천주는 자신의 영원한 생명이요 본성이자 주인이다. 경천의 첫째 결과가 바로 자신이 영원한 존재이며, 생명의 원천이며, 마음이 태어난 자리性라는 사실에 대한 자각이다. 경천은 창공의 어떤 절대자를 숭배하는 것이 아니라, 이처럼 자신 안에 영원한 생명이 깃들어 있다는 사실을 깨닫는 것이며 자신의 이와 같은 본성을 자각하는 것이다. 경천이야말로 유한한 인간이 무한한 영생을 누릴 수 있는 길인 것이다. 해월의 설명에 의하면, 경천은 하늘에 제사를 지내는 것이 아니라 마음의 본래자리에게 제사를 드리는 것이다.

해월은 동학혁명의 꿈이 일본에 의하여 좌절된 후 1897년 4월 5일 창도기념일을 맞이하여 경기도 이천군, 현재는 설성면 수산1리에서 "향아설위向我設位는 직접 신인합일神人合一의 이치를 표시하는 것이며 천지만물天地萬物이 내 몸에 갖추어 있는 이치를 밝힘이니라"하고 스스로 향아설위를 행한다.[4] 향아설위는 경천사상의 구체화이다. 이 점은 동학의 경천사상은 일반적인 종교적 숭배와 다르다는 사실을 가장 명확하게 제시해 준다. 이러한 시각에서 본다면 모든 대상의 숭배는 우상을 숭배하는 것이다. 동학의 경천사상은 하늘에 제사를 지내는 것이 아니라 마음이 태어난 고향이자 생명의 원천이며 우주법에 제를 지내는 것이다. 수운은 영생을 찾아 헤매던 진시황과 한무제도 찾지 못한 불사약을 자신이 찾았다고 자부하였다.[5](「안심가」).

둘째, 경천함으로써 인오동포人吾同胞와 물오동포物吾同胞의 이치를 완전히 깨닫는다고 하였다. 천주를 공경하게 되면 어찌하여 모든 사람들과 사물들이 하나의 동포임을 깨닫는가? 모든 우주 만물은 그 생명의 원동력을 천주로부터 받기 때문에 하나의 연결된 전체이다. 물질도 마음도 모두 그곳으로부터 태어났으며, 만물 안에는 하늘의 맥박이 쉬지 않고 고동치고 있다. 따라서 경천하게 되면 자연스럽게 생명의 바다에 닿게 되고, 그 힘이 우주 전체에 미치고, 자연 만물의 가장 깊숙한 곳에서 흐른다는 사실을 알게 된다는 것이다. 해월은 동학에 입도한 후 감시의 눈을 피하여 전국을 떠돌면서 동학의 도를 인민의 생활에 뿌리내리는 일에 전념하였다. 그는 가는 곳마다 수많은 일화를 남겼다.

해월은 어디를 가든지 잠시도 쉬는 적이 없었다고 한다. 그리하여 짚신을 삼거나 멍석을 짜거나 손을 놀리지 않았다고 한다. 노끈을 다

4 李敦化, 『天道敎創建史』, 景仁文化社, 1970(影印本), 第二編, 77쪽; 天道敎中央總部, 『天道敎百年略史』上, 未來文化社, 1981, 299쪽.

5 「안심가」, "만승천자 진시황도 여산에 누워 있고 한무제 승로반도 웃음바탕 되었더라 좋을시고 좋을시고 이내신명 좋을시고 영세무궁 하단말가 좋을시고 좋을시고 금을 준들 바꿀소냐 은을 준들 바꿀소냐 진시황 한무제가 무엇없어 죽었는고 내가 그때 났었더면 불사약을 손에 들고 조롱만상 하올 것을 늦게 나니 한이로다 좋을시고 좋을시고 이내신명 좋을시고"

꼬아서 할 일이 없으면 꼬았던 노끈을 풀어서 다시 꼬았다고 한다. 제자들이 쉬기를 권하면 해월은 "한울님도 쉬지 않는데 사람이 한울님이 주는 녹祿을 먹으면서 부지런하지 않는 것은 한울님의 뜻을 어기는 것이니라"[6]라고 대답했다고 한다. 사람만 한울님을 모시고 사는 것이 아니라 "천지만물이 다 한울님을 모시지 않은 것이 없느니라. 저 새소리도 또한 시천주의 소리니라"[7](「靈符呪文」)라는 해월의 말에서 동물계까지 하나의 동포로 끌어안고 있음을 본다. 해월은 「내수도문」에서 '나무라도 생순을 꺾지 말며' 라고 하여 식물까지 한울님으로 공경하는 자세를 보여 준다. 이와 같은 일화들을 통하여 우리는 물오동포와 인오동포를 그대로 실행한 삶의 원형을 본다. 이러한 삶에서는 모든 존재들의 관계가 천주와 천주의 관계로밖에 보이지 않는다. 이천식천以天食天은 이러한 마음의 경지에서 나온 개념이다. "내 항상 말할 때에 물마다 한울이요 일마다 한울이라 하였나니, 만약 이 이치를 옳다고 인정한다면 모든 물건이 다 한울로써 한울을 먹는 것 아님이 없을지니"[8] 우주 만물이 하나의 가족 이외에 다름아니다.

셋째, "경천함으로써 남을 위하여 희생하는 마음과 세상을 위하여

6 『天道敎百年略史』, 150쪽.

7 "吾人之化生 侍天靈氣而化生 吾人之生活 亦 侍天靈氣而生活 何必斯人也 獨謂侍天主 '天地萬物皆莫非侍天主也 彼鳥聲亦是侍天主之聲也'"; 『天道敎百年略史』, 156쪽.

8 『天道敎百年略史』, 129쪽. "以天食天은 天地의 大法이라 모든 물건이 또한 나의 同胞이며 모든 물건이 또한 한울의 표현이니 물건을 공경함은 한울을 공경함이며 한울을 향하는 것이니 天地神明이 물건과 더불어 推移하는지라 제군은 物을 食함을 天을 食하는 줄로 알며 人이 來함을 天이 來하는 줄로 알라."
『天道敎百年略史』, 151쪽. "대개 天地는 鬼神이며 鬼神 亦是 造化니라. 그러나 그것은 唯一한 至氣로 생긴 것이며 萬物이 또한 至氣의 所使이니 이렇게 보면 하필 사람뿐이 天主를 모셨으랴. 天地萬物이 侍天主 아님이 없나니 그러므로 사람이 다른 물건을 먹음은 이는 곧 以天食天이니라. 그러나 제군은 한 生物이라도 無故히 害하지 말라. 이는 天主를 傷함이니 大慈大悲하여 造化의 길에 순응하라."

의무를 다할 마음이 생기게"(「三敬」) 된다고 하였다. 희생과 봉사는 마음의 가장 아름다운 모습이다. 우주 만물의 심연에 흐르는 사랑의 바다에 침몰하고 보면 모두가 사랑하는 형제 자매 이외에 다름아니다. 그러므로, 남을 위하여 희생하거나 다른 존재의 행복을 위한 봉사의 마음은 자연스럽게 드러날 수밖에 없다. 자신을 버리고 남을 위하는 마음인 희생과 봉사에는 크나큰 고통을 수반한다. 왜냐하면 존재의 기초라고 할 수 있는 자아를 포기하는 아픔이 따르기 때문이다. 그러나 자아의 포기가 가져오는 아픔보다는 진정한 자아인 천주께 다가가는 즐거움이 더 크기 때문에, 우리는 자신을 희생하여 남에게 봉사할 수 있는 것이다. 만약 그렇지 아니하고 자아를 희생하는 아픔만 있다면 어찌 그 아픔을 감내할 수 있겠는가?

자신의 진정한 생명은 영원하며 무한하다는 사실을 자각하고 온 우주 만물이 하나의 동포라는 사실을 아는 인간에게는 희생과 봉사는 자연스러운 열매이다. 이들은 모든 것을 베풀었으나 무엇 하나 준 것이 있다는 마음이 없으며, 이들은 모든 것을 희생했으나 무엇 하나 버린 것이 있다는 생각이 없다. 이것이 천주의 마음이다. 그러므로 경천은 베풀어도 베푼 줄 모르며, 희생했어도 희생한 줄 모른다. 경천을 하게 되면 이러한 천주의 마음이 내 마음에서 점점 더 커져 마침내 하늘마음이 나의 작은 마음을 덮어 버린다. 하늘마음이 나의 마음을 덮어 버리는 것은 고통의 길이 아니라 기쁨의 길이다. 또한 세상에 대하여 권리를 주장하는 것이 아니라 봉사의 의무를 느끼게 된다. 그러나 세상에 대한 의무가 고통스럽게 느껴진다면 아직 경천이 부족한 것이라 하겠다.

2. 휴머니즘: 경인敬人

영성이 마음 중심에 자리잡은 사람은 사람을 천주로 본다. 천주에 의하여 마음을 정복당한 사람은 다른 사람을 사람으로 보는 것이 아니라 천주로 보게 된다. 해월은 "경천敬天만 있고 경인敬人이 없으면 이는 농사의 이치는 알되 실지로 종자를 땅에 뿌리지 않는 행위와 같다"(「三敬」)고 하여 도인은 사람을 천주로 섬김으로써 이치를 제대로 실행하게 된다고 한다. 그러므로 해월은 수행하는 사람의 집에 사람이 오면 사람이 왔다고 이르지 말고 '한울님이 강림하였다' 라고 말하라 하였다. 경천은 창공을 숭배하는 것이 아니라 눈앞에서 전개되는 현실 속의 사람을 공경하는 것임을 명확하게 한다. 이는 서구 근대 휴머니즘이 찾아낸 위대한 발견이다. 경인敬人은 19세기 말 한국인이 찾아낸 휴머니즘이다. 인간은 어떠한 경우에도 수단으로 이용될 수 없으며, 모든 사상과 제도의 밑바탕은 인간 존중에서부터 출발해야 한다는 관념은 동학에 이르러 시작되었다. 해월이 전근대적 전통 신 관념을 비판할 수 있었던 것은 이러한 경천과 경인의 이치를 파악했기 때문이라 하겠다.

해월은 "사람을 공경치 아니하고 귀신을 공경하여 무슨 실효가 있겠느냐"(「三敬」)라고 하여 동학은 전통적 종교 신앙을 비판한다. 수운은 나와 동떨어진 귀신이라는 존재를 인정하지 않았다. 동학을 창도한 수운은 "귀신이라는 것도 나니라"[9](「論學文」)라는 말을 천주로부터 분명하게 들었다고 하였다. 귀신을 따로 세워 공경하는 것은 무지의

9 "鬼神者吾也"

소산일 뿐이다. 이 점은 수운의 「도덕가」에서도 명확하게 나타난다. "천지 역시 귀신이오 귀신 역시 음양인줄 이같이 몰랐으니 경전 살펴 무엇하며 도와 덕을 몰랐으니 현인군자 어찌 알리. 금세는 이러하나 자고 성인 하신 말씀 대인은 여천지합기덕 여일월합기명 여귀신합기 길흉이라"(「도덕가」). 천주가 하늘에 있을 때는 천지라 하고, 사람에 나타날 때는 귀신이라 하고, 땅에 이를 때는 음양이라 하니 천주가 우주 만물을 관통한다. 달리 말하면 같은 천주를 두고 하늘에서 작용할 때 천지라 하였고, 사람에게 작용할 때 귀신이라 하였고, 자연 사물에 작용할 때 음양이라 불렀다는 것이다. 그러므로 사람을 떠나 따로 귀신을 세워 숭배하는 것은 오직 이러한 사실을 모르는 사람들의 짓거리에 불과한 것이라는 것이다. 이러한 사실도 모르고 아무리 경전을 외운들 무슨 발전이 있겠느냐라고 수운은 당시대 유학자들을 비판한다. 중요한 것은 인간 안에 천주와 자연의 이치가 그대로 들어와 있다는 사실을 아는 것이다.

그러므로 해월은 주역의 말을 빌어 대인大人에게 천지와 일월 그리고 귀신을 하나로 통한 존재라고 말한다. 수운의 비판은 당시대의 유학자들을 겨냥하는 것이면서 동시에 서학을 비판하는 것이다. 인간이 이미 천지 · 일월 · 귀신과 다르지 않음에도 불구하고 헛되이 귀신을 공경하는 것은 어리석음의 극치일 뿐이라는 것이다. 동학을 네오휴머니즘이라고 하는 이유는 이처럼 천지를 모시고 자연에 통한 새로운 인격을 찾아냈기 때문이다.

해월은 죽은 귀신을 섬기는 것을 '죽은 부모는 공경하되 산 부모는 천대하는 것'과 똑같다고 비판한다.(「三敬」). 동학은, 잘 알지도 못하는 생전의 인연이나 사후의 천국에 대한 허황된 이야기로 신앙을 끌어내려고 하는 것이 아니라, 눈앞에 전개되고 있는 생명의 실상을 직시할 것을 요청한다. 해월의 비판은 중세적 가치 전도를 누구보다도 명확하게 지적해 낸 것이다. 뿐만 아니라, 형식만 있고 내용이 없던 조선의 주자학에 대한 비판이기도 하다.

동학에는 신을 숭배 대상으로 설정하여 신앙하는 중세적 신관이 없다. 신을 밖으로 따로 떼어 숭배하는 것이 아니라 있는 존재 안에 모셔져 있는 신을 섬기는 것이다. 해월의 표현대로 한다면, 서구의 휴머니즘인 '죽은 부모를 공경하는' 시대를 끝내고 살아 있는 인간을 공경하는 시대를 열었다. 그러나 휴머니즘은 '산 부모를 공경하는' 시대를 열지는 못했다. 달리 말하면 휴머니즘은 자신의 존엄성은 발견했으나 모든 인간은 부모로부터 생명을 받았다는 사실을 인식하지 못했다. 생명의 원천이나 본성에 대한 관념이 없다는 말이다. 즉, 인간의 내면에 천지 · 일월 · 귀신이 통일되어 있음을 인식하지 못했다. 휴머니즘은 인간의 육신과 마음만 보려고 했지 영혼은 간과했다. 휴머니즘에는 '하늘로서의 사람'이 없다. 이것이 휴머니즘의 한계이며 인간중심주의의 문제이다. 서구 휴머니즘과 경인은 이 점에서 갈라진다. 경인의 휴머니즘은 모든 인간을 천주로 공경하는 것이다. 실제로 모든 인간을 천주로 대하는 것이다.

동학을 이론 체계로만 보는 것은 잘못이다. 동학은 인간의 현실적 갈증을 해결하려는 실천철학이다. 해월은 "사람을 버리고 한울을 공경한다는 것은 물을 버리고 해갈을 구하는 자와 같다"(「三敬」)고 하였다. 목마름을 해결하기 위해서는 직접 물을 마셔야 한다. 물에 대하여 아무리 많은 지식을 축적하더라도 직접 물을 마시지 않아 목말라 죽는다면 소중하게 쌓아 온 모든 지식들이 아무런 쓸모가 없게 된다. 경천이 반드시 경인을 통하여 실행되어야 하는 이유가 여기에 있다. 동학을 하나의 교리로 정리하거나 신앙으로 체계화하려는 노력은 생명의 본성을 박제화하려는 것과도 같다. 물론 교리화나 체계화가 생명을 갉아먹는 것은 아니다. 중요한 것은 생명철학으로서의 동학의 특성이 뒤바뀌지 말아야 한다는 사실이다. 경인은 살아 계신 부모님께 효도하는 수행 실천의 길이지, 무엇이 효도인지를 정의하기 위한 학문적 탐구의 길과는 다르다. 동학은 육신으로 살아 계신 부모님께 효도하는 것만으로 효를 끝내는 공자의 길과는 달리 우리의 몸과 마음 안에 얼로서 살아 계신 참부모님께 효도하는 길이라 하겠다.

3. 생태계 존중: 경물敬物

동학이 한국적 근대인의 상을 형성했고 나아가 한국적 근대성의 장을 열었다는 점에는 이견이 없다. 그러나 좀더 자세하게 분석해 본다면, 서구 모더니티의 핵심인 휴머니즘과 수운이 창시한 휴머니즘과는 뚜렷한 차이점이 있다. 그 차이는 휴머니즘과 네오휴머니즘의 차이로 볼 수 있다. 네오휴머니즘의 분명한 의미는 경인에서도 나타나지만, 보다 뚜렷하게 나타나는 것은 역시 경물敬物 개념에서이다. 동학의 경인은 인간을 천주로 보는 데서 잘 나타난다고 말한 바 있다. 휴머니즘이 인간 본성을 이성으로 본다면, 동학의 네오휴머니즘은 인간 본성을 천주로 본다는 데서 다르다. 자연관을 보면 휴머니즘과 네오휴머니즘의 차이는 보다 분명해진다. 동학은 자연 생태계도 천주의 표현으로 존중한다. 자연 생태계를 천주의 표현으로 보는 경물사상은 서구 모더니티 사상에서는 찾을 수 없는 점이다.

해월의 사상은 경물에 이르러 극치에 이른다. 해월은 "사람은 사람을 공경恭敬함으로써 도덕道德의 극치極致가 되지 못하고, 나아가 물物을 공경恭敬함에까지 이르러야 천지기화天地氣化의 덕德에 합일合一될 수 있나니라"[10](「三敬」)라고 하여 동학의 독창성을 분명히 하고 있다. 모더니티 휴머니즘이 발견한 인간은 하늘로부터 단절되고 물物을 정복하는 인간인 반면, 동학의 네오휴머니즘이 찾아낸 인간은 영성을 본위로 하며 만물의 보편적 통일성을 실현시키는 생명의 길이라 할 수 있다. 동학의 네오휴머니즘에서는 무생명으로 간주되는 자연 사물까지도 천주로 공경하고 있다.

해월은 1872년 1월 5일에 49일간의 기도를 마친 뒤 '대인접물對人接物'이라고 하는 제목의 법설을 한다. 당시는 1871년 영해에서의 변란으로 인하여 조정으로부터 일대 탄압을 받아 동학이 위기에 처했던 때였다. 이 때 해월은 소백산의 깊은 골짜기에서 "사람을 대하는 곳에서 세상을 기화氣化할 수 있고, 물건을 접하는 곳에서 천지 자연의 이치를 깨달을 수 있으므로 도를 구하는 자는 이 두 가지 길에 충실하여야 할 것"[11]이라고 하였다. 세상으로부터 온갖 억압을 받으면서도 해월은 동학의 도는 세상 속에 있음을 분명히 밝히고 있다. 동학은 사람과 자연 사물을 떠난 곳에 있는 것이 아니라 경인하여 세상을 하나의 가족으로 만들고, 경물하여 천지 자연의 이치를 깨닫는 데 있다는 사실을 명확히 한다. 동학의 길은 자연 생태계에 반하는 길이 아니라 자연 생태계의 질서와 법칙을 터득하여 깨닫는 데 있다고 할 수 있다. 인간의 이기적 욕망에 따라서 자연 생태계를 이용하는 것이 아니라,

10 『天道敎創建史』第二編, 78쪽.
11 『天道敎百年略史』, 128쪽.

자연 생태계의 도를 깨달아 그에 거스르지 않는 삶을 사는 것이다. 동학을 생명의 길이라고 하는 이유가 여기에 있다. 휴머니즘이 인간만의 이익을 위한 길이라면, 네오휴머니즘은 자연 생태계를 포함한 모든 존재의 이로움을 위한 길이라 하겠다.

경인敬人이 인간을 숭배하는 것이 아니듯이, 경물敬物도 물질을 숭배하는 것이 아니다. 경물은 자연 생태계를 하늘의 모습으로 공경하는 것이다. 자연 생태계와 인간을 하나의 동포物吾同胞라고 하는 이유가 여기에 있다. 인간과 자연은 엄격하게 구분되지만, 해월이 동포라고 하는 이유는 다른 곳에 있는 것이 아니라 인간과 자연의 가장 깊은 내면에는 천주의 우주 법칙으로 내재하고 있기 때문이다. 모든 물질은 우주법을 거슬려서 존재할 수 없으며, 모든 존재하는 것은 엄격한 우주 법칙에 따라서 움직이고 있다. 그러므로 모든 존재의 가장 깊은 내면에는 천주의 이치가 그대로 관통하고 있는 것이다. 인간은 말할 것도 없다. 경물은 우주 법칙 또는 천주의 이치를 존중하고 공경하는 삶의 자세이다.

해월은 인간과 자연 생태계의 관계는 연대의 관계라고 말한다. 연대의 관계는 네트워크이다. 인간 존재는 홀로 존재하는 것이 아니라 자연 생태계와 복잡한 네트워크 속에 존재한다. 네트워크에는 보이는 네크워크와 보이지 않는 네트워크가 있다. 물질적 · 정신적 네트워크는 보고 느낄 수 있는 관계이지만, 영적 네트워크는 볼 수 없고 느낄 수 없는 존재의 그물망이다. 인간은 이러한 네트워크를 떠나서 홀로 존재할 수 있는 존재가 아니기 때문에 자연 생태계를 공경하지 않을 수 없다. 고립된 독자적 자아로서 인간을 생각할 수 없다. 인간은 자연 생태계와 보이는 관계와 보이지 않는 관계망 속에 존재한다.

경물은 동학의 독창성을 잘 보여 주는 개념이다. 서구 모더니티의 주류 사상에서 이러한 관념을 찾아보기는 어렵다. 모더니티 관념에서 본다면 자연 사물은 인간에 의하여 인식되고, 이용되고, 통제되고, 관리되고, 착취되는 대상에 불과하다. "마르크시즘과 기독교 그리고 자유주의뿐만 아니라 서구사상사의 주류에 의하여 가속화된 현대 산업사회와 획득적 문명의 동력이자 골격인 기술론적 사고는 반드시 공리주의적이며, 도구적이며, 착취적이며 조작적이다"[12]라고 할 수 있다. 자연 생태계를 인간의 연대적 동반자로 인식하기 시작한 것은 산업화에 의한 생태계 파괴가 인간 생명을 직접적으로 위협하고 있는 현대 생태학자들에 의해서이다. 그러나 이들 생태학자들이 말하는 자연 생태계도 해월의 경물 관념과는 다른 점이 있다. 경물은 자연 생태계를 단순히 물질 대상으로 간주하는 것이 아니라, 인간 생명이 그곳에서 태어났고, 그곳에서 존재하다가, 그곳에서 사라지는 근본 바탕으로 보고 있다. 자연 생태계를 공경하는 것은 자연 생태계가 생명의 고향이기 때문이다.

생태학자들 중 일부 근본주의자들은 자연 생태계를 생명의 원천으로 간주하고는 있으나, 자연 생태계와 인간의 보이지 않는 관계에 대해서는 이해가 깊지 않다. 생태학자들은 인간과 자연간의 외면적 연대-순환 관계를 연구 대상으로 하고 있지만, 그 내면에서 작용하는

12 "Technological thinking which is the driving force and backbone of modern industrial and acquisitive civilization spurred by the mainstream of Western thought-not the least by Marxism, Christianity and liberalism-is necessarily utilitarian, instrumental, exploitative, and manipulative." Hwa Yol Jung, *The Crisis of Political Understanding -A Phenomenological Perspective in the Conduct of Political Inquiry*, Pittsburgh: Duquesne University Press, 1979, 54쪽.

영성적 맥락 또는 혼원일기적渾元一氣的 연대 관계에 대한 연구에는 이르지 못하고 있다. 즉, 보이지 않는 관계망에 대한 이해에는 미치지 못하고 있다. 보이는 세계와 보이지 않는 세계의 관계에 대해서는 수운의 불연기연에 가장 잘 나타난다. 불연기연不然其然 논리에 의하면, 보이는 세계의 심연에는 보이지 않는 세계가 기본 바탕으로 깔려 있다는 점이다.

해월은 인간과 자연 생태계 사이의 관계망을 물 속의 고기에 비유하였다. "사람은 능히 양수陽水는 보고 음수陰水는 보지 못하느니라. 사람이 음수 속에서 사는 것이 고기가 양수 속에서 사는 것과 같느니라. 사람은 음수를 보지 못하고 고기는 양수를 보지 못하느니라."[13](「천지이기」). 사람이 음수 안에서 살면서 이를 보지 못하는 것은, 경험적 · 감각적 지성으로는 알 수 없고 초의식과 직관을 통하여만 볼 수 있을 뿐이기 때문이다. 그러므로 해월은 "크게 깨달아서 확실히 통한 연후라야 현묘한 이치를 능히 알 수가 있다"[14](「천지이기」)고 말하였다. 수운의 불연기연 논리로 본다면 불연은 기연을 근본적으로 규정하는 힘 또는 원인이다. 곧 생명의 바다이며 그 안에서 수많은 생명체들이 살아가고 있다. 그러나 기연其然의 한정된 시각으로는 이러한 불연의 바다를 볼 수 없다. 눈을 뜰 때 우리 앞에 펼쳐지는 것은 아득하게 펼쳐진 무한한 지평선과 무한히 출렁거리는 파도뿐이다. 자신까지도 불연에 녹아 버려 존재하는 것은 오직 무한바다뿐이다. 한 선승이 참선을 하다가 깨어나서도 '나'를 좀 찾아달라고 통사정을 하더라는 이야기

---

13 "人能見陽水하고 不能見陰水也니라 人之在於陰水中이 如魚之在於陽水中也니라. 人不見陰水하고 魚不見陽水也니라."

14 "確徹大悟 然後에 能睹此玄妙之理也니라."

도 실상은 '내'가 사라진 것이 아니라 내가 곧 우주가 되어 버린 것이다. 천주 체험 이후 수운은 아마도 기연이라고 하는 보이는 세계 안에 숨쉬고 있는 것은 무한한 불연이라는 사실을 깨달았던 것 같다. 즉, 만물 안에서 약동하는 무궁한 기운을 보았던 것이다. 그러므로 수운은 「홍비가」에서 "무궁한 그 이치를 불연기연 살펴내니 … 무궁한 이 울 속에 무궁한 내 아닌가"(「홍비가」)라고 노래하였다. 우주도 무한하고 그 안에 존재하는 나도 또한 무한함을 노래한 것이다.

인간과 자연은 한 알의 씨앗에서 나온 두 개의 떡잎이다. 두 개의 떡잎은 다르지만 그 뿌리는 하나다. 경물은 이 점을 강조한다. 그리하여 자연 생태계를 깊이 들여다볼 때 그곳에서 우리는 내 안에 흐르는 우주 생명의 고동을 느끼게 된다. 자연 생태계의 가장 깊은 곳에서 우리는 내 안의 가장 깊은 곳에 존재하는 천주를 만나게 되는 것이다. 이 때 우리 마음은 우주 한마음天主이 되고, 우주 한기운渾元一氣을 느낀다. 이러할 때 자연 생태계를 공경하고 존중하지 않을 수 있겠는가? 그러므로 경물에 이르러 인간은 완전함에 이른다. 즉 전인적 인격이 되는 것이다. 인간과 자연 안에서 숨쉬고 있는 생명의 원천을 살리는 길이 동학이다. 그러므로 해월은 동학은 사람을 살리는 도라고 말한다. "서양의 무기는 세상 사람이 견주어 대적할 자 없다고 하나 무기는 사람 죽이는 기계를 말하는 것이요, 도덕은 사람 살리는 기틀을 말하는 것"(「吾道之運」)이라고 하였다. 경물은 자연사 생태계에서도 우주의 한생명을 느끼는 생활 양식이다. 경물은 중세나 근대처럼 신이나 자연을 숭배 대상으로 간주하는 것이 아니라 자연 생태계를 벗으로 공경한다. 자연 생태계를 물질적 대상으로 보는 한 경물의 마음은 일어날 수 없으며, 인류는 자신의 생명도 보존할 수 없을 것이다.

인간이 안으로 천주와 끊을 수 없는 관계에 있듯이, 밖으로도 자연 생태계와 불가분리의 관계망 속에 있다는 사실을 알 때 생명을 보존하고 진보시킬 수 있을 것이다. 또한 자연 생태계와의 관계는 보이는 관계뿐만 아니라 보이지 않는 관계망이라는 사실을 자각할 때 인간은 도덕의 극치에 이르렀다고 할 수 있겠다.

제4절 맺음말: 네오휴머니즘

모더니티 휴머니즘은 인간을 찾아내었다. 그러나 그 대가로 인간은 가장 소중한 두 가지 보배를 잃어버렸다. 하나는 모든 존재의 가장 깊은 내면에 존재하는 가장 신성한 존재인 영성이고, 다른 하나는 존재를 둘러싸고 있는 가장 절친한 벗인 천지 자연이다. 동학에서 우리는 모더니티 휴머니즘이 잃어버린 이 두 벗을 다시 만나게 된다. 두 벗을 다시 찾은 인간을 만나게 되는 것이다. 네오휴머니즘은 자기 안의 영성을 모시며 자기 밖의 천지 자연을 안고 있는 신인간을 그리고 있다. 두 벗을 잃어버리지 않고 안고 있는 신인간을 찾아낸 사람은 수운이고, 이 땅에 그 뿌리를 내리려고 했던 사람은 해월이다. 그러한 인간의 생생한 생활 모습을 그려 낸 것이 삼경三敬이다. 해월은 이상적 인간을 상상 속에 그리는 것으로 만족한 것이 아니라 현실 생활 속에서 구현하려고 하였다. 해월은 삼경을 도덕윤리에 국한시키는 것이 아니라 생활 방식으로 뿌리내린다. 삼경의 생활 방식은 현대인이 처한 위기를 해결하는 데 몇 가지 시사점을 준다.

첫째, 네오휴머니즘은 모더니티 인간이 잃어버린 자아의 본성을 찾은 인간이 중심이 된다. 의식적 자아의 깊은 내면에 초의식적 본성이 자리하고 있음을 깨달아 그곳에 중심을 두는 인간이 신인간이다. 즉, 하늘을 모신 인간이다. 또는 하늘인간이다. 근대가 자아를 찾은 근대인에 의하여 성립되었듯이, 앞으로 전개될 21세기 신문명은 신인간에 의하여 창도되어야 할 것이다. 수운이 '동학이 후천 오만년의 운'이라고 한 의미는 바로 영성 중심적 인간에 의하여 창시될 새로운 시대를 말하는 것으로 보아야 할 것이다. 해월이 인간과 우주의 구조적 변혁을 의미하는 후천개벽도 다름아닌 영성이 중심에 선 신인간의 탄생에 의하여 이루어지는 것으로 보아야 할 것이다.

둘째, 네오휴머니즘은 모더니티 인간이 정복해 버린 천지 자연을 친한 벗으로 다시 찾는다. 자연 생태계는 인간과 떨어질 수 없는 한 기운이다. 한없이 큰 하나의 울타리 안에 존재하기 때문에 한울이라 할 수도 있다. 자연 생태계 안에서 인간은 하늘의 고동 소리를 듣기에 그들이 우리와 다름없는 한 동포인 줄 안다. '나'는 우주 창조와 변화의 한가운데 있으면서 이 모든 일들이 곧 나의 일이다. 자연 생태계에서 일어나는 모든 변화들을 체감하며 공감한다. 인간이 만들어 낸 인위적 도그마와 철조망들이 사라지고 우주는 한가족이 된다. 그러므로 네오휴머니즘은 한사상이다. 세계가 한국이 되는 것이다. 현재의 역사적 상황에서 보면, 동학의 이상은 세계 국가이며 궁극적으로는 우주 만물과 조화하는 국가가 될 수 있다.

셋째, 두 가지 보배를 찾은 인간은 신인간이다. 신인간은 신인이며 우주인이다. 안으로는 영성의 보배를 간직하고, 밖으로는 우주를 벗으로 삼는다. 이러한 인간이 다른 인간과 함께 공동체를 형성하는 것은 너무나 자연스러운 일이다. 네오휴머니즘은 영성 중심의 사회와 우주 만물과 연대 관계에 있는 신사회를 지향한다. 이를 위해서는 영성 중심적 인간이 사회의 중심에 서야 할 것이다. 네오휴머니즘적 사회 건설은 동학의 접포조직에서 그 일단을 보여 주었으나, 제국주의적 모더니티 강권에 의하여 열매를 맺지 못하였으며 21세기 인류의 과제로 남겨 두었다.

네오휴머니즘은, 두 번에 걸친 세계 대전을 통하여 인간 사회를 파멸시키고 합리화와 산업화의 이름으로 인간성을 분열시키고 자연 생태계를 파괴한 모더니티에 대한 대답으로 제시되었다. 삼경三敬의 고찰을 통하여 파괴와 죽임의 문명에 대한 생명 살림의 문명의 모습을 대략적으로나마 살펴보았다. 동학이 현대사회에 주는 의미는 영성의 부활이며 자연 생태계의 관계 회복이다. 그 궁극적 목적은 물론 진정한 인간 사회의 건설에 있다.

제3부 도덕의 정치철학

제8장 유가와 동학이 보는 통치의 정당성*

제1절 머리말

어떤 권력도 적나라한 무력에만 의존하지 않는다. 심지어 적나라한 무력에 의존한 권력도 '힘이 정의다' 라는 자기 정당성을 주장한다. 그러므로 정당성으로부터 자유로운 권력은 없다고도 할 수 있다. 민주주의에서 통치의 정당성은 개인들의 결집된 의사로부터 온다. 민주주의 정권은 모든 개인들이 자유롭게 자신들의 의견을 표출하여 다수결에 따라서 통치의 정당성을 확보하게 된다. 모든 개인들이 자유롭게 자신의 의사를 표출하기 위해서는 사상의 자유, 표현의 자유, 집회 · 결사의 자유 등의 제반 정치적 권리가 보장되어야 한다. 통치 체

* 「유가와 동학이 보는 통치의 정당성」, 『동양정치사상사』, 제2권 2호(2003.9), 한국 · 동양 정치사상사학회.

제는 개인들의 공리성 · 합리성 · 윤리성 등에 의하여 그 정당성을 부여받았으며, 개인들은 어떤 외적 권위에도 구속되지 않는 절대권을 가진다고 하는 사유가 전제되어 있다. 생각하는 개체의 절대권은 데카르트라는 철학자에 의하여 제기되었다. 그는 신이라고 하는 존재보다 신을 의심하는 사람의 의식이 보다 분명하고 뚜렷하다고 보았으며, 물질과 다른 의식의 자율성 · 구성력 · 지향성에 주목하여 의식을 물질과 뚜렷하게 구분하였다. 근대 민주주의는 이처럼 존재의 근거를 자신에게서 찾는 철학적 성찰에 뿌리를 내리고 있으며, 자기 존재의 자기 정당성을 확보하여 민주주의적 절차를 만들어 내게 된다.

동양에서 통치의 정당성을 자신에게서 찾으려는 노력은 심학心學의 등장과 함께 한다고 보아도 좋을 것이다. 자기 존재의 정당성을 '천명天命' 이나 '천리天理' 또는 '도법자연道法自然' 과 같은 외적 절대자나 자연에서 구하는 것이 아니라, 자신의 마음에서부터 찾으려는 시도에서부터 나왔다고 할 수 있다. 자기 존재의 근거를 내적 성찰에 의하여 자신에게서 찾고자 하는 노력은 명明의 왕양명王陽明의 심학心學에서 찾을 수 있을 것이다. 그러나 양명학은 민주주의와 같은 사회 구성 원리로까지는 발전하지 않고 주로 인간학적인 논의로 내면화되면서, 동양은 민주주의라는 제도를 서양으로부터 수입에 의존할 수밖에 없게 되었다.

존재 근거를 자신의 성찰에서부터 찾았다는 점에서는 공통되지만, 데카르트가 찾은 사유하는 개체와 왕양명의 양지良知는 여러 가지 점에서 차이를 가진다. 가장 뚜렷한 차이는 아마도 마음의 자율성의 발전 방향일 것이다. 데카르트는 사유하는 인간을 개체에게 귀속시켜 실체성과 구체성의 토대를 마련한 반면, 왕양명은 양지를 개체에게 귀속시키기보다는 오히려 천리, 본성 등과 같은 지공무사至公無私에 귀속시켜 구체성보다는 내면성으로 발전하게 된다. 모우종산牟宗三의 표현으로 하면, 서구는 '외적 보편성'으로 발전시킨 반면, 동양은 '내적 보편성'으로 발전시키게 된다. 모우종산은 동양철학의 개념들은 관찰 가능한 외적 사물에 대한 경험 언어가 아니라 내적 의식 세계에 대한 경험 언어라고 말한다.[1] 진리도, 외적 사물의 관계 법칙을 찾는 외연적 보편성extensional truth과 의식이 일정 단계에 도달하였을 때 나타나는 내향적 진리intensional truth로 구분한다.[2] 데카르트의 생각하는 자아가 구체적 존재로 발전하여 정치 · 사회적 개인으로 발전하는 반면, 왕양명의 양지良知는 개체의 양지라기보다는 모든 인간들에게 공통된 일종의 추상적 공공성至公 같은 것으로 이해되었기 때문에, 서구 민주주의에서 보이는 공리적인 개체들 간의 계약, 갈등, 토론, 의결과 같은 절차를 발전시키지 못하게 된다.

19세기 말 조선에서도 존재의 근거를 자기에게서 찾는 사상적 각성이 일어났다. 보편적 이理나 본성性에 집착하여, 명이 망한 뒤 청이 중국을 통치할 때 조선의 성리학자들은 그와 같은 보편 문명을 조선에서 이룩할 수 있다고 생각하여 이른바 '소중화론'[3]을 제기한다. 이

---

1 牟宗三, 『中國哲學的特質』, 上海: 上海古籍出版社, 1997a.

2 牟宗三, 『中西哲學之會通十四講』, 上海: 上海古籍出版社, 1997b, 6쪽.

3 '소중화론'은 우암 송시열로부터 시작하여 이항로를 거쳐서 유인석에 이르러 체계화되었다고 할 수 있다. 유인석에게 있어서 소중화론은 위정척사사상의 중심을 이룬다. 유인석의 소중화론은 다음과 같이 정리될 수 있다. 첫째, 원래 지리적 · 환경적으로 좋은 여건을 갖추고 있던 중국이 요 · 순 이하 3대의 제왕과 공자 · 맹자 · 정자 · 주자의 성현에 힘입어 좋은 문화를 계승하여 훌륭한 중화문화의 맥을 이어오고 있었다. 둘째, 조선도 단군과 기자에 의해 일찍이 '화문화'의 기틀을 열었고, 그 후 성왕과 선정이 이를 계승하여 위로는 치교가 밝게 되고 아래로는 풍속이 아름답게 되어 갔다. 셋째, 그러나 중화의 맥을 이어오던 중국은 명나라 때 이적인 청에게 멸망한 후 조선은 비록 편소하

와 같은 보편론적 시각에 대하여 조선의 존재 근거를 조선에서 찾자는 노력이 실학자들에 의하여 제기되어 현실적 · 실천적 문제 제기를 하게 된다. 그러나 실학자들의 논쟁은 성리학에 대한 대항Anti 성격을 가졌을 뿐 자기 존재의 자기 정당화의 철학은 동학에 이르러 비로소 제기된다.

동학을 창시한 수운 최제우는 1860년 4월 5일 영적 체험을 하는데, 이 때 하늘로부터 "내 마음이 네 마음이다吾心卽汝心"(「論學文」)라는 말을 듣는다. 인간의 마음과 천주의 마음이 동일시되고 있다. 수운에 이르러 비로소 인간은 존재의 자기 근거를 자신에게서 찾게 된다. 궁극적 존재인 천주의 마음이 수운의 마음과 동일시되면서 존재의 자기 성찰이 분명해졌다. 그리하여 수운은 자신의 도는 "내가 나 된 것 이외에 다름아니다我爲我而非他"(「후팔절」)라고 명료하게 밝혔다.

「불연기연不然其然」에서 수운은, 갓난아이가 배우지도 않고 어떻게 자신의 어머니를 알게 되는가라고 질문하면서, 상식적 지식으로 "아무리 생각해도 알 수 없고 그렇지 않다不然"고 말한다. 그러나 곰곰이 생각해 보면 갓난아이는 어머니와 본래 하나였기 때문에 배우지 않아도 어머니를 알아볼 수 있다고 하여 사람과 하늘의 관계도 이와 같다고 비유적으로 설명하면서, 사람과 하늘이 하나인 것은 인간의 지식으로는 알 수 없지만 새로이 눈을 뜨게 되면 너무나 자연스러운 일이라는 주장을 한다. 여기에서 우리는 인간에 대한 새로운 각성을 만나

■

지만 중국으로부터 중화의 맥을 전수해 천하에서 유일하게 당당한 '소중화'가 되었다. 요컨대 '화'의 문화는 중국과 우리 나라가 계승, 발전시켜 왔는데 중국이 멸망함으로써 중국의 화문화는 단절되었고, 오직 우리 나라만 화문화를 보존하게 되었다는 것이다. 위정척사사상에 대한 자세한 논의는 이재석, 1997, 352-354쪽; 이택휘, 1987 참조.

게 된다. 수운이 '자신의 도는 예전에도 듣지 못했고 현재에도 비교할 수 없는 완전히 새로운 것'[4](「論學文」)이라는 말에서 존재의 자기 근거성을 새로이 찾았다는 뜻으로 볼 수 있다. 수운이 보기에 이전까지 많은 철학과 종교는 존재의 근거를 자기가 아닌 어떤 절대신이나 비인격적인 천리나 천명, 그렇지 않으면 자연에서 찾았을 뿐이다.

존재의 자기 근거성에 대한 자각은 해월 최시형에 의하여 조선의 상황에 알맞은 새로운 생활양식과 사회운동으로 발전하게 되었으며, 의암 손병희는 '자천자각自天自覺'이라는 개념으로 사상적 맥을 잇는다. 이 글에서는, 수운과 해월에 의하여 각성된 자기 존재의 자기 정당화 논리를 조선의 성리학적 정치철학을 체계화한 율곡의 사상과 비교하면서 그 특성을 살펴본다.

제2절 통치의 유가적 정당화 논리

학문적 사유가 발달하기 이전에는 일반적으로 통치의 정당성은 신화에 의하여 제공되곤 하였다. 가장 일반적인 형태가 단군신화식의 통치의 정당화이다. 권력은 하늘에서부터 내려왔다는 주장이다. 권력은 반드시 평범한 의식의 경계를 넘어서서 하늘의 이치를 파악한 사람에게 하늘이 부여한다는 뜻으로 볼 수 있다. 단군신화와 같은 천강설화天降說話[5]와 함께 석탈해나 박혁거세 같은 난생설화卵生說話는 또

4 "曰吾道 今不聞古不聞之事 今不比古不比之法也"

5 권력의 신화적 정당화에 대한 논의에 관한 연구에는 다음과 같은 것이 있다. 정연식(1983)은 단군신화에 대한 정치학적 연구 시각을 보여 주었으며, 정영훈(1993)은 민

다른 유형의 통치 정당화 방식이다. 천강설화는 하늘로 표현되는 순수 절대세계의 강림에 의거하여 통치의 정당성을 가진다는 일반적인 통치 정당화 방식이며, 난생설화는 알로서 상징되는 한정된 개체 의식을 넘어서는 보편의식에 이르렀기 때문에 통치의 정당성을 가진다는 의미로 볼 수 있다. 이와 같은 신화적 원형은 사실의 여부를 떠나서 일반적인 통치의 자기 정당화 방식이다. 신화적 방식의 통치 정당화 논리는 통치 정당화의 원형적 방식이다.

플라톤의 철인정치나 유가의 왕도정치도 피지배 계급과는 다른 지식이나 지혜 또는 덕성을 갖춘 지배 계급이 통치의 정당성을 가진다는 논리에 의존한다. 동학을 창시한 수운 최제우는 이 문제를 「불연기연不然其然」이라는 글에서 권력의 정당성은 궁극적 경지에 대한 성찰적 자각에 기초하고 있음을 주장한다. 이 점에서 동학은 통치의 전통적인 정당화 논리를 계승하고 있다고 할 수 있다. 그러나 정당화 방식이 철저하게 의식으로 내면화되고 인문주의로 구체화된다는 점에서는 전통을 넘어선다. 이 지점에서 동학은 성리학적인 통치 정당화 논리와 갈라선다. 조선조는 송宋대에 잘 발달된 성리학을 수입하여 통치를 정당화하였다. 성리학적 통치 정당화를 체계적으로 발전시켰다고 할 수 있는 정암 조광조, 율곡 이이 등의 논의를 살펴보면서 동학의 통치 정당화 논리를 분석해 보자.

조선의 성리학자들에 대한 논의로 들어가기 이전에 주공周公[6]의 일

족주의적 시각에서 단군신화에 접근한다. 김석근(1997)은 단군신화에 내재된 권력 구조를 추적하고자 하였으며, 김한식(1998)은 단군신화를 한국 정치사상의 시원으로 연구하면서 한국 정치사상 연구방법론적 의의를 제기한다. 김명하(2002)는 신화 분석을 통하여 통치자와 피치자의 평등의식까지 도출해 낸다.

6 이름은 단(旦). 주 왕조를 세운 문왕(文王)의 아들이며 무왕(武王)의 동생. 무왕과 무왕

화로부터 시작하는 것이 유가의 통치 정당화 논리를 이해하는 데 많은 도움을 준다. 주공은 공자가 말한 이상적인 인격의 표상이다. 주공은 주나라를 실질적으로 공고하게 한 인물로서 무왕武王의 동생이고 공자가 따르고자 하였던 주례周禮, 즉 주나라의 정치 · 경제 · 사회 · 문화 제도를 실질적으로 성안하고 공고하게 한 인물로서 유가 통치가의 이상적인 전범典範이다. 주공은 정치 권력과 도의 관계를 도끼날과 도끼 손잡이에 비유한 시 구절로 유명하다. 수운은 「흥비가」에서 시경詩經의 이 구절을 인용하면서[7] 주공을 이해하지 못하던 조정의 신하들과 당시의 부패한 정치적 군상들을 비유적으로 비판하고 있다. 주공은 도에 통했을道通 뿐만 아니라 시무時務에도 두루 통하지 않은 바가 없는 인물로 평가되는데, 세상 사람들이 이와 같은 주공이 무왕이

의 아들 성왕(成王)을 도와 주 왕조의 기초를 확립하였다. 무왕이 죽은 뒤 나이 어린 성왕이 제위에 오르자 섭정(攝政)이 되었는데, 당시 은족(殷族)의 대표자 무경(武庚)과 녹부(祿夫), 그리고 주공의 동생 관숙(管叔) · 채숙(蔡叔) 등이 동이(東夷)와 결탁하여 대반란을 일으켰다. 주공은 소공(召公)과 협력하여 이 난을 진압하고 다시 동방을 원정(遠征)하여 허난성〔河南省〕 뤄양〔洛陽〕 부근 낙읍(洛邑:成周)에 진(鎭)을 설치하였다. 주례의 완성자로 평가받았으며, 공자가 흠모하던 이상정치의 완성자이다.

7 “시운벌가벌가하니 기측불원이라.” 전체 시는 다음과 같다. “伐柯, 美周公也, 周大夫刺朝廷之不知也. 伐柯如何, 匪斧不克. 取妻如何, 匪媒不得.˙伐柯伐柯, 其則不遠. 我覯之子, 籩豆有踐. 「毛詩」, 〈豳風 · 伐柯〉. 주공은 도끼 자루를 구하려면 도끼가 없이는 불가능하고 장가를 가려면 남녀 양측을 다 아는 중매자가 없이는 불가능하다고 하여, 무왕을 모시는 조정 신하들이 정치를 하는 데 예(禮), 의(義), 도(道)가 없이는 불가능하다는 것을 알아야 한다는 점을 표현한 시다. 어린 성왕을 섭정하던 자신이 곧 통치의 예와 도를 갖추고 있음을 비유적으로 알리고 있다. 변방의 네 나라를 점령한 이후 주공을 의심하던 떠도는 소문들과 성왕이 알아 주지 못함을 함께 일깨우기 위한 주공의 시인 것이다. 이 시에서 권력과 도덕의 불가분리적 성격을 잘 비유하고 있다. 보다 자세한 사항은 『十三經註疏』, 「毛詩正義」, 卷8-3: 398-400쪽 참조. 수운이 인용한 부분은 도끼 자루를 베려면 현재 사용하는 도끼 자루에 맞추면 되는 것이지 그 법이 멀리 다른 곳에 있는 것이 아니라는 점을 상기시킨다. 「흥비가」는 수운이 소인배 유생들의 모함과 시기 · 질시 · 모함을 비유적으로 비판하면서 자신이 깨달은 조선 정치이념의 핵심인 도덕을 깨달았다는 점을 제시하고 있다.

죽은 뒤 어린 성왕成王의 권력을 찬탈하지 않을까 우려했고 간신배들이 무왕에게 이런 내용으로 무고를 하였다. 이에 대하여 주공은 도와 권력은 둘이면서 하나인 도끼와 도끼 자루의 관계에 비유하여 시를 지었다.

수운은 「불연기연」에서 이와 같은 권력의 정당화 논리를 이어받고 있다. 「불연기연」에서 수운은 천황씨天皇氏의 신화를 들면서 "어떻게 하여 천황은 아버지가 없이 최초의 인간이 되었으며, 스승의 가르침이 없이 어떻게 최초로 도를 얻어 스승이 되었으며, 앞의 임금이 없건마는 어떻게 공동체의 우두머리가 되었는가"라는 질문을 제시한다. 그리하여 "아버지 없는 인간이 어떻게 있으며, 가르침을 전해준 스승이 없이 어떻게 도를 받았으며, 선왕이 물려주지도 않은 통치권을 어디로부터 받았는가"라는 근본적 질문을 제시한다.[8](「不然其然」). 질문은 매우 흥미롭지만 수운의 대답은 의외로 간단하다. 수운의 대답은 도통道通과 천명天命이라 할 수 있다. 즉, 도통했기 때문에 천황씨는 참 인간이 되었고, 스승이 되었고, 임금이 되었다는 것이다. 달리 표현하면 천황씨는 자신의 본성인 천주를 깨달았기 때문이라 하겠다. 그 자

8 "天皇氏 豈爲人 豈爲王 斯人之無根兮 胡不曰 不然也 世間 孰能無父母之人 考其先則 其然其然又其然之故也 然而爲世 作之君作之師 君者以法造之 師者以禮敎之 君無傳位之君而法綱何受 師無受訓之師而禮義安效 不知也不知也 生以知之而然耶 無爲化也而然耶 以知而言之 心在於暗暗之中 以化而言之 理遠於茫茫之間.(태고에 천황씨는 어떻게 사람이 되었으며 어떻게 임금이 되었는가. 이 사람의 근본이 없음이여, 어찌 불연이라고 이르지 않겠는가. 세상에 누가 부모 없는 사람이 있겠는가. 그 선조를 상고하면 그렇고 그렇고 또 그런 까닭이니라. 그렇게 세상이 되어서 임금을 내고 스승을 내었으니 임금은 법을 만들고 스승은 예를 가르쳤느니라. 임금은 맨 처음 자리를 전해준 임금이 없건마는 법강을 어디서 받았으며, 스승은 맨 처음 가르침을 받은 스승이 없건마는 예의를 어디서 본받았을까. 알지 못하고 알지 못할 일이로다. 나면서부터 알아서 그러함인가, 자연히 화해서 그러함인가. 나면서부터 알았다 할지라도 마음은 어두운 가운데 있고, 자연히 화했다 해도 이치는 아득한 사이에 있도다.)"

리에 이르러 참 인간이 되었고, 도를 깨달았고, 통치권을 받았다는 것이다. 얼핏 보면 수운은 유가의 천명天命론을 그대로 잇고 있다. 이 점은 오늘날에도 흥미로운 논쟁이 될 수 있다. 물론 이러한 천명론은 기존 권력의 통치 정당화의 기제로 십분 활용되었으나, 다른 한편으로는 혁명론의 정당화로도 활용될 수 있다는 점에 유의할 필요가 있다. 즉, 천명을 받은 사람이 참된 인간으로서, 참된 도로서 참된 세상을 새로이 열어 갈 정당성을 얼마든지 가질 수 있다는 것이다. 실제로 고대 중국의 통치자들은 자신의 권력을 이와 같은 천명론에 의거하여 정당화하였다.

천명론에 입각하여 혁명론을 제기한 사상가로서 맹자를 들 수 있다. 맹자의 혁명권 논리는 명료하다. 맹자는 천명을 외적 절대자나 외적 법칙이 아니라 심적 경지로 바라본다. 맹자는 "만물이 모두 나에게 갖추어져 있다萬物皆備於我"(『孟子』, 「盡心 上」, 4)라고 하여 천명이나 천리를 외적 사물로 대상화하지 않았다. 그리하여 맹자는 존재의 자기 근거화를 할 수 있었으며, 이에 토대하여 통치의 정당화도 외적 신분이나 지위에 의거하는 것이 아니라 "천명이 있는 곳에 통치 정당성이 있다"라는 주장을 할 수 있는 철학적 근거를 마련하게 된다. 권력은 천덕天德을 이룬 유덕자에게 계승되므로, 맹자는 덕이 없거나 훼손한 통치 권력을 거부하는 혁명권을 인정할 수밖에 없게 된다. 여기에서 이른바 방벌放伐론이나 민본주의가 나타나게 된다. 방벌론이란 도덕에 어긋나는 정권은 천명을 거역하는 것이기 때문에 혁명할 수 있다는 것이다. 맹자는, 도덕에서 벗어난 통치자는 공공의 책임을 맡은 인격체라기보다는 소인과 다름없기 때문에 걸桀·주紂라는 소인배를 죽였다는 말은 있지만 군주를 죽였다는 말은 듣지 못했다는 재미있는

표현으로 혁명권을 정당화한다.[9]

민심이 통치의 정당화의 근거라는 인식에서[10] 민본주의가 나오는데, 이 때 민심은 보이지 않는 추상적 천명이 구체적인 시공간에 드러난 모습으로 이해할 수 있다. 통치 행위를 군주에 의한 민의 지배로 보는 것이 아니라 천명에 의한 민에 대한 봉사로 보는 것이다. 만약 군주가 천명에 의거하지 않을 때에는 민심에 의한 혁명이 가능해진다는 것이다. 강조점이 군주에게 있는지 민에게 있는지 논쟁할 수 있으나, 맹자에게 있어서 천명은 통치 정당화의 일차적 요건이다. 천명은 권력의 자의성恣意性과 사사화私事化를 막는 견제 역할을 하게 된다. 그러나 맹자는 민이 직접 어떻게 나서서 할 것인가에 대해서는 구체적인 논의를 제시하지 않는 대신, 통치에서 군주에 비하여 민이 가장 중요하다는 점을 분명히 한다.[11] 여기에서 민주의 개념을 이끌어 낼 수도 있겠지만, 맹자는 민이 정치의 주체가 될 수 있다는 뜻보다는 민이 권력의 정당성의 원천이라는 사실을 분명히 하고자 했을 따름이다. 왜냐하면 민이 정치의 근본이라는 주장은 어디까지나 추상적 가치로서 군주권에 대한 도덕적 견제의 근거이지 민에게 통치권을 부여하자는 구체적 절차론은 아니다.

누가 어떻게 군주권에 대한 도덕적 견제를 할 것인가 하는 구체적인 논의는 송宋대에 이르러 주희를 포함한 사대부들에 의하여 제기된

9 『孟子』, 「梁惠王 下」, 8, "齊宣王問曰, '湯放桀, 武王伐紂, 有諸?' 孟子對曰, '於傳有之.' 曰, '臣弑其君, 可乎?' 曰, '賊仁者謂之「賊」, 賊義者謂之「殘」. 殘賊之人謂之「一夫」. 聞誅一夫紂矣, 未聞弑君也'"

10 『孟子』, 「離婁 上」, 9, "桀紂之失天下也 失其民也 失其民者 失其心也. 得天下有道 得其民 斯得天下矣"

11 『孟子』, 「盡心 上」, 14, "子曰 古之學者爲己 今之學者爲人"

다. 군자, 사대부, 대인들이 이러한 역할을 떠맡아야 한다는 주장을 형이상학적으로, 심성론으로 정당화하면서 발전되기 시작한 것은 송대에 이르러서였다. 송대에 이르러 등장하기 시작한 이른바 사대부 계층은 지주 계층으로서 지방에서의 정치적 영향력을 확대해 가고 있었다.[12] 주희는 불교와 도교의 형이상학에 대응하기 위하여 공자와 맹자의 원시 유학사상을 형이상학적으로 체계화하여 사대부의 통치의 정당성 논리를 치밀하게 구성하였다. 그리하여 송 · 명대의 성리학자는 이기론理氣論이라는 형이상학적 논리와 성심론性心論이라는 인간학의 논리에 근거하여, 왜 혈통으로 계승되는 왕에 비하여 도통道統을 이어받는 대부가 정치적 통치 정당성을 가지는가를 설득력 있게 제시하였다. 그러나 사대부의 통치 정당성은 논자에 따라서 사대부 역할 강조가 되기도 하지만, 주로 왕권과의 조화가 제일 덕목으로 설정되어 송 · 명대의 봉건통치 체제를 견고하게 지탱하는 데 크게 기여하였다.[13]

이성계를 도와 고려를 붕괴시키고 조선 건국을 실질적으로 설계했던 삼봉 정도전은, 사대부 계급이 정치적 실권을 행사하고 군주는 명목적 통치권을 가지는 정치를 구상했다. 이를 위하여 혁명권을 정당화할 필요가 있었으며, 삼봉이 동원한 논리는 유가의 천인상관설天人相關說이다. 천인상관설이란 우주 질서와 민심은 통하기 때문에 민심을 어긴 군주에 대해서는 역성혁명을 할 수 있다는 논리로 원용될 수도 있으며 동시에 기존하는 왕권을 정당화하는 논리로 사용될 수 있으나, 삼봉은 혁명권으로 해석하여 이성계를 도와 역성혁명을 정당화

12 張立文,『宋明理學硏究』, 北京: 中國人民大學出版社, 1982, 1-5.
13 侯外盧 · 丘漢生 · 張豈之 主編,『松明理學史』, 北京: 人民出版社, 1997,3.

하고 있다.[14] 또한 불교에 대해서도 내적 수양론은 있으나 사회에 확충하는 치인治人론이 없다는 점을 들어 유교 이데올로기에 의거한 새로운 정치 질서의 구상을 제시한다. 그러나 삼봉의 정치철학에는 진정한 도학 정신이 부재하다는 것이 율곡의 평가이다. 다시 말하면 도를 구현하는 도구로써의 정치에 대한 이해가 부재하다는 것이다.

유가는 권력에 의한 도덕의 이데올로기화가 아닌 도의 정치화를 이상으로 제시하였기 때문에, 율곡 같은 성리학자가 지치주의至治主義를 주장한 정암 조광조를 유가정치의 출발점으로 보는 것은[15] 매우 당연하다. 율곡은 정암이야말로 '위기지학爲己之學'[16]을 알아 이를 현실 정치에 구현하려고 했던 올곧은 정치가로 평가한다. 율곡에 따르면 "위기爲己의 학으로 세상에 이름난 이는 조정암으로부터 시작된다. 정암 선생은 독행 자득하여 그 몸가짐이 경건하고 반드시 성인을 따르고자 하였고, 조정에 나아가서는 반드시 도를 행하고자 하였으며, 간절히 원하는 바는 군주의 마음을 바로잡아 왕도정치를 펴고자 하였으며, 의로운 길을 열어 놓고 이욕의 마음을 막고자 힘썼다."[17] 정암의 정치사상은 도학 정치사상이라 하는데, 이는 도통道統 맥을 잇는 사대부가 정치를 해야 한다는 주장이다. 조광조는 요순 시대의 부활을 개혁의 구호로 삼았다. 요순 시대는 중국 전통의 이상정치가 구현되었던 시

14 최연식, 「정도전의 정치현실주의와 성리학 : 창업의 정치학」, 『정치사상연구』 제3집, 2000, 8-9쪽.

15 『栗谷全書』 券31:59, 「語錄」 上. "問我朝學問 亦始於何代 曰自前朝末 始矣. 然權近入學圖似齟齬 鄭圃隱號爲理學之祖 而以余觀之 乃宗社稷之臣 非儒者也 然則道學自趙靜庵始起"

16 『論語』, 憲 25-0, "子曰 古之學者爲己 今之學者爲人"

17 『栗谷全書』 券13 : 36, 「道峰書院記」, "能以爲己之學名世者亦未曾輩出 惟我靜庵先生發端于寒暄文敬公 而篤行益力自得益深持身 必欲作聖 立朝必欲行道 其所惓惓者 以格君心陳王政 闢義路 塞利源"

대의 상징이다. 그는 그러한 정치를 지치至治[18] 또는 대동大同이라 하였다. 지치나 대동의 개념은 『예기禮記』의 「예운禮運」에 압축적으로 잘 표현되어 있다.[19] 대도가 실현된 이상사회는 대도를 깨달은 선비에 의하여 가능하다는 것이 조광조의 도학정치 또는 지치주의의 핵심 내용이다. 정암의 도학정치는 군주의 친인척과 군주의 주위를 맴도는 권신權臣들에 의하여 좌절된다. 훈척勳戚 세력으로 불리는 기득권층에 의하여 정암의 개혁정치는 실패하게 된다. 사대부의 이상에 의한 정치 권력 형성의 어려움을 단적으로 보여 주는 사례라고 할 수 있다. 정암의 혁명적 정치 개혁은 율곡에 이르러서는 매우 온건화하며 철학적으로 체계화된다. 율곡은 도학정치의 이상을 철학적으로 체계화하게 된다.

율곡은 자신의 학문을 성학聖學이라 부른다. 성학이란 안으로는 성인이 되는 공부이자 밖으로는 모든 민에게 덕을 베푸는 왕이 된다는內

18 "조광조는 崇道學, 正人心, 法聖賢, 興至治로 표방되는 至治主義에 입각한 道學政治를 추구하였는데, 그가 제시한 至治의 典範은 儒敎의 淵源이자 理想鄕인 三代이었다. 한마디로 지치주의는 堯舜 시대와 같은 태평성대를 조광조 당대에 실현시키는 것으로서, 그 실현 방식은 도학을 숭상하고(崇道學) 성현들을 표준으로 삼아(法聖賢) 인심을 바로잡는 것(正人心)이었다." 宋雄燮, 「中宗代 乙卯士林의 形成과 學問的 交遊」, 44쪽.

19 『禮記』, 「禮運第九」 "大道之行也, 天下爲公, 選賢與能, 講信, 修睦. 故人不獨親其親, 不獨子其子, 使老有所終, 壯有所用, 幼有所長, 矜寡孤獨廢疾者皆有所養. 男有分, 女有歸. 貨惡其棄於地也不必藏於己, 力惡其不出於身也, 不必爲己. 是故謀閉而不興, 盜竊亂賊而不作, 故外戶而不閉, 是謂大同.(大道가 행해지면, 천하에는 公義가 구현되고, 賢者를 군주로 뽑고 능력 있는 사람에게 관직을 수여하며, 信義와 和睦을 가르친다. 그러므로 사람들은 자신의 어버이만을 어버이로 여기지 않고, 자신의 자식만을 자식으로 여기지 않는다. 노인은 편안히 여생을 보내고, 장년은 열심히 일을 하고, 어린이는 잘 성장한다. 과부와 고아와 무자식의 노인과 廢疾者도 동정을 받아 모두 부양된다. 남자는 아내를, 여자는 지아비를 각각 가진다. 재화를 얻으려고 하지만 자기만을 위해 갈무리하지는 않는다. 힘을 가지려고 하지만 자기만을 위해 쓰지 않는다. 그러므로 남을 해치려는 음모가 생기지 않고, 남의 것을 훔치거나 사회를 어지럽히려는 시도가 일어나지 않는다. 그러므로 집집마다 문을 닫을 필요가 없다.)"

聖外王 유가적 전통의 맥에 서 있음을 밝히는 것으로,[20] 수기치인修己治人의 공부이다. 율곡의 대표작이라 할 수 있는 『성학집요聖學輯要』에 이 점이 잘 반영되어 있다. 이 책의 1편은 임금에게 이 책을 올리는 의미를 밝힌 '진차進箚'와 서문, 통설에서 내성외왕과 수기치인을 성학의 요체로 제시하였고, 2~4편은 '수기편修己篇'으로서 자기 몸의 수양은 만사의 기초이자 바탕임을 『중용』의 천명지위성天命之謂性 구절을 인용함으로써 시작하고 있다. 5편은 '정가편正家篇'으로 스스로 성인이 되어 먼저 가정을 바르게 하는 데서부터 구체적으로 실행하여야 함을 설득하고 있다. 6~7편은 '위정편爲政篇'으로 올바른 정치의 방법을, 8편은 학문과 위정의 바른 줄기를 밝힌 성현도통聖賢道統 맥을 밝혔다.

율곡 성학의 기본 구조는 유가의 조선적 표현이었다. 공자의 인仁과 예禮, 맹자의 인仁과 의義, 『대학』의 격물치지성의정심格物致知誠意正心과 수신제가치국평천하修身齊家治國平天下, 『중용』의 중率性之謂道과 용修道之謂敎의 구조가 그대로 반영되고 있다. 공자의 인仁, 맹자의 사단仁義禮智, 왕양명의 양지良知, 중용의 성誠의 근본 바탕은 오목불이於穆不已하는 하늘의 명天命과 다르지 않다는 점에서天命之謂性 인간의 도와 덕은 하늘의 질서 혹은 생명의 실상과 다름이 없다. 즉 내면적 법칙은 외면적 법칙과 일치하게 된다. 다스린다는治人 것은 내적 본성(仁, 良知, 中 등으로 개념화됨)의 깨달음과 외적 법칙(天命, 地理 등으로 개념화됨)의 이해를 바탕으로 이루어진다고 하겠다. 인간 사회의 정치는 내적 진리와 외적 진리의 종합으로 파악되고 있음을 알 수 있다近取諸身遠取諸物.(卷26:2, 「聖學輯要」8) 타인과 나 그리고 사물의 이치는 하나이기 때문에[21]

20 조선 후기 통치론의 맥락에서 본 성학(聖學)에 대한 자세한 논의는 유미림, 『조선 후기의 정치사상』, 지식산업사, 2002, 66-117쪽 참조.

여기에 통하면 모두에 통하게 된다고 하겠다. 즉, 율곡은 성학으로 내적 도덕과 외적 우주 법칙을 인간 사회에서 종합적으로 구현하고자 하였음을 알 수 있다. 성인만이 통치의 정당성을 가진다는 점에서 율곡은 주공의 도를 그대로 따르고자 했음을 알 수 있다.

조선이 건국한 지 2세기가 지난 16세기의 조선은 기둥과 서까래가 다 낡아서 언제 쓰러질지 모르는 집처럼 일대 위기 상황에 처했다는 것이 율곡의 정세 인식이었으며, 전면적인 개혁更張만이 조선의 내일을 여는 방책임을 강조한다. 위기의 원인과 개혁 정치의 방안을 율곡은 어디에서 찾는가? 그것은 다름아닌 성학의 회복이라 할 수 있다. 정치에서 가장 중요한 역할을 하는 군주의 성학聖學을 강조하였으며, 혈통으로 이어진 군주가 성왕이 되기를 기대하기가 매우 어려웠던 현실에서 율곡은 군주의 제1의 덕은 '마음을 비워 선을 따르는虛心從善' 데 있다고 하였다.(卷6:20,「應旨論事疏」). 달리 말하면 도덕을 이룬 사람을 찾아보라는 뜻이다. 율곡은 요堯도 '자신을 버리고 다른 사람을 따랐으며捨己從人', 순舜도 '뭇 사람들을 즐겨 취하여 선을 행하였다樂取諸人 以爲善' 고 강조한다.[22] 현자를 등용하여 쓰는 일은 유가의 전통이라 할 수 있다. 율곡은 "팔다리가 있어야 사람이며 양신良臣이 있어야 성군이 된다."(『書經』,「說命」下)는 고법의 전통을 잇고 있다. 유가적 전통의 맥락과 경험에서 율곡은 임금에게 올린 여러 글에서[23] 정치의 핵심은 인재를 올바로 쓰는 데 있으며, 군자와 소인을 명확히 구분하여야

21 『栗谷全書』 卷20:19,「聖學輯要」2, "外而至於人則人之理不異於己也 遠而至於物物之理不異於人也 極其大則天地之運古今之變不能外也 盡於小則一塵之微一息之頃不能遺也"

22 『栗谷全書』 卷6:22,「疏箚四」, "古之帝王 莫不以虛心從善 爲進德之本"

23 『聖學輯要』,「經筵日記」,「東湖問答」의 저서와 「玉堂陳時弊疏」 등의 상소에서 많이 보인다.

하며, 현자를 등용하고 소인을 물리치고, 권신과 간신을 멀리하고, 외척을 멀리할 것 등의 인재 등용을 중시하고 있다.

율곡은 정치 개혁의 핵심으로서 올바른 사대부를 강조하고 있다. 통치의 정당성은 도통道統의 전통에 서 있는 사대부의 몫이라는 주장을 볼 수 있다. 사대부란 누구인가? 율곡에 따르면 사대부는 "마음으로 옛 도를 사모하고, 몸은 선비의 행실을 하고, 입은 올바른 말만 하여 공론을 지니는 자가 사림이다. 사림이 조정에 있으면 사업을 베풀어 나라가 다스려지고, 사림이 조정에 있지 않으면 빈말에 부쳐져 나라가 혼란스럽다"[24]고 하였다. 정암의 도학정치의 맥이 느껴진다. 무엇이 사림인가에 대한 율곡의 정의는 매우 분명하다. 율곡의 정의에 의하면 선비는 위인지학爲人之學이 아니라 위기지학爲己之學[25]을 하며 몸으로 실천하며 진실만을 말하는 사람이지 오늘날 일반적으로 이해되고 있듯이 독서하고, 지주계급이고, 공리空理를 논하는 자가 선비가 아니다.[26] 재야에서 농사를 짓는다고 선비가 못 되는 것이 아니며, 조정에서 녹을 받는다고 선비가 아니 되는 것이 아니다. 선비의 기준은 도학 이외에 다른 곳에 있는 것이 아니다. 도학이 밝혀지지 아니하고 행해지지 않았기에 하·은·주夏殷周 삼대 이후 왕도정치가 사라졌다는[27] 것이 율곡의 판단이다. 한마디로 요약하여 율곡의 진단에 의하면, 이와 같은 사림이 없기 때문에 나라 정치가 제대로 되지 않는다는

24 『栗谷全書』 卷3:29, 「玉堂陳時弊疏」, "夫心慕古道 身飾儒行 口談法言 以持公論者 謂之士林 士林在朝廷 施之事業 則國治 士林不在朝廷 付之空言 則國亂"

25 『論語』, 憲25-0, "子曰 古之學者爲己 今之學者爲人"

26 『拾遺卷』6:28, 「文策」, "士之上者有志於道德 其次志乎事業 其次志乎文章 最下者志乎富貴而已"

27 『栗谷全書』 卷15:6, 「雜著2」, "客曰 三代之後 更無行王道者 其故何耶 主人慨然嘆曰 道學不明不行之故也"

것이다. 통치의 정당성을 요구할 만한 자격을 갖춘 사람들이 드물다는 비판이다. 그렇기 때문에 율곡은 뜻있는 선비들을 널리 조정으로 모시고, 그러한 선비들이 자유롭게 자신들의 도덕을 펼쳐 공론이 형성되어야 함을 강조한다. 그리하여 정치는 올바른 공론에 따라서 이루어질 수 있어야 한다고 주장한다. 여기에서 '공론은 국시國是' 라는 율곡의 공론 정치론이 나온다. 마치 우주를 통괄하는 법칙인 이理가 통하지 않는 곳이 없으며 타지 않는 곳이 없는 것과 마찬가지로, 성인의 도가 통하지 않는 바 없으므로 율곡은 선비들의 공론이 통하게 될 때 통치가 정당성을 얻게 되어 민의 지지를 받는다고 보았다. 맹자의 논법을 빌어 율곡은 통치의 정당성은 궁극적으로 민이 부여하여 주었다고 강조한다.

민본이란 정치의 핵심이 민심에 있다는 논리에서 나왔다. 민 없는 군주는 있을 수 없다고 하여, 민심이 기쁘게 되면 상서롭게 되고 민심이 우울하면 기운이 어그러지게 되어 분열된다.[28] 율곡은 공노비도 민으로 보는[29] 평등의식도 보여 주었고, 민을 자식으로 보아 기쁨과 슬픔을 같이하여야 한다고 하였다.[30] 정치는 민심에 기초함을 분명히 한 뒤 구체적인 민생 문제의 해결을 통한 보민保民을 정치의 의무로 본다. 정치의 의무이면서 동시에 통치가 정당성을 가지려면 민을 경제적으로 보호해야 한다고 주장한다. 율곡은 재화를 일으켜 민을 살리는 것이 당시의 급선무임을 강조했다.[31] 율곡이 보는 당대는 민심도

28 『栗谷全書』 卷4:23, 「擬陣時弊疏」, "民心悅豫 則和氣致祥 民心悱鬱 則乖氣致異"

29 『栗谷全書』 卷5:23, 「萬言封事」, "公賤亦民也 豈能獨完輾轉流亡 不能生息"

30 『栗谷全書』 卷5:23, 「萬言封事」, "同是赤子 有何彼此而使優樂不同"

31 『栗谷全書』 卷7:16, 「司諫院乞變通弊法箚」, "民失所天 國無所依 則生財活民 最爲當今之急務"

흔들리고, 경제도 무너지고, 안보도 불안한 시대였다고 하겠다. 율곡은 경장으로 모두를 새롭게 하고자 하였다. 민생의 절박함은 거꾸로 매달린 형국이나, 율곡이 희구하는 군주도 선비도 찾을 수 없다는 자탄을 행간에서 읽을 수 있다.[32] 고향으로 돌아온 뒤 율곡은 민의 의식적 자각, 경제적 자립, 행정적 편의 등을 위한 봉사의 삶을 살게 된다. 율곡이 주인과 손님 사이의 쉬운 이야기체로 만든 「동호문답」은 당시 시무의 정곡을 드러내고 있다. 율곡은 "식食이 없으면 민이 없고, 민이 없으면 국이 없다"[33]고 하였다. 율곡의 성학은 실實을 떠나지 않는다. 민생은 뒷전으로 하고 예송禮訟에 휘말린 17세기를 예견하듯 율곡은 "민을 기르는 것이 우선이고 민을 가르치는 것은 뒤다." "재부가 족한 다음에 예의를 알므로, 배고프고 추운 민에게 예를 강제로 하면 안 된다."고 하였다.[34] 율곡에 이르러 민본이 구체적으로 열거되면서 권력의 정당성이 어디에 있는지를 구체적으로 보여 준다.

율곡은 성리학자들이 왜 통치 계급이 되어야 하며 어떻게 통치하여야 하는가의 문제를 성리학적 형이상학과 성심론을 통하여 철학적 논리에 의거하여 완성하였다고 평가할 수 있다. 율곡의 관심사는 왕이나 사림 혹은 백성을 막론하고 모두 천리가 통通하고 타고乘 있기 때문에 비록 신분제 사회이기는 하지만 본성적, 천리적으로는 누구나 성인이 될 수 있으며 누구나 통치의 권한을 가질 수 있다는 사유의 단

32 『栗谷全書』 卷15:21, 「東湖問答」, "民生之困 甚於倒懸 若不急救 勢將空國 空國之後 目前之儒 便出何地耶 此必至之理也"

33 『栗谷全書』 卷4:17, 「應陣時弊疏」, "民依於食 國依於民 '無食則無民 無民則無國' 此必然之理也"

34 『栗谷全書』 卷29:34, 「經筵日記」, "養民爲先 敎民爲後", "衣財足然后知禮義 飢寒之民 不可强之行禮也"

초를 열었다고 할 수 있다.

율곡은 철학적으로 이통기국理通氣局과 기발이승氣發理乘의 개념을 통하여 초월적 형이상의 이理와 현상적 형이하의 기氣가 둘도 아니요 하나도 아니라는 점을 설득력 있게 설명하였다. 이가 타고 있지 않은 곳이 없는 것이다. 이라는 것은 본말 선후가 없으므로 차이와 변화는 이가 아니라 기라고 한다. 청탁수박외로분양오예淸濁粹駁煨爐糞壤汚穢의 가운데 이가 타고 있지 아니한 곳이 없으나, 어느 곳에서도 이의 본연지성을 잃지 않으니 이를 이의 통通이라 한다고 하였다.[35] 그러므로 이는 어느 곳에나 통해 있다는 것이다. 율곡이 이통기국理通氣局은 스스로 자득한 것이라 한다.[36] 그럼으로써 이理를 천착하고 본연지성本然之性을 잃지 않는 대인과 농업, 공업, 상업이라는 일에 종사함으로써 현상 물질계에 마음을 빼앗기고 물들고 흔들리는 기질지성氣質之性에 지배되는 소인의 차이는, 본래 정해진 차이가 아니라 인간의 노력에 의하여 마음을 쓰는 데 따라서 변화될 수 있는 존재임을 분명히 하였다. 이 점에서 율곡은 맹자처럼 권력의 정당성은 도덕에 있으며, 그 도덕은 인간의 노력에 의하여 성취 가능하다는 개혁론 또는 혁명론의 철학적 근거를 마련하였다. 율곡이 경장更張을 제시하는 것도 단순히 시대적 상황에서 유래하는 것만이 아니다. 통치의 정당성은 특정 계급이나 신분에 국한시킬 필요가 없다. 철학적 가능성에도 불구하고

35 『栗谷全書』 卷10:26, 「答成浩原」, "理通者何謂也 理者無本末也無先後也 無本末無先後故 未應不是先已應不是後 是故乘氣流行參差不齊 而其本然之妙無乎不在 氣之偏則理亦偏 而所偏非理也氣也 氣之全則理之全 而所全非理也氣也 至於情濁粹駁煨爐糞壤汚穢之中 理無所不在各爲其性 而其本然之妙則不害其自若也 此之謂理之通也"

36 『栗谷全書』 卷10:25, 「答成浩原」, "理通氣局四自謂見得 而又恐珥讀書不多 先有此等言而未之見也"

율곡은 현실적으로 평민들이 성학을 공부하여 인격적 완성에 이를 가능성이나 현실 정치적 영향력을 줄 수 있는 가능성에 대해서는 큰 기대를 하지 않은 듯하다.

성심性心론으로 볼 때 율곡의 통치의 정당성 논리는 퇴계에 비하여 매우 개혁적임을 알 수 있다. 퇴계는 율곡이 통탄한 것처럼 이발理發을 주장함으로써 치명적인 흠결을 남겼다고 할 수 있다.[37] 율곡은 퇴계의 모호성이 이기불상리理氣不相離에 대한 이해 부족에서 온 것으로 보았다.[38] 달리 말하면 율곡이 볼 때 퇴계는 도에 확연관통하지 못했다고 하겠다.[39] 심지어 율곡은 이기가 둘이 아닌不二 줄을 모르는 자는 도를 모르는 자라고 확언한다.[40] 율곡은, 사람은 이가 발한 본성을 가진 사람과 기가 발한 인심이나 칠정을 가진 사람으로 구분될 수 없다고 한다. 만물이 만들어지고 내 마음을 쓰고, 말하고, 행동하는 것도 바로 기가 발하고 그 안에는 어김없이 이가 예외 없이 타고 있어 가능한 것이다.[41] 착한 마음이든四端 그렇지 않은 마음이든七情 모두가 기가 발하여 나왔을 뿐이다. 율곡은 물과 병의 관계에 이와 기를 비유하여 설명한다. 즉 물이 병의 모양을 따르듯, 이는 기의 모양에 따를 뿐

37 『栗谷全書』 卷10:8, 「答成浩原-壬申」, "退溪之精詳勤密 近代所無而 理發而氣隨之說 亦微有理氣先後之病 老先生未損館舍事 珥聞此言 心知其非 第一年小學淺 謂感問難歸一每念及此 未嘗不通恨也"

38 『栗谷全書』 卷10:37, 「答成浩原」, "若退溪互發而子則 似非下語之失 恐不能深見理氣不相離之妙也"

39 『栗谷全書』 卷10:37, 「答成浩原」, "退溪則 深信周子 深求其意而氣質情愼密 用功亦深 其於周子之意 不可爲不契 其於全體 不可爲無見 而若廓然貫通處則 猶有所未至 故見有未瑩 言或微差 理氣互發 理發氣隨之說 反爲知見之累耳"

40 『栗谷全書』 卷10:22, 「理氣詠呈牛溪道兄(小註)」, "理氣本合也 非有始合之時 欲以理氣二之者 皆非知道者也"

41 『栗谷全書』 卷10:27, 「答成浩原」, "是故天地之化 吾心之發 無非氣發而理乘之也"

이라는 것이다.[42]

성인이든 소인이든 모든 사람은 국한시키는 능력을 가진 기氣가 보이지 않는 이理를 묶어서 마음과 칠정을 가지게 되는데, 성인은 기에 묶여 있지만 기운에 마음을 빼앗기지 않고 자유로운 데 반하여 소인은 외부 물질과 묶인 자신의 작은 마음에 본래의 마음인 도심을 빼앗기는 차이만 있을 뿐이라는 것이다. 그러므로 율곡은 마음이 둘이 아니며, 사단과 칠정이 둘이 아니며, 본성과 심이 둘이 아니라는 주장을 한다. 이러한 이해는 이理로부터 나온 본성에 투철한 대인만이 통치권을 가진다는 성리학적 테제에 대한 비판적 입장으로도 해석할 수 있다. 그러나 율곡은 인간 평등론으로 자신의 논의를 더 이상 발전시키지 않는다. 단지 이원론적 성리학자들이 주장하는 천리나 본성은 대인에게만 주어진다는 신분론이나 계급론적 통치 정당화 논리를 넘어서서 정치개혁론의 가능성과 인간 완성의 가능성을 열어 놓았다는 데 그 의미를 찾을 수 있다. 율곡은 일원론적 입장에 서 있었기에 "현실에 있어서의 현실 인식이 '천지지상경天地之常經'이 행하여진 고대를 기준으로 하면서도 때에 따라서는 변이하는 각각의 시대에 입각하여 행해져야 한다는 리얼리즘이 배태되어 있다"[43]라고 평할 수 있다.

율곡은 분명 선조가 성학을 배워 성인 정치를 하기를 원했으며, 선조가 하지 못한다면 당대의 사림들이 그러한 역할을 하기를 원했기 때문에 공론정치를 주장하였다. 사실상 민은 율곡에게 있어서 정치의 주체로서보다는 군주의 정치를 정당화시켜 주는 피동적 대상에 머물

42 『栗谷全書』 卷10:40, 「答成浩原」, "方圓之器不同而器中之水一也 大小之瓶不同而瓶中之空一也"

43 박충석, 『한국정치사상사』, 삼영사, 1982, 45쪽.

고 있는 것이 사실이다. 비록 율곡은 민이 자신의 통치의 정당성을 주장할 수 있는 철학적 근거는 마련했지만 현실적으로는 그렇지 못했다고 하겠다. 민이 통치의 자기 정당성을 주장하기 시작한 것은 동학에 이르러서 가능해졌다.

조선에서 도학의 맥을 이었다고 하는 정암과 율곡을 통해서, 유가는 통치의 정당성을 어떻게 확보하고자 하였는지를 살펴보았다. 이와 같은 통치의 정당화 논리 구조는 17세기의 대표적인 주자학적 정치사상가인 우암 송시열에 의하여 '직直'이라는 구체적 실천철학으로 발전하게 된다.[44] 이 때에 이르러 도학은 예禮의 생활철학으로 발전하여 조선민의 생활 자체를 규정짓게 된다. 그러나 18세기에 이르면 성리학의 도학주의는 실학자들에 의하여 일차적으로 비판을 받고, 동학에 의하여 극복되는 양상을 보인다. 실학자들은 통치의 정당성은 도덕에 있는 것이 아니라 실용성에 있다는 점을 강조하여, 공허한 이기론으로부터 벗어나 실용적 현실주의를 주장하였다.[45]

제3절 유가의 통치 논리에 대한 동학의 비판

동학은 유가가 주장하는 통치의 정당성에 비판적이었다. "유도불도 누천년에 운이 역시 다했던가"(「교훈가」)라는 언명에서 유가에 대한 비판적 입장이 잘 나타난다. 그럼에도 불구하고 동학은 동양적 통치 정당성의 근본이라 할 수 있는 도덕적 정당성은 받아들인다. 다시 말

44 유미림, 『조선후기의 정치사상』, 지식산업사, 2002, 40쪽.
45 실학의 통치 정당성에 대한 논의는 별도의 논문을 요하므로 차후에 다루기로 한다.

하면 권력의 정당성은 도덕에서 온다는 입장은 견지되고 있다. 이 때 문제의 핵심은 도와 덕이 무엇이며, 누가 도성입덕道成立德하였는가라는 점이 중요하게 된다.

수운은 경신년 4월 5일 영적 체험을 통하여 자신이 천도와 천덕에 이르렀다고 주장한다. 다시 말하면 이 때 수운은 천주로부터 "내 마음이 네 마음이다吾心卽汝心"(「論學文」)라는 일종의 인증을 받게 된다. 이를 통하여 통치의 정당성인 천도를 자신이 받았다고 주장하는 것이다. 천명天命, 천리天理, 천도天道에서 권력의 정통성을 찾는 유가의 입장에서 볼 때 수운이 천명을 받았다는 주장은 대역죄에 해당한다고 하겠다. 수운이 천명을 받았다는 주장은 해월 최시형이 하늘로부터 받았다고 하는 「강서降書」에서 더욱 분명하게 드러난다.

해월은 「강서」에서, 하늘이 임금과 스승을 내어 상제를 돕기 위해서라는 『서경書經』 구절을 그대로 인용하면서[46] 수운은 하늘로부터 가르침을 받은 주인이라고 하였다.[47] 이는 혁명적인 선언이다. 혁명은 천명이 바뀌었다는 데서 온 것이다. 수운은 전설상의 천황씨天皇氏가 받았던 천명을 자신이 경신년(1860)에 받았다고 주장하는 것이다. 동

46 "書曰 '天降下民 作之君作之師 唯曰其助上帝' 君以敎化禮樂 以和萬民 以法令刑戮 以治萬民 師以孝悌忠信 以敎後生 以仁義禮智 以成後生 皆所以助上帝者也 嗟我道人 敬受此書.(서전에 이르기를 '한울이 백성을 내리시어 임금을 내고 스승을 내었으니 오직 상제를 돕게 함이라' 하였으니, 임금은 교화와 예악으로 만민을 화하고 법령과 형벌로 만민을 다스리고, 스승은 효제충신으로 후생을 가르치고 인의예지로 후생을 이루게 하나니, 다 상제를 돕는 것이니라. 아! 우리 도인들은 공경히 이 글을 받으라.)"

47 "庚申之布德兮 豈非運 豈非命 甲子之所當兮 亦是運 亦是命 主人之一心兮 有初而克終 二字之見指兮 奈洋人之先行.(경신년에 덕을 폄이어, 어찌 운이 아니며 어찌 명이 아닌가. 갑자년에 당한 일이여, 이 또한 운이요 이 또한 명이로다. 주인의 한 마음이여, 처음부터 끝까지 지킴이로다. 두 글자(천주)를 보고 지목함이여, 어찌 서양 사람이 먼저 행한 것인가.)"

학이 천주의 명을 받았기 때문에 통치의 정당성도 당연히 동학으로 돌아오게 된다는 점이 중요하다. 수운은 「불연기연」에서, 천황씨가 천도에 통하여 천덕을 세웠다는 점에서 최초의 참 인간이며, 최초의 스승이며, 최초의 임금이 되었다는 논리를 전개한 바와 마찬가지로, 이제 자신이 도성덕립道成德立하였기 때문에 예전과는 달리 참된 자신을 회복한 진인眞人 또는 도인道人으로 일컬어지는 이상적인 인간이 되었으며, 도의 근본을 가르치는 스승이 되었으며, 또한 통치의 정당성을 자신이 이어받았음을 간접적으로 선언하고 있는 것이다. 수운이 권력의 정당성을 도와 덕에서 구하는 점에서 유가적 전통을 잇고 있음이 분명하다. 권력의 유가적 정당화의 논리에 의거하여 통치의 정당성이 동학으로 왔음을 주장하는 것이다. 풀어 보면, 도덕을 이루었다고 하는 것은 조선 왕조의 통치 정당성을 부인하고 자신의 동학이야말로 정당성을 가지는 도이며 통치의 정당성을 가진다는 점을 선언하는 것이다. 천도를 깨닫고 천덕을 베풀 수 있는 자격을 자신이 갖추었기 때문에, 도덕의 자기 전개에 필수적인 권력도 자신에게로 와야 한다는 강력한 메시지가 실려 있는 것이다.

수운은 이 점을 「흥비가興比歌」에서 다시 한번 더 분명하게 드러낸다. 흥비가의 첫 구절은 앞에서 살펴본 주공周公의 이야기로 시작하고 있다. 즉, "시운 벌가벌가하니 기측불원이라"라는 시경에 나오는 주공의 이야기를 하면서, 도덕과 권력의 떼려야 뗄 수 없는 관계는 도끼 자루와 도끼의 관계와도 같으며, 무왕의 권력과 주공의 도덕은 서로 합해질 때 힘을 가진다는 뜻을 분명히 암시하고 있다. 수운은 이처럼 자신의 도에 권력이 따라야 한다는 사실을 비유와 암시로 말하지만, 해월은 "운인즉 천황씨가 새로 시작되는 운이요, 도인즉 천지가 개벽하여 일월이 처음으로 밝는 도요, 일인즉 금불문 고불문의 일이요, 법인즉 금불비 고불비의 법이니라."[48](「개벽운수」)라고 하여, 명시적으로 수운의 새로운 도는 새로운 도덕 문명을 여는 출발점이라는 사실을 밝힌다. 그러나 아직까지 새로운 도덕에 입각한 정치의 모습은 드러나지 않았다고 하는 것이 해월의 상황 인식이다. 물론 그러한 정치가 어떤 모습인지에 대해서는 해월이 자세하게 설명하거나 기술한 것은 없다. 여기에서 동학의 정치사상적 구상의 부재성에 대한 논의가 제기되었다.[49]그러나 새로운 도덕이 통치의 자기 정당성을 주장해 나가는 과정을 해월과 동학혁명사를 통하여 새로운 정치가 어떠할지를 살펴보아 유추해 볼 뿐이다.[50]

도덕의 통치 정당성을 주장하는 수운은 당시의 조선을 어떻게 인식했는가? 수운은 당대를 "십이제국 괴질운수 다시개벽 아닐런가"(「몽중노소문답가」)라고 하여 근본적 변혁기 또는 위기로 인식한다. 뿐만 아니라 세태에 대해서는 한마디로 최고 통치자는 최고 통치자답지 못하고, 관료제는 부패했고, 가정 질서도 무너져 버렸으며, 인간성도 붕괴되었다君不君 臣不臣 父不父 子不子(「몽중노소문답가」)고 보았다. 다시 말해서 당대의 정치는 어떤 경우에도 통치의 정당성을 가지지 못하고 있음을 비판하고 있다. 마땅히 해야 할 정치적 의무를 저버린 권력 체제의 통

48 "運則 天皇氏始創之運也 道則天地開闢日月初明之道也 事則今不聞古不聞之事也 法則今不比古不比之法也"

49 김영작, 『한말 내셔널리즘 연구』, 청계연구소, 1989, 211-222쪽. 김영작은 동학사상에는 정치 기능에 대한 고려가 없어 '政治機能의 空洞化'를 가져왔다고 비판한다.

50 동학운동은 1892년 공주 · 삼례집회와 1893년 광화문복합상소에서, 동학은 근래에 이르러 끊어진 도덕을 회복했기 때문에 도덕의 정통성을 가지므로 수운에 대한 좌도난정(左道亂正)이라는 억울한 누명을 벗겨 달라는 주장을 하게 된다. 그러나 1893년 보은집회에 이르러서는 동학이 도통의 맥을 이었다는 주장에 앞서서 척왜양창의를 내걸면서 사회적 · 정치적 문제를 전면에 내걸게 된다.

치 정당성을 찾을 수 없다는 주장이다. 천명이 자신에게 왔을 뿐만 아니라 현실 · 제도적으로도 붕괴에 직면하고 있는 것이 조선의 현실이라는 것이다.

그러면 도덕적으로도 현실적으로도 통치의 정당성을 가지지 못하는 상황에서 수운이 제시한 대안은 무엇인가? 흥미롭게도 수운은 경신년 체험 이후 별다른 조직을 만들거나 정치운동을 하거나 하는 움직임이 전혀 없었다는 점이다. 통치 정당성에 대한 혁명적 주장을 하면서도 수운은 정당과 같은 조직 형성이나 무력 항쟁을 준비하는 대신 13자 주문이나 21자 주문을 강조하면서 영적 개벽開闢을 강조한다. 수운은 "열세자 지극하면 만권시서 무엇하며 심학이라 하였으니 불망기의 하였어라"(「교훈가」)라고 하여, 13자 수련을 통한 인격적 변화가 중요하며 무엇보다도 마음공부가 중요함을 강조한다. 또한 수운은 자신이 깨달은 도덕의 "절차와 법은 오직 21자뿐이라次第道法 猶爲二十一字而已"(「論學文」) 하였다. 모든 이치와 수행 절차가 21자 안에 들어 있으니 이를 열심히 하라는 뜻으로 볼 수 있다. 수운은 왜 이 점을 강조하는가? '보국안민輔國安民'이나 '광제창생廣濟蒼生'을 구호로 내건 수운이 왜 수기修己라고 하는 내적 성찰內省을 강조하게 되는가?

수운이 동학의 용어로 '안으로 도를 닦는內修道' 것을 강조한 데에는 통치의 정당성과 관련된 중요한 의미가 내재되어 있다. 그것은 새로운 통치 정당성을 가진 인격체들의 등장과 긴밀한 관계가 있다. 수운은 내적 성찰을 통하여 자신이 곧 하늘임을 자각하는, 깨어 있는 새로운 인격체의 탄생을 중요하게 생각했다고 할 수 있다. 이를 위해서는 자신이 곧 천주를 모신 우주에서 가장 존엄한 존재이며, 우주적 지상명령을 수행하는 인격체임을 자각하는 인격체가 먼저 형성되어야 함을 강조하는 것으로 볼 수 있다. 비록 수운은 이러한 인격체를 유가의 개념을 빌어서 군자君子나 대인大人 등으로 말하지만, 동학식으로 표현하면 그러한 인격체는 천주를 안에 모신侍天主 인격체이다. 철저한 자기 성찰이야말로 근대의 핵심적 요청이다. 수운은 본래의 자기를 자각하고 성찰할 줄 아는 새로운 인격체가 우선이라는 점을 밝힌 것이다.

조선 왕조의 통치 구조에서 실질적인 통치 계급은 왕과 관료 그리고 사림이었다. 왕과 관료는 실질적인 통치자였으며, 관료의 충원은 사림을 통하여 이루어졌다. 율곡은 통치의 정당성은 도통의 맥에 서 있는 사림이 감당하여야 하기 때문에 사림의 공론을 중시했음을 위에서 살펴보았다. 그러나 19세기 말에 이르면 이와 같은 사림이 더 이상 통치의 정당성을 가지지 못한다는 점이다. 통치의 정당성을 담지하고 있던 당대의 관료와 사림에 대하여 수운은 정면으로 비판한다. "약간 어찌 수신하면 지벌 보고 가세 보아 추세해서 하는 말이 아무는 지벌도 좋거니와 문필이 유여하니 도덕군자 분명타고 모몰염치 추존하니 우습다 저 사람은 지벌이 무엇이게 군자를 비유하며 문필이 무엇이게 도덕을 의논하노."(「도덕가」). 권세와 재산 그리고 지식은 도덕의 잣대가 될 수 없다는 것이다. 사대부 정치에 대한 정면 비판이라 할 수 있다. 통치의 정당성은 권세, 재산, 지식으로부터 나오는 것이 아니라는 주장이다. 수운은 당대의 정치 권력을 좌우하고 있는 권세가와 재력가 그리고 지식인들의 통치 정당성을 비판하고 새로운 정당성을 제시하는 것이다. 새로운 정당성은 도덕이다. 수운이 13자 또는 21자의 주문을 중시하는 것은, 주문 수양을 통하여 새로운 도덕적 인격체가 나와야 한다는 점이다. 도덕적 인격체가 되기 위해서는 어떠

해야 하는가?

해월은 수도를 통한 이상적 인격체가 되어 통치의 정당성을 확보하기 위해서는 정성만 있으면 된다고 하였다. "부귀한 자만 도를 닦겠는가, 권력 있는 자만 도를 닦겠는가, 유식한 자만 도를 닦겠는가, 비록 아무리 빈천한 사람이라도 정성만 있으면 도를 닦을 수 있느니라."[51](「독공」). 통치의 정당성의 기준이 되는 도에 대한 길이 누구에게나 열려져 있다는 점에서 혁명적이라 할 수 있다. 통치 정당성을 주장하던 사대부의 주장에 대한 정면 비판인 것이다. 이와 같은 혁명성은 농민이 정치적 정당성을 주장할 수 있는 사상적 기초가 된다. 시민권에 입각한 시민 민주주의와는 다른 정치권의 확보가 동학에 의하여 제기된 것이다. 서구 시민 개념이 가지는 재산, 교양 지식, 합리성 등과는[52]달리 동학에서 민이 통치의 권한을 갖게 된 것은 누구나 도덕을 닦을 수 있으며 완성할 수 있다는 주장에 기초하게 된다. 이 때 도덕은 종교적이라고도 할 수 있는 천주를 모시는 인격체로 설명된다.

서구 민주주의가 통치의 정당성을 도덕이나 종교로부터 독립시켜 개인 시민에게 귀속시킨 뒤 제반 권리를 부여한 데 반하여, 동학은 여전히 권력의 독자성이나 정치의 독립성을 인정하지 않고 있으며 도덕의 하위 개념으로 보고 있다. 권력과 도덕의 불가분리적인 시각이 자주적 근대성으로 평가받는 동학사상에서도 여전히 지속되고 있다. 그러나 도덕의 주체나 담지자는 혁명적인 변화를 겪게 된다. 즉 고대에

51 "富貴者修道乎 有權者修道乎 有文者修道乎 雖貧賤者有誠可以修道也"

52 서구 사회의 통치의 정당성에 대한 하버마스의 논의와 한국사회에의 적용에 나타나는 문제점에 대한 보다 자세한 논의는 이신행 외, 「하버마스의 공공권역: 87년 정치변동 그리고 새로운 정당성의 연구」, 『시민사회운동: 이론적 배경과 국제적 사례』, 법문사, 1999, 166-184쪽 참조.

는 하늘로부터 특별한 명령을 받은 특정한 왕이 통치의 정당성을 주장하다가, 송 · 명대에 이르러서는 지역적 근거지를 가지고 있으며 일정한 토지를 소유한 지주 계급이며 동시에 교양과 지식을 갖춘 지방의 사대부들이 도통의 계승자로서 통치의 정당성을 주장하게 된다. 동학에 이르러 도덕은 더 이상 사대부 계급에 한정되지도 않고 일반 농민들에게 평등하게 주어지게 된다. 도덕의 평등주의 또는 민중화라고 하겠다. 도덕을 중심으로 하고 있다는 점에서 동학의 근대성은 서구의 근대성과는 또 다른 차이를 보여 준다.

제4절 동학이 제시하는 통치의 정당성

정치가 도덕과 분리된다면 더 이상 정치라 할 수 없다는 것이 동양정치철학의 핵심이다. 이런 논법은 '내성외왕內聖外王'이니, '수기치인修己治人'이니, '위기지학爲己之學' 등의 개념을 통하여 정치철학적으로 정교화되었다.[53] 동학은 위에서 보았듯이 도덕에 기초한 권력만이 정당하다고 대답한다. 도성덕립道成德立을 세 가지 차원에서 보면, 개인적 차원에서는 천주와의 본래적 관계성을 회복하고, 가정적 차원에서는 모든 존재들을 천지부모로서 섬기고, 사회적 차원에서는 사물까지도 하늘로 공경할 수 있어야 비로소 통치의 정당성을 가진다고 하겠다. 좀더 자세하게 살펴보자.

도덕에 기초한 권력은 구체적으로 어떻게 구현할 수 있는가? 수운

53 유가정치의 이상에 대해서는 이상익, 『유가 사회철학 연구』, 심산, 2001, 303-306쪽 참조.

의 대답은 의외로 간단하다. 먼저 도덕적 인격이 탄생해야 한다고 보았다. 도덕적 인격이란 천지이기天地理氣와 관통하는 존재로서의 인격이 등장해야 한다고 보았다. 수운은 "인의예지는 옛 성인의 가르친 바요, 수심정기는 내가 다시 정한 것"[54](「修德文」)이라 하여 수심정기는 천지이기와 통하는 길이라고 하였다. 비록 유가가 지향하는 이상을 제시하였지만, 이상을 실현하기 위한 실천적 길은 자신이 찾아내었다고 하였다. 인의예지를 구체적으로 실현할 수 있는 길을 수운 자신이 찾아냈다는 자부심을 잘 보여 준다. 해월은 수심정기를 "수심정기 네 글자는 천지가 운절되는 기운을 다시 보충하는 것"[55](「수심정기」)으로 보아 동학은 이상적 인격체가 되기 위한 바른 길임을 강조한다. 현대적 맥락에서 보면 통치의 정당성은 덕성 연마를 통한 이상적 인격체가 전제되어야 비로소 통치 행위는 그 정당성을 인정받을 수 있다고 하겠다. 그러나 현대 정치는 인간의 자아완성과는 완전히 다른 영역으로 이해되고 있는 현실이다. 조선 시대의 정치인들은 오늘날의 정치인들에 비하여 훨씬 더 인문적이었다. 심성론 그리고 이기론은 권력 갈등의 주요한 수단 중의 하나였으나, 오늘날 우주론이나 인간론을 논하면서 정치를 하는 정치인을 찾기란 매우 어렵다. 이 점에서도 동학은 현대 정치와는 다르다.

동학이 주장하는 수심정기는 이론이 아니라 구체적인 인격 수양이라 할 수 있다. 여기에서 마음을 지킨다는 것은 본래의 순수한 마음, 본래 고요한 마음, 본래 물들지 않은 마음을 지킨다는 뜻이지 개체의 변화무쌍한 마음을 지킨다는 것은 아니다. 유가에서 말하는 도심道心,

54 "仁義禮智 先聖之所教 修心正氣 惟我之更定"
55 "'守心正氣' 四字 更補天地隕絶之氣"

본연지성本然之性이나, 불가에서 말하는 불성佛性, 일심一心을 뜻한다고 하겠다. 동학은 모든 사람은 본래 천주를 모시고 있으며, 그 천주란 다름아닌 신령內有神靈과 그 활동外有氣化이라 하였다.(「論學文」). 누구나 가지고 있는 이 본 마음을 지키고 우주의 혼원일기渾元一氣를 바로잡기만 하면 된다는 뜻이다. 마음은 기운에 따라서 흐려지고 움직이고 물들기 때문에, 본래의 마음을 지키기 위해서는 동시에 기운을 바르게 해야 한다는 것이 수운의 주장이다. 이러한 마음공부와 기운공부를 통하여 비로소 통치의 정당성을 가진 도덕적 인격이 태어날 수 있다는 것이다. 그러한 인격은 사사로운 자신의 이익, 자신이 속한 조직, 편협한 입장을 강요하는 것이 아니라 공공적이고 보편적인 이익을 추구하고, 보편적 공동체를 지향하고, 보편적 시각을 열어 줄 수 있다는 것이다. 이른바 지공무사至公無私할 수 있는 인격 형성을 위한 구체적 길로써 수운은 수심정기를 말했던 것이다.

시민보다 국가를 먼저 형성한 대부분의 후발 산업국가들의 경우에는 공통적으로 국가가 앞장서서 건전한 시민을 형성하기 위한 대대적인 캠페인을 벌인다. 이 경우 시민은 대부분의 경우 국가의 요청에 의하여 교육되고, 조직되고, 정치화되기 때문에 실상 개체의 자율성과는 거리가 있게 되는 것이 현실이다. 이와 같은 시민 형성에 비할 때 동학의 수심정기에 의한 새로운 공적 인격의 탄생은 자율적이면서 영적이다. 동학의 수심정기는 한 시대나 사회가 요청하는 인격체라기보다는, 시대와 사회를 넘어서서 인간의 보편적 속성을 회복한 인격체라 할 수 있다. 다시 말하면, 수심정기를 통하여 천지이기와 통한 인격체는 개인, 가정, 지역, 국가, 민족이라고 하는 제한된 단위의 요청에 의하여 태어난 인격체와는 뚜렷하게 구분되는 보편적 인격이라고 할 수 있다. 물론 수심정기를 통하여 태어난 존재가 해당 정치 · 사회나 시대 역사로부터 고립되거나 초월한 존재일 수는 없다. 수운 자신도 이 점은 분명히 인식하고 있었다.

동학이라고 하는 이름은, 서학이나 유가와 구분하고 주체성을 명료히 하기 위함이라는 사실을 수운은 밝히고 있다. 수운의 도를 서학이라고 해도 되겠냐는 제자의 질문에 대하여, 수운은 "그렇지 아니하다. 내가 또한 동에서 나서 동에서 받았으니 도는 비록 천도나 학인즉 동학이라. 하물며 땅이 동서로 나뉘었으니 서를 어찌 동이라 이르며 동을 어찌 서라고 이르겠는가. 공자는 노나라에 나시어 추나라에 도를 폈기 때문에 추로의 풍화가 이 세상에 전해 온 것이어늘 우리 도는 이 땅에서 받아 이 땅에서 폈으니 어찌 가히 서라고 이름하겠는가."[56](「論學文」)라고 하여 시공간적 현실의 중요성을 잘 인식하고 있었다. 동학이 이상적 정치 주체로 설정하는 인격체는 한 시대가 처한 사회와 역사라는 구체성에 바탕한 보편성이라는 점에서 헤겔적 용어로 하자면 '구체적 보편성'을 갖춘 정치적 인격이라 하겠다. 그리하여 동학은 조선의 현실을 떠난 추상적 보편성을 추구하였던 성리학자들을 극복할 수 있었으며, 동시에 보편성보다는 조선적 상황과 특수성을 강조하였던 실학자들의 논의지평도 넘어설 수 있었다.

두 번째로, 수운의 조화로운 가정 질서는 통치의 정당성에서 매우 중요한 위치를 차지하고 있다. 이 점은 매우 흥미로운 것이다. 정치질서를 가정의 연장선상에서 보는 것은 유가의 오래된 전통이다. 군주를 민의 아버지로 보려는 인식은 대부분의 조선 성리학자들이 공통

56 "曰不然 吾亦生於東 受於東 道雖天道 學則東學 況地分東西 西何謂東 東何謂西 孔子生於魯 風於鄒 鄒魯之風 傳遺於斯世 吾道受於斯布於斯 豈可謂以西名之者乎"

적으로 주장하는 강조점이기도 하다. 다시 말하면, 조선의 성리학에는 "인仁·효孝를 의義·충忠보다 근원적이고 보편적인 가치로 보려는 경향이 나타나고"[57] 있다. 동학에 이르러 통치 정당성의 기초로서의 가정은 두 가지 근본적 변혁에 처하게 되는데, 하나는 부자 관계로 가정을 보는 수직적 가족관에서 부부 관계로 가정을 보는 수평적 가족관으로의 변화이고, 다른 하나는 효와 충이라는 윤리를 천주에 대한 효라는 보편 윤리로의 승화이다.

먼저 부화부순夫和婦順으로 요약되는 동학의 수평적 가정 질서를 살펴보면, 수운은 1860년 영적 체험 이후 자신이 깨달은 바를 가장 먼저 전해 준 사람이 다름아닌 부인이었다. 또한 수운은 전국을 방랑하는 오랜 구도 생활을 통하여 가정 생활을 형편없이 불편하게 했고 고생을 시켰던 부인의 마음을 위로하는 「안심가」를 지어 바쳤다. 해월도 손수 지은 글은 부인의 수도를 논하는 「내수도문」과 포태한 부녀자를 위한 태교서인 「내칙」뿐이다. 심지어 해월은 "부화부순夫和婦順은 우리 도의 종지"[58](「부화부순」)라고 말한다. 그 이유로 해월은, 남자와 여자는 음양으로서 음양이 조화하면 천지가 합덕合德하기 때문에 부화부순이 되어야 천지의 덕과 합하게 된다고 말한다. 부부간의 조화야말로 통치에 뜻을 둔 사람들의 기본적 조건이라는 시각을 잘 볼 수 있다. 그러나 현대 정치는 남성들의 전유물이거나 아니면 일부 여성 전사들이 가정으로부터의 탈출구이다. 정치는 가정 생활과 아무런 관련이 없는 것이다. 오히려 가정을 벗어나야 정치를 할 수 있는 것처럼 인식되고 있는 것이 현실이다. 그러나 동학사상에서는 정치는 마치

57 박충석 · 유근호 공저, 『조선조의 정치사상』, 평화출판사, 1982, 122쪽.
58 "夫和婦順吾道之第一宗旨也"

가족의 일과 똑같이 여기고 있다. 유가와 같은 왕과 백성의 수직적 충성의 질서가 아니라, 부부와 같은 조화로운 평등적 관계에 입각한 정치를 구상한다고 할 수 있겠다. 성리학이 중앙에서의 천자와 신하, 지방에서의 사대부와 촌민, 가정에서의 가장과 자녀의 엄격한 수직적 지배 질서 인 데 반하여, 동학은 수평적 관계로 이해하고 있다. 유가의 조화가 불평등적 · 수직적 조화라면 동학에서의 조화는 평등적 · 수평적 조화라 할 수 있다.

동학은 가정의 문제인 효를 보편적으로 승화시키고 있다는 점에서 권력의 기본 단위로서의 가정에 대하여 다른 이해를 보여 준다. 동학은 효를 가정의 문제가 아닌 보편 인간의 문제로 본다. 유가의 효가 가장의 권위에 대한 의무적 속성이 큰 반면, 동학에서의 효는 그 대상이 가장家長을 향하는 것이 아니라 천지부모天地父母라고 하는 생명을 낳아 주고 길러 준 보편적 우주 만물로 확장한다. 해월은 왜 천지부모에 대한 효가 중요한지를 다음과 같이 설명하고 있다. "부모의 포태가 곧 천지의 포태니, 사람이 어렸을 때에 그 어머니 젖을 빠는 것은 곧 천지의 젖이요, 자라서 오곡을 먹는 것은 또한 천지의 젖이니라. 어려서 먹는 것이 어머님의 젖이 아니고 무엇이며, 자라서 먹는 것이 천지의 곡식이 아니고 무엇인가. 젖과 곡식은 다 이것이 천지의 녹이니라."[59](「천지부모」). 해월은 천지가 부모인 것을 알게 된 것은 수운에 이르러서였다고 한다. 즉, 천지가 부모인 줄을 알아서 효를 행하게 되므로, 진정한 사람 노릇을 하게 된 것은 수운에 이르러서였다는 것이다. 그러나 부모는 나의 몸과 동떨어져 있어 분명히 보이기 때문에 쉽

59 "父母之胞胎 卽天地之胞胎 人之幼孩時 唆其母乳 卽天地之乳也 長而食五穀 亦是天地之乳也 幼而哺者非母之乳而何也 長而食者非天地之穀而何也 乳與穀者是天地之祿也"

게 효를 할 수 있지만, 천지부모는 형상도 소리도 없기 때문에 알 수 없을 뿐만 아니라 내 안에 숨어 있어 더욱이 알기 힘들기 때문에 천지부모에 대한 효를 아는 사람이 적다고 하였다.[60](「천지부모」).

앞에서 살펴보았듯이 동학은 통치와 교육의 정당성은 모두 상제를 돕기 위함이라는 『서경書經』의 정치 인식을 잇고 있다는 점에서, 정치는 다름아닌 천지부모에 대한 효와 크게 다르지 않다고 하겠다. 즉, 인간 실현이 정치의 최고 목적으로 제시되는 것이다. 사람은 천주를 모시고 있어 그 본 모습은 천주이기 때문에 천주를 돕기 위한 정치와 교육의 정당성은 사람에 대한 봉사와 똑같다고 하겠다. 여기에서 민을 먹이고, 민을 가르치고, 민의 안전을 보장하는 것이 곧 통치의 본령이라는 민본주의도 쉽게 이해할 수 있다. 역설적으로 들릴 수 있지만 동학에서 통치 행위의 정당성은 민에 대한 효라고 할 수 있다. 왜냐하면 민이 다름아닌 하늘이기 때문이다. 맹자의 민본 개념과 유사하다고 하겠다. 결국 통치의 정당성은 민을 하늘로 아는 자에 의해서만 유지될 수 있다는 것이다. 그렇지 못한 사람의 경우에는 어떤 경우에도 통치자로서 자기 정당성을 확보할 수 없다.

흔히 동양 정치철학에는 '민본民本'과 '위민爲民'은 있어도 민주民主는 없다고 평가한다. 그러나 이러한 이해는 민본이나 위민의 개념을 정치 주체의 개념에 입각하여 보기 때문에 발생하는 문제이다. 민본이나 위민은 정치 주체의 문제가 아니라 통치의 정당성 논의에서 나

60 "挽近以來 人倫蔑如 丁寧知父母之生我育我 而慢而忽之 以孝子甚鮮 又況微妙難測者 無形有跡天地父母之理 孰能敬畏 孝而奉之乎.(근래에 와서 사람의 윤리가 업신 여겨지게 되어 정녕 부모가 나를 낳아 길러 주신 것을 알면서도 등한히 하고 소홀히 하여 효도하는 자가 매우 적거늘, 하물며 미묘난측한 무형유적의 천지부모의 이치를 누가 능히 경외하여 효성으로 봉양하겠는가.)"

온 문제이다.

동양의 정치철학자들은 누가 통치하느냐의 문제보다 어떤 통치가 정당한가의 문제를 더 중시하였다. 유가 일반보다 구체적으로 맹자에게서 민이 정치적 주체로서 통치의 정당성을 가질 수 있느냐의 문제는 심각하게 논의되지 않았다. 유가에서 가장 중요한 것은 천도에 통하고 천덕을 베풀 수 있는 인격체가 되었는가의 문제였기 때문에, 왕 · 관료 · 사대부 · 민이라고 하는 사회적 역할에 의거하여 통치권을 줄 것인가 말 것인가와 같은 문제는 중요한 논제가 되지 못했다. 정치 주체의 문제를 구체적인 사회 역할에 따라서 부여하자는 논의는 송의 주희에 이르러서였으며, 조선의 건국 설계자인 정도전은 이를 현실화하려고 하였으나 왕권과의 갈등으로 성공적으로 수행하지는 못했다고 할 수 있다.

동학에 이르게 되면, 위에서 살펴보았듯이 정치 주체는 수도修道하고 수덕修德하는 사람에게는 사회적 역할과 관계없이 누구에게나 열리게 된다. 누구나 평등하게 천주를 자신 안에 모시고 있으며, 수심정기守心正氣하여 공적 인격체가 될 수 있으며, 천지부모天地父母에게 효도를 할 수 있기 때문이다. 물론 동학은 누구나 그렇게 될 수 있지만 모든 사람에게 똑같이 정치적 주체로서 한 표를 행사할 수 있는 정치권을 주는 민주주의의 절차로 발전하지는 못했다. 혹시 일제에 의하여 동학의 자기 발전이 가로막히지 않았다면 서구적 민주주의 제도와 유사한 민주 절차가 발전되었을지도 모르지만 정치사상적 상상일 뿐이다.

누가 어떤 이유로 정치적 통치자가 될 수 있느냐의 문제와 모든 사람들에게 1인 1표를 부여하는 문제는 별개의 문제이다. 여기에서는 누가 정치적 통치자가 될 수 있으며, 왜 통치의 정당성을 가질 수 있느냐의 문제를 다루고 있다. 그러나 현대 민주주의자들은 왜why의 문제는 심각하게 다루지 않는다.

동학사상에서 민이 정치의 주인이 되기 위해서는 위에서 말한 바대로 천주天主를 모시고 있음을 알아야 하고, 수심정기守心正氣해야 하고, 천지부모天地父母에 대한 효를 해야 한다. 그러할 때 비로소 통치의 정당성을 얻을 수 있다. 천지부모에 대한 효를 동학의 도로 생각한다면, 천지부모의 자리에 '사람이 하늘이다' 라는 동학의 논리에 의거하여 사람 혹은 민을 놓는다면 우리는 민을 천지부모로 섬길 줄 모르는 사람은 통치의 정당성을 가질 수 없다고 말할 수 있겠다. 이 점에서 동학은 정치를 수직적 관계가 아닌 군주와 민의 수평적 섬김으로 보고 있다. 통치자는 피치자를 천지부모에 대한 효로써 행하고, 피치자는 통치자의 높은 도덕에 따름으로써 상호 조화하는 정치를 지향했다고 말할 수 있다. 이 점에서 동학의 정치철학은 수평적 조화의 정치철학이라 할 수 있다.

세 번째로, 동학사상에서 통치의 정당성은 공경恭敬에서 온다. 공경은 존엄성을 전제로 한다. 존엄하지 않은 존재를 공경할 수는 없다. 동학에서 공경의 정치사상은 '사람이 곧 하늘이다人乃天' 라는 인간 존엄성에 대한 철학에서 나온다. 동학에서 사람을 사람으로서 대한다면 공경이라 할 수 없으며, 하늘로 대할 때부터 공경이 시작된다고 하겠다. 물론 공경은 유가에서 제기되어 천착되어 온 개념이다. 그러나 동학은 같은 개념을 새롭게 쓰게 된다. 정성이 내면적 존재와의 본래적 관계라면, 공경은 외적 존재들과의 본래적 관계라 할 수 있다. 본래적 관계란 본성이나 본심의 외면적 표출에서 나오는 관계를 뜻한다. 본성이나 본심은 천성이나 천심으로 모두 하늘에서 왔기 때문에, 정성이 내면적 하늘과의 관계 회복이라면 공경은 외면적 하늘과의 관계 회복이라 할 수 있다.

해월은 경敬을 대상에 따라서 세 가지로 나누어 본다. 경천敬天, 경인敬人, 경물敬物이 그것이다. 하늘을 공경한다거나 사람을 공경한다는 말은 쉽게 이해할 수 있다. 왜냐하면 경천은 종교 일반의 특성이고, 경인사상敬人思想은 휴머니즘의 속성이기 때문이다. 그러나 경물사상敬物思想은 일반적으로 잘 알려져 있지 않은 사상이다. 경물은 동학사상의 독자성이 잘 나타나는 개념 중의 하나이다. 해월은, 사람은 경물에 이르러서야 도덕의 극치에 이른다고 하였다.[61](「삼경」). 해월은 "사람마다 마음을 공경하면 기혈氣血이 크게 화하고, 사람마다 사람을 공경하면 많은 사람이 와서 모이고, 사람마다 만물을 공경하면 만상萬相이 거동하여 오니, 거룩하다 공경하고 공경함이여"[62](「성경신」)라고 하였다. 여기에서 통치의 기초로서 공경과 그 효과에 대한 이해를 볼 수 있다. 해월은 공경을 사람과 자연 사물을 대하는 근본 원리로 말하고 있다. 사람을 공경할 때 다른 사람들이 모여서 이상적인 사회 관계가 형성되고, 사물을 공경할 때 우주 만물을 관통하는 하나의 기운에 통하여 사물과의 바른 관계를 수립할 수 있다고 하였다. 공경할 때 인간은 다른 사람과 조화할 뿐 아니라 자연과도 조화로운 관계를 유지할 수 있다고 보는 것이다. 그러므로 공경은 대인 관계와 대자연 관계, 나아가 대천주 관계에서도 최고의 덕목임을 알 수 있다.

61 "물건을 공경함이니, 사람은 사람을 공경함으로써 도덕의 최고 경지가 되지 못하고, 나아가 물건을 공경함에까지 이르러야 천지기화의 덕에 합일될 수 있느니라."

62 "人人敬心則氣血泰和 人人敬人則萬民來會 人人敬物則萬相來儀 偉哉敬之敬之也夫"

이상적인 통치 행위란 이와 같은 이상적인 인간 관계인 공경을 회복하기 위한 것이라 할 수 있다. 공경의 규범은 통치자의 제1의적 규범이 되는 것이다. 군주와 신하 사이의 규범일 뿐만 아니라 군주와 민간의 규범이기도 하다. 공경의 정치는 물론 현실 정치의 모습이 아니다. 이는 혼란과 전쟁의 시대에 인정仁政이나 왕도정치王道政治를 주장하는 공자나 맹자처럼 현실을 바라보고 개혁하는 이상으로 제시되었을 뿐 현실 정책이나 술수가 아니다. 그렇다고 공경의 정치가 현실과 괴리되었다거나 실천할 수 없는 것이라는 뜻은 아니다. 해월은 생활 속에 이데올로기로, 생활규범으로, 생활의례로 와 있는 유교의 권력을 비판하고 새로운 공경의 생활정치를 실현하고자 하였다. 동학이 강력한 현실 변혁 운동으로 발전한 것을 볼 때도, 동학사상이 현실 초월적인 사상이 아닌 현실 개혁적 사상으로 작용했음을 보여 준다. 즉, 공경의 정치는 단순히 이상이 아니라 역사 속에서 구체적으로 작용했다고 하겠다.

제5절 맺음말

민주주의는 통치의 정당성을 민의 다수결이나 일반 의지에서 찾는다. 그러므로 민주주의는 다수결이나 일반 의지를 구체화하기 위한 절차와 방법에 천착하여 오늘날의 근대적 민주주의 제도를 형성하였다. 자유민주주의나 사회민주주의라는 정치적 제도는 개체 인격의 자율성과 자유에서 기초하고 있는 정치 기제이다. 반면 동양의 정치사상은 통치의 정당성을 분명 민에게서 찾고는 있으나, 민의 다수결이나 일반 의지를 구현하는 구체적인 절차에 대한 논의를 발전시키지 못했다. 맹자 때부터 제기된 민본사상이 구체적인 민주적 제도로 발전하지 못한 데에는 여러 가지 이유가 있겠지만, 민본은 통치의 정당성을 구체적인 민에게 직접적으로 부여하지 못했기 때문이다. 유가의 민본이 어디까지나 통치자의 구호나 이데올로기에 머물게 되어 현실 권력자를 정당화하는 이념으로 봉사하게 되는 데는, 민본을 구체적인 민과 연결하기보다는 통치의 정당성의 근거로서만 논의되었기 때문이다. 이와 같은 민본이 구체적 현실성을 갖추게 된 것은 동학사상에 의해서였다.

동학은 통치의 정당성을 도덕에서 찾는다는 점에서 유가의 전통에 동의하고 있으나, 도덕이 특정한 신분 · 경제력 · 지식 · 연령 · 남녀 등의 인위적인 차별에 구속되지 않는다는 점에서 도덕적 평등주의를 발견하여 전통적 유가 질서를 넘어서는 새로운 질서를 구상할 수 있었다. 현실적 · 구체적인 민이 모두 천주를 모시고 있기 때문에 평등하며 통치의 정당성도 가질 수 있다는 주장이다. 이를 이유로 동학은 민본이 민주로 나아갈 수 있는 사상적 기초를 제공하였다고 평가할 수 있다. 모든 민이 통치의 정당성을 가질 수 있지만 도성덕립道成德立한 인격체가 되는 것이 앞서기 때문에, 동학은 서구적 맥락의 대중 민주주의적 성격보다는 도덕적 인격체에 의한 도덕적 민주주의의 성격이 보다 강하다. 달리 말하면 도덕적 민의 형성이 건강한 정치를 위한 제1과제가 되는 것이다. 동학은 민본에서 민주로 나아갈 수 있는 중요한 정치철학적 고리를 제공하였으나, 1인 1표제나 다수결의 원리 등과 같은 구체적인 방법이나 제도를 발전시킬 수 있는 자생적인 발전 과정을 외세의 무력에 의하여 차단당해 버렸다. 그러나 현대의 절차적 민주주의만으로는 해결하기 어려운 민주주의의 내용적 · 도덕적 · 인간실현적 측면을 보완해 줄 수 있을 것이다.

동학이 도덕이라고 하는 인간의 내적 완성이나 인문주의적 정신을 강조하여 정치의 목적과 방향을 지킴으로써 권력과 도덕의 조화를 도모하고 있는 점은 현대 민주주의에도 많은 시사점을 준다. 동학의 개념으로 보면 정치의 인문주의적 통제는 수심정기守心正氣, 천지부모天地父母, 공경恭敬 등의 개념에 의하여 구체화되고 실천 규범으로 발전하였다. 이러한 점들은 리더의 자격 요건으로서 엄밀하게 적용되어도 좋을 내용들이다.

한 사회가 퇴보나 진보에 무관심하다면 굳이 사회의 도덕성이나 목적성을 논의할 필요가 없으나, 그렇지 않고 진보나 공동선을 지향한다면 절차적 민주주의와 함께 내용적 민주주의는 조화를 이루어야 할 것이다. 절차적 민주주의는 사사로운 이익, 편협한 주의 주장, 조직의 논리나 당파성 등과 같은 것이 통치의 정당성을 확보할 수 있는 장치가 되어서는 안 되며, 지공무사至公無私한 덕성과 타자에 대한 보편적 공경이 통치 정당성을 확보하는 장치가 되어야 할 것이다. 따라서 권력의 도덕성은 절차적 민주주의에 앞서서 논의되어야 할 문제인 것이다. 그러므로 동양의 정치철학은 권력에 앞서 도덕을 논했으며, 리더십의 제1덕목으로 도덕에 대하여 논의했다.

제9장 동학사상에서의 자율성과 공공성*

제1절 머리말

민주주의의 중요한 요소 중의 하나는 정치 주체로서의 시민의 참여이다. 민주주의는 자율적 시민을 전제로 하기 때문에, 자율적 인격에 대한 철학적 담론이 없이 민주주의는 불가능했을 것이다. 그러나 현대의 대중 민주주의에 이르러 이와 같은 자율적 시민에 의한 자치적 민주주의는 퇴색되는 면이 없지 않다. 근대적 대의제 민주주의 이후 폴리스에서 가능했던 자율적 시민들에 의한 자치 개념은 국민국가의 형성과 함께 정당과 의회라는 제도적 민주주의로 발전하게 된다. 제도적 민주주의의 주된 관심사는 경쟁하는 복수의 정당과 투표율로 계산되는 시민들의 참여이다. 그러나 정당과 의회라는 제도는 자율적

* 「동학사상에서의 자율성과 공공성」, 『한국정치학회보』36집 2호(2002 여름).

시민들의 정치 참여 통로를 전문화 · 구조화하는 대가로 일반 시민들에 의한 정치 참여의 통로를 매우 제한하게 된다. 다시 말하면 일반 시민의 정치 참여란 기껏해야 당 대회에 피켓을 들고 동원되는 것이고, 몇 년에 한 번 오는 선거에서 한 표를 행사하는 것으로 축소된다. 형식화하고 의례화한 정치 제도화는 일반 시민의 정치적 무관심과 냉소주의를 조장하는 한편, 정당과 의회에 관계하는 전문적 정치가들과의 거리를 벌려 놓게 된다.

레오 스트라우스와 같은 정치철학자는 이와 같은 현대 민주주의의 문제를 해결하기 위하여 고대 아테네의 폴리스polis 정치의 부활을 주장하기도 한다.[1] 정치적 사안에 대하여 일반 시민들의 깨어 있는 참여에 대한 그리움의 정치철학적 소산이라 할 수 있다. 하버마스Jürgen Harbermas는 서구에서 민주주의가 등장하는 17, 8세기에는 자발적인 공공 영역이 활발하게 등장했으나 자본과 권력으로 구성된 체제가 '생활 세계를 식민지화'[2]하였다고 비판한다. 이러한 상황에서는 제도화된 정치에 모든 것을 맡길 것이 아니라, 체제화되지 않은 생활 세계에 기반한 신사회 운동을 통한 참여민주주의가 요청된다고 주장한다.[3]

80년대 민주화 이후 한국은 영역 형성을 통하여 정치제도의 민주화를 상당히 진척시켰다.[4] 그러나 제도적 민주주의가 곧 인간의 정치적 · 사회적 특성을 현실화하고 사회를 진보시키는 필요충분조건은

1 Strauss, Leo, *The Rebirth of Classical Political Rationalism,* Chicago and London : University of Chicago Press, 1989.

2 Harbermas, Jürgen, *Theorie des Kommunikativen Hadelns Bend 2-Zur Kritik der funktionalistischen Vernunft,* Frankfurt an Main : Suhrkamp Verlag, 1981, 293쪽.

3 앞의 책.

4 이신행, 『한국의 사회운동과 정치변동』, 민음사, 1997.

아니다. 생활상에서 제기되는 정치 · 사회 문제를 공동의 지혜로 해결해 나가려는 자율적 인격체에 의한 자치 공동체로서 민주주의의 이상을 실현[5]하기 위해서는 시민들의 자율성의 성장과 생활 세계에 기반한 공공 영역을 통한 시민들의 참여가 필수적이라 하겠다.

동학은 19세기 말 사대부 중심의 정치 질서에서 일반 농민들의 높은 자율성과 참여성을 보여 준 사상이자 자치적 공공 영역을 형성한 정치 · 사회적 운동이었다. 동학에서 시민의 자율성과 참여성의 뿌리를 되찾아 그 맥을 오늘의 참여민주주의로 되살릴 수 있는가 하는 점을 찾아보는 것이 이 글의 목적이다. 이를 위해서는 조선의 정치이념이었던 성리학에 대한 비판적 성찰이 앞서야 할 것이다. 왜냐하면 동학은 조선의 성리학적 정치이념과 서구의 침략주의적 모더니티에 대한 성찰적 비판에서 출발하기 때문이다.

조선 왕조를 지배한 주자학은 처음부터 지배 계급의 표상이라 할 수 있는 군자君子와 피지배 계급의 전형이라고 할 수 있는 소인小人을 철학적으로 엄격히 구분하여, 민의 정치 참여를 배제한 왕과 사대부 계급의 독점적 정치 체제였다. 다시 말하면 이理에서 나온 본성性을 온전히 갖추어 사단四端을 거느린 군자와 기氣에서 나온 인심心에 사로잡혀 칠정七情의 노예가 된 소인 사이에는 건널 수 없는 벽이 있다는 것이 성리학의 기본 테제였다. 이와 기는 섞일 수 없는 이원적 존재로서 어떤 경우에도 혼동될 수 없는 것이다. 성심性心의 경우도 마찬가지이다. 성리학에서 군자의 도심道心 혹은 본성과 소인의 인심人心은 엄격하게 구분된다. 이와 같이 조선 시대의 정치 주체는 엄밀하게 말

5 정문길 외 15인 지음, 『삶의 정치-통치에서 자리로』, 대화출판사, 1998.

하면 왕과 사대부 계급의 전유물이었고 일반 시민의 정치 참여는 생각할 수 없는 것이었다. 주자학은 이러한 정치 구조를 정당화하는 정치이념으로 봉사하였다. 동학은 이와 같은 지배 이데올로기에 대한 비판이자 새로운 대안이었다.

동학을 창시한 수운 최제우는 "유도불도 누천년에 운이 역시 다했던가"(「교훈가」)라고 하여 이원론적 주자학을 비판하면서 새로운 도덕을 제창한다. 새로운 도덕의 핵심은 '천주 모심侍天主'이다. 수운은 천주로부터 '내 마음이 네 마음吾心卽汝心'(「論學文」)이라는 말씀을 듣고 천주와 사람이 다르지 않음을 밝힌 '무극대도無極大道'를 가르쳤다. 이는 곧 하늘과 사람의 평등주의로 발전하고, 사람과 사람 사이의 평등주의로 구체화하였다. 수운을 이은 해월은 수운의 평등주의를 생활 양식과 사회운동으로 발전시켜 일반 민의 자율성과 자발성에 입각한 새로운 정치 · 사회적 공공 영역을 조직화하였다. 이 글의 목적은 해월과 수운의 사상에서 참여민주주의의 정치철학적 근거로서 동학의 자율성을 살펴보고, 자치적 공공 영역이라 할 수 있는 접포제와 집강소를 살펴 19세기 말 동학이 한국 사회에 어떠한 방식으로 참여하여 역사의 큰 줄기를 이루어 나갔는가 하는 점을 고찰하고자 한다.

제2절 참여의 사상적 기초: 타율에서 자율로

1. 주자학에서 자율성의 문제

서구의 경우 자율적 인간관의 철학적 기초를 제공한 학자는 데카르트이고, 형이상학적 도덕으로 체계화한 학자는 칸트라 할 수 있다. 데카르트는 일체의 신적 권위를 비판하고 '생각하는 자아' 관을 기초지음으로써 신에 종속되었던 인간을 해방시켜 사유하는 독립적 · 자율적 존재임을 확인시켜 주었다. 일체의 권위로부터 해방된 인격체는 자신의 삶은 자신의 판단으로 결정하며 자신이 책임진다는 민주주의적 인격관의 기초를 마련한 셈이다. 이러한 인격관은 칸트에 의하여 형이상학적 도덕론으로 체계화, 정교화되었다. 칸트는 도덕적 주체로서의 인간은 어떤 것에도 구속되지 않고 자유롭게 자신의 도덕적 양심에 따라서 판단하고 행위해야 하므로 다른 인간과의 계약을 통하여 도덕적 사회를 형성할 수 있게 된다고 하였다. 반면 홉스는 일체의 다른 권위에 의존하지 않고 인간의 감각론에 의거하여 모든 개인은 비명횡사에 대한 두려움 때문에 계약을 통하여 정치적 삶을 선택한다는 개인으로부터 출발하는 정치 질서 구축의 과정을 그려 내고 있다. 근대 민주주의의 토대는 자율적 인격에 그 정치철학적 기초를 두고 있다고 볼 수 있다. 동학에는 서구와 같은 자율적 인격체에 대한 철학적 자각이 있으며 서구의 그것과 어떤 차이점이 있는가?

동학이 바라보는 자율성을 논하기 이전에 먼저 모우종산牟宗三의 주희에 대한 이해를 통하여 동양에서 자율성 문제가 어떻게 이해되었는가를 살펴보도록 한다. 조선은 주자학을 정치이념으로 받아들였기 때문에 주자학이 인간의 자율성을 어떻게 이해하고 있는지를 살펴볼 필요가 있다.

모우종산에 의하면 중국의 정통 철학은 인간의 자율성을 무한대까지 인정하였다고 본다. 성인, 현인, 군자란 신처럼 무한한 자율성을 지닌 존재를 일컫는 개념이다. 그러한 인격체에서 형이상적 존재Being

는 형이하의 활동 혹은 현상Becoming과 동떨어지지 않는다.[6] 모우종산은 동양에서 성인이나 군자로 불리는 인격체는 형이상의 존재와 같이 완전히 자유로운 인격이라는 것이다. 그러나 이러한 전통은 주희에 이르게 되면 다른 양상으로 발전하게 된다는 것이 모우의 견해이다. 정통 중국철학이 보는 자율적 인격체관은 정이천程伊川과 주희朱熹에 이르게 되면 평가절하가 이루어지게 되어 완전히 타율적 도덕으로 바뀌게 된다[7]는 것이다. 중국의 도학은 천명天命과 본성本性을 통일적으로 파악하여 존재와 활동存有與活動의 일원론인 데 반하여, 주희에 이르러 존재는 존재대로 활동은 활동으로 이원화되게 된다.[8]

천명天命, 도체道體, 성체性體 등으로 표현되는 존재는 형이상학적 존재이면서 동시에 개체 인간과 사물에 침투되고 관통된 '다함이 없는 활동성 혹은 창조성' 그 자체라는 것이 역철학에서부터 시작된 중국철학의 핵심이라는 주장이다. 주희에 이르러 형이상의 천명과 이理, 형이하의 활동과 기는 뚜렷하게 분리되게 된다. 이기를 분리시켜 주희는 인간은 이라고 하는 형이상적 실체에 의존해야 인격적 완성을 하는 타율적 도덕관을 제시하여 정통 중국철학의 흐름과는 또 다른 흐름을 창시하였다고 한다.[9] 주희는 형이하의 세계와 동떨어진 형이상적 존재를 이라 불렀고, 인간은 형이상의 이에 의존하지 않고는 자율적일 수 없는 존재로 평가절하했다는 것이다.

조선이 정치이념으로 받아들인 것은 인간의 자율성을 인정하는 정

6 牟宗三, 『心體與性體』, 正中書局, 民 79, 78-85쪽.
7 앞의 책, 86쪽.
8 앞의 책, 78-87쪽.
9 앞의 책, 87, 105쪽.

통 중국철학이 아닌 타율적 도덕론을 제시하는 주희의 이원론 혹은 존재론이다. 조선의 주자학은 주희의 철학적 이원성을 현실적 이원성으로 고착화하여 정치제도로 구조화시켰다. 철학적 이원론은 지배와 피지배의 질서를 정당화시켜 주는 조선의 건국이념으로 차용된다. 그러므로 조선이 받아들인 주자학적 정치이념에서 자율성의 실마리를 찾기는 쉽지 않다. 그럼에도 불구하고 16세기 후반을 살았던 율곡은 주희의 이원론을 넘어서는 독창적인 이기론을 제시하고 있다. 이 점에서 율곡은 주희의 타율적 도덕관이나 조선의 건국 공신들과는 사뭇 다른 경지를 일궈낸 사상가적 면모를 보인다.

율곡은 모든 인간은 군자가 될 수 있다는 점을[10] 이기론적으로 근거지워 자율적 인격관의 철학적 싹을 틔웠다고 볼 수 있다. 율곡의 철학은 적어도 관념적으로는 모든 사람이 도덕군자가 될 수 있는 근거를 제시하였다. 그러나 현실적으로 평민이 도덕군자가 되기에 16세기적 상황에서는 너무나 많은 장애물이 있었다. 토지를 확보하지 못하고 농사일에 종사해야 하는 대부분의 민이 도덕군자가 되기 위한 독서와 수련을 할 수가 없기 때문이다. 경제적 질곡은 일반 농민들로 하여금 공공의 문제에 관심을 기울일 수 있는 여지를 허락하지 않았다. 율곡은 성인聖人과 성왕聖王을 이루는 학으로써 성리학을 정의[11]하여 누구나 성인이 될 수 있다고 하였다. 이기일원론을 살펴보면 왜 사람이 자율적으로 도덕을 완성할 수 있는지 비교적 명석하게 설명하고 있다.

율곡은 이는 통하지 않는 곳이 없으므로 모든 존재들에 이가 타고

10 李珥, 『栗谷全書』一, 成均館大學校 大東文化硏究院, 1992, 418쪽.
11 앞의 책, 418쪽.

있음乘을 밝혔으며, 인격 수양을 통하여 이를 구현할 수 있다고 보았다氣發理乘. 모든 곳에 이가 관통하기 때문에 이의 측면에서 모든 존재들은 자율성을 확보하게 된다. 그러나 율곡의 이는 주희의 이처럼 기와 절연되지 않고 밀접한 상관성을 가진다. 이는 분명 기와는 다르나 양자가 떨어질 수는 없다. 종이의 양면처럼 다르나 한몸인 것이다. 그렇기 때문에 율곡은 기란 이와 떨어진 별다른 실체가 아니라, 하나의 이를 국한시키고 제한시켜서局 개체적 존재들을 낳는發 것으로 보았다理通氣局. 율곡은 "이기를 둘로 보는 자는 아직 도를 모르는 자"[12]라 하여 양자의 불가분리성을 말한다. 이기일원론인 것이다. 모우종산의 개념으로 하면 존재와 활동의 일원론이다. 이와 기에 대한 이해에서 심성론과 사회론이 도출되기 때문에, 이기일원론은 비단 형이상학에 그치는 것이 아니라 경세론과 밀접한 관계를 갖는다.

이기일원론은 인성론에서도 연장된다. 율곡은 천심과 인심은 둘이 아니라 다같이 하나의 기에서 나온 것으로, 맑으면 천심이고 탁하면 인심이라고 설명하였다. 탁한 인심을 수양을 통하여 제거한다면 누구나 맑고 깨끗한 천심을 회복할 수 있다는 것이 율곡의 주장이다. 이러한 주장은 소인과 군자의 이분법을 거부하는 것이다. 탁한 기운에 가려져서 덕행보다는 악행을 많이 하고 봉사보다는 사익을 도모하는 자가 소인이고, 맑은 기운을 키워서 지공무사至公無私한 봉사행을 하면 곧 군자가 된다. 사단칠정론에서도 율곡의 입장은 간명하다. 사단이란 맑은 기운에서 나오는 것이고, 칠정이란 탁한 기운이 지배적일 때 나오는 것으로 그 뿌리가 다른 것이 아니다. 사람은 수양에 의하여 누

12 앞의 책, 207쪽.

구나 사단을 이루어 군자가 될 수 있고 성인이 될 수 있다는 가능성이 관념상으로는 열려 있었다.[13]

율곡은 모든 사람이 도덕적 수양을 통하여 이상적인 사회정치적 생활을 꾸려 나갈 수 있다고 믿었으며, 실제로 말년에 이르러 향약을 통하여 이러한 공동체를 구현하려고 했었다. 인간의 자율성에 대한 혁명적 인식 전환을 제공해 준 인물은 율곡 이후 약 2세기가 지나서 동학을 창시한 수운 최제우이다. 수운에 의하여 인간의 자율성에 대한 혁명적 철학이 제시되었고 실질적인 사회운동으로 구체화되었다.

2. 수운이 보는 도덕적 자율성

율곡이 '성학'과 '성인'을 성리학의 목적으로 설정하는 것과 같이, 수운은 도는 '천도'이며 덕은 '천덕'이고 사람은 '군자'라 하여(「布德文」) 그 근본적 맥을 잇고 있다. 수운은 다른 형이상학적 존재에 의탁하여 인간이 도덕적 행위를 할 수 있는 것이 아니며, 자신의 본성을 깨치게 되면 누구나 완전히 자율적인 인격체가 된다고 보았다. 데카르트가 '생각하는 자아'에서 더 이상 의심할 수 없는 명료하고 분명한 근대철학의 토대를 찾았다면, 수운은 '천주를 모시고 있음'에서 의심할 수 없는 도덕의 기초를 찾았다. '천주를 모시고 있음'은 데카르트처럼 생각하는 개체 자아에 구속되지 않는다. 오히려 '천주를 모시고 있는' 존재는 군자로 이해되어 사사로움이 전혀 없이 지극히 공적인至公無私 존재로 설정되고 있다. 수운이 말하는 '시천주'는 형이상

13 오문환, 「율곡의 군자관과 그 정치철학적 의미」, 『한국정치학회보』 제30집 2호(여름), 1996.

적인 존재와의 관계 속에서 존재하는 인간을 말하는 것이지, 결코 고립된 존재로서의 개인을 말하지 않는다. 모심은 천주로 표상되는 절대적이고 무한하고 무형하며 무궁한 존재를, 상대적이고 유한하며 유형적이고 제한적인 인간이 모시고 있다는 의미이다. 데카르트는 생각하는 자아의 자율성을 확보하기 위하여 초월적 신을 부정할 수밖에 없었지만, 수운에게 있어서 형이상의 천주는 인간의 자율성을 근거지워 주는 기초가 되고 있다.

모실 시侍자를 좀더 분석해 보면 동학의 자율적 인격체의 의미가 보다 잘 나타난다. 수운은 모실 시자를 세 갈래로 분석하여 설명하고 있다. 수운은 시侍자를 "안에 신령이 있고 밖에 기화가 있고, 한 세상 사람이 옮기지 않는다內有神靈 外有氣化 一世之人 各知不移"라고 풀이하였다.(「論學文」).

수운은 안과 밖의 두 측면을 동시에 보고 있다. 안에 신령이 있다는 의미는 신령한 존재인 '천주天主'가 있다는 뜻이다. 그러나 이 안의 천주는 밖의 기운과 고립되어 있는 것이 아니라 동시에 함께 존재하게 된다. 이기론으로 설명하면, 내가 모시게 되면 천주의 이치와 천주의 기운은 나의 안팎에 자리잡게 된다고 할 수 있다. 천주의 이치가 내 안으로 들어오고 밖으로 천주의 기운에 접하게 된다면 나는 천주의 이치와 천주의 기운과 통하여 하나가 된다. 이러한 설명 방식은 인간과 우주를 떼어 놓고 양자의 관계라는 맥락에서 보는 것이고, 인간론으로 본다면 신령은 인간의 본심 혹은 본성이 되고 기화는 인간의 맑고 깨끗한 본래의 기운이 된다. 인간의 본래 마음과 본래 기운은 천주의 마음과 천주의 기운과 어떤 차이가 없다는 의미를 시侍자에서 읽을 수 있다. 이렇게 됨으로써 인간은 천주와 똑같이 본래적 자율성과 자유를 가지게 된다. 의암 손병희는 이러한 마음을 자유심自由心이라 하였다.(「무체법경」). 인간은 본래 자유로운 존재로 이해되고 있다. 만약 사람이 본성과 자유심이 없다고 한다면 밖의 절대적 신이나 절대 권력에 의지하여 비로소 자유로운 존재가 될 수 있게 된다. 데카르트가 밖에 존재하는 일체의 권위를 부정함으로써 자유 의지를 확보하였다면, 수운은 밖에 존재하는 일체의 권위를 인간 안으로 끌어들여옴으로써 인간의 자율성을 확보하였다.

동학에서 자율성의 의미는 '천도'와 '천덕'과의 합치에서 오는 것이기 때문에 일반적 의미의 자율성과 달리 도덕적 자율성이라 부를 수 있다. 달리 표현하면 인간 자율성의 근거가 천주에게 있으며, 이때 천주는 창공의 하늘나라에 있는 무시무시한 절대적 존재도 아니며, 활동하는 현상계와 고립된 옥경대의 옥황상제도 아니다. 자율성의 근거가 되는 천주는 인간의 본성이자 본연의 기운이다. 수운이 "네 몸에 모셨으니 가까운 것을 버리고 멀리서 구한단 말인가捨近取遠"(「교훈가」)라고 하는 이유가 여기에 있다 할 것이다. 그러므로 인간은 밖에 존재하는 어떤 형이상학적 절대 존재를 기다려서 자율적이 되는 것이 아니라 자신 안에 자율성의 근거를 이미 갖추고 있다. 그러므로 수운은 도란 "내가 나 되는 일이며 다른 것이 아니다我爲我而非他"(「後八節」)라고 분명하게 말한다. 이러한 이유로 수운은 자주적으로 자율적 인격을 찾아낸 시조라 할 것이며, 한국의 자주적 근대성의 아버지로 평할 수 있겠다.

수운이 찾은 근대성은 신을 자신 안에 모셔 자율성, 존재성, 완전성, 무한성을 갖춘 자율적 인격체라는 점에서 서구의 자율성과는 다르다. 그러나 이러한 자율성을 바탕으로 동학은 19세기 후반 조선 사회의 새로운 철학적 담론의 중심으로 등장하여 한국사의 흐름을 바꾸는 정치 · 사회 운동으로 발전한다. 서구가 찾아낸 이성에 기초한 자율적 인격과 구분하기 위하여 수운의 그것은 도덕적 자율성이라 부르고자 한다. 도덕 개념에는 이미 지행합일知行合一의 의미가 있으며 도덕 실천의 의미도 내포되어 있다.

천도와 천덕은 현재를 살아가는 사람들의 실천으로 구체화될 때 구체성을 갖는다. 실천적 구체성을 수운은 "한 세상 사람이 각자 알아 옮기지 않는다"[14](「論學文」)라고 하였다. 모심에는 실천의 의미가 내재되어 있다. 천주의 마음자리와 천주의 기운으로부터 한치라도 옮기지 않는다는 것이 '각지불이'의 실천이라 하겠다. 천주 마음과 천주 기운으로부터 벗어나 타율적 존재로 전락하지 말라는 의미로 이해할 수 있다. 다시 말하면 도덕적 자율성을 포기하고 타율적 존재로 전락하지 말라는 뜻이다. 인간을 수단으로 대하지 말고 목적으로 대하라는 칸트의 도덕적 판단과 상통하는 면이 있다. 그러나 인간은 모든 목적 중의 궁극적 목적이라는 점은 칸트에 의하여 밝혀지지 못하고 있다. 칸트는 불가지론자였기 때문이다.

동학에 의하면 인간은 완전한 도덕적 자율성을 갖춘 영적 존재이다. 칸트는 완전한 도덕적 자율성은 단지 선험적 영역의 일로 철학의 대상이 아니라고 보았다. 수운이 말하는 자율적 인격은 형이상학적 실체와 형이하학적 존재들에 관통된 존재이다. 수운은 "천지 역시 귀신이오 귀신 역시 음양인 줄 이같이 몰랐으니 경전 살펴 무엇하며"(「도덕가」)라고 하여 형이상학적 천지, 형이하학적 음양, 마음 작용의

14 "一世之人 各知不移"

주체鬼神가 하나로 관통되고 있음을一以貫之 밝혔다. 궁극에 이르면 천주와 자연은 사람의 마음과 정확하게 일치하게 된다는 것이 수운의 심법이라 하겠다. 그러므로 수운을 이은 해월 최시형은 "사람을 천주로 섬기라事人如天"라고 하였다. 이렇게 볼 때 동학에 이르러 인간의 완전한 자율성, 절대자유의 경지가 밝혀지게 된다.

모우종산은 동양학의 개념을 '경계의 언어'라 하였다. 즉, 동양학의 언어는 마음이 이른 경지를 표현한다는 것이다. 천지인을 하나로 관통한 자유의 경지는 일체의 장애물이 사라진 경지이기 때문에, 형이상과 형이하의 벽이 무너진 하나의 경지이며 곧 무無, 공空, 허虛의 경지라 할 수 있다. 하나가 되면 대상 일체가 사라지기 때문에 존재한다는 느낌이 일어날 수 없고, 비었다고 말하나 참으로 빈 것이 아니다. 오히려 우주에 꽉 차 있다. 우주에 꽉 차 있어 모든 곳에 있으며, 어떤 것에도 걸림이 없기 때문에 완전히 자유롭다. 자유심의 경지에서 본다면 우주 만물은 모두가 똑같다. 왜냐하면 자유심은 차별상을 관통하여 차별상에 매이지 않기 때문에 모든 존재들을 똑같이如如 본다. 차별적 외형을 통하여 다양한 존재들의 가장 깊은 곳에 내재하는 하나에 통하고 보면 모든 존재들은 평등해진다. 평등이 전제되지 않는 참여는 있을 수 없다. 모든 시민들은 평등하게 참여할 권리를 가지지 않는 한 참여민주주의는 성립될 수 없다. 동학의 평등주의는 도와 덕에 이른 마음에서부터 나왔기 때문에 도덕적 민주주의라고 부를 수 있다.

동학의 평등주의는 정치적 객체이자 피지배 계층이었던 농민들을 정치적 주체로 성숙시켜 농민들이 19세기 말 사회 변혁의 선두에 설 수 있게 해준 사상적 기초였다. 귀족이 독점하던 정치에 부르주아가 참여하기 위해서는 소규모의 부르주아적 · 자유주의적 · 민주주의적 공공 영역이 필요하였듯이, 왕과 사대부가 독점하던 조선 말기의 정치에 농민들이 참여하기 위해서는 자율적 인격체들은 접接과 포包라는 공적인 조직을 만들게 된다. 접과 포라는 공공 영역은 조선 지방 정치의 통제 장치이기도 했던 향약을 극복하는 대안이기도 했다.

제3절 자치적 공공 영역의 형성

1. 향약: 가家와 국國의 중간영역

동학의 도덕적 자율성 사상은 조선 말기의 신분제를 해체하는 평등주의 생활 양식과 사회운동으로 발전하면서 밑으로부터의 자율적 조직체가 형성되기 시작한다. 이들은 유교의 반상 차별, 적서 차별, 남녀 차별과 같은 신분 질서를 대신하는 새로운 평등주의 생활 양식과 조직을 만들어간다. 16세기 후반에 이르게 되면 향약[15]이라고 하는 가정과 국가의 중간 영역으로서 위로부터의 지방 통치가 시행되었으나, 19세기 말 동학의 접포에 이르러서 비로소 자율성에 기반한 밑으로부터의 자치공동체가 조직된다.

조선조 정치에 있어서 독서 계층이자 지역적 기반을 가진 토지 소유자이며 정치적 주체였다고 할 수 있는 사대부는 크게 보아 두 가지

15 시행 주체 · 규모 · 지역 등에 따라 향규(鄕規) · 일향약속(一鄕約束) · 향립약조(鄕立約條) · 향헌(鄕憲) · 면약(面約) · 동약(洞約) · 동계(洞契) · 동규(洞規) · 촌약(村約) · 촌계(村契) · 이약(里約) · 이사계(里社契) 등 다양한 명칭으로 불렀다.

부류로 나뉜다. 한 부류는 행정 관료직을 차지한 관학파이고, 다른 부류는 관직을 떠나서 지방에 거주하는 사림파이다. 사림파는 조선 사회의 비판 세력으로서 행정의 독주를 견제하는 역할을 하였다.[16]

이理에서 나온 사단을 갖춘 사대부 계층과, 기氣에서 나온 칠정에 지배되는 범인을 신분적으로 철저하게 구분하여 중앙정치를 체계화하듯이 지방은 향약으로 계서화 · 질서화된다. 조선 후기에 이르면 사림파의 등장과 함께 중앙통치는 향약과 서원을 통하여 지방까지 속속 침투하게 된다. 중국 송나라 때 시작된 향약이 활발하게 소개되어 사림 세력의 근거지로서 역할한다. 주희가 살았던 남송 시대는 사대부 계층이 부상하면서 지역 사회에 대한 통제를 확고히 하기 위한 일종의 지방자치 강령이 요청되는 시기이기도 했다. 『여씨향약』을 정리한 주희의 「주자증손여씨향약朱子增損呂氏鄕約」[17]은 이러한 요구에 부응하는 것이었다. 주희는 향촌 사회까지 자신의 이원론적 철학 체계를 적용시킴으로써 군주 중심의 중앙정치, 사대부 중심의 향촌정치, 가부장 중심의 가정질서까지 체계화한 유교 정치철학을 완성한다. 주희의 정치철학에서 군주-신하, 사대부-촌민, 가장-부인의 관계는 어떤 경우에도 뒤바뀔 수 없으며, 혼동될 수 없으며, 평등할 수 없다.

주희의 「여씨향약」의 내용은 덕업상권德業相勸 · 과실상규過失相規 · 예속상교禮俗相交 · 환난상휼患難相恤의 네 가지 강령과 지역 사회에 따른 구체적인 조목을 기본으로 하고 있다.[18] 혈연적 질서를 공동체 구

16 朴忠錫, 『韓國政治思想史』, 三英社, 1982, 26쪽.

17 朱熹/ 郭齊 · 尹波 · 點校, 『朱熹集』七, 四川教育出版社, 1996, 3903-3912쪽.

18 중종은 1517년(조선 중종 12년) 7월에 주희의 향약을 바탕으로 조선 실정에 맞는 구체적 항목을 제시하여 시행한다. ① 착한 일은 서로 권함(덕업상권): 책 읽기, 약속 이행, 올바른 말과 행동, 부모님께 효도, 형제간의 우애, 웃어른 공경, 친척간의 화목 등,

성원간의 사회 윤리로 확대하여 적용하고자 한 것이지만, 주희는 적용 범위를 확대하여 공동체 편성 원리와 동일한 것으로 파악하여 향촌 공동체의 질서를 유지하기 위한 방법으로 효제孝悌·충순忠順 등과 향촌 구성원의 교화 등을 강조하였다. 조선에 향약을 보급하여 향촌의 지배 구조를 구축하고자 한 것은 조광조와 같은 사림파에 의하여 시도되었으나, 현실에 맞지 않는 수입 모방으로 실패하게 된다. 그러나 사림파가 정권을 장악하는 선조대에 와서 지방에서 서원이 중심이 되어 자연촌, 즉 이里 단위로부터 향약을 시행하게 된다. 이 시기에 이황李滉·이이李珥 등은 「여씨향약」을 기반으로 조선의 실정에 맞는 향약을 만들게 된다.

임진왜란 이후 퇴계는 「예안향약禮安鄕約」을 만들고, 율곡은 선조 4년(1571)에 「여씨향약」 및 「예안향약」을 근거로 「서원향약西原鄕約」과 이를 자신이 수정 증보하여 선조 10년(1577)에 「해주향약海州鄕約」을 만들었는데, 이들 향약은 조선 후기에 가장 널리 보급된 향약으로 평가된다. 율곡은 중앙정치에서 은퇴한 후 향약 발전을 위하여 헌신한다. 율곡은 자신의 자율성의 사상을 향약을 통하여 구현해 보려고 했던 것 같다. 율곡의 「서원향약」을 보면 일상생활에서의 민의 자율적인 협력, 경제적인 상부상조, 인간적인 봉사, 억울한 죄에 대해서는 관에 대한 연대적 협동, 약속을 준수하지 않고 개과의 정이 없을 때는

■

② 잘못을 일깨워 줌(과실상규): 좋지 않은 놀음, 싸움, 거짓말, 남을 욕하는 일, 예절 없는 말과 행동, 남을 시기하는 일, 게으름 일깨워 주기 등, ③ 예절로써 서로 사귐(예속상교): 어른과 어린이가 지킬 예의, 어른께 문안하는 일, 웃어른 대접하기, 기쁜 일은 축하하고 슬픈 일은 위로하기 등, ④ 어려운 일은 서로 도와줌(환난상휼): 수해, 화재, 도난, 질병, 장례, 살림살이가 어려울 때, 누명을 썼을 때, 외롭고 연약한 사람 서로 돕기로 되어 있다.

마을에서 쫓아낼 것 등 매우 자세한 생활상의 규약들이 보인다.[19] 율곡의 관심은 경제 생활과 행정적 · 법적 문제만 아니라 가정 윤리까지 해당 공동체가 관심을 가질 것을 요청한다. 「해주향약」에는 불효의 문제를 구체적으로 적시하여 마을 공동체가 관심을 가져야 한다고 말한다. 부모 앞에서 안색을 바꾸는 일, 부모에게 말대꾸하는 일, 부모보다 잘 먹고 입고 잘 사는 일, 부모 앞에서 양반앉음을 하는 일, 우마를 타고 부모가 계시는 집 앞을 지나가는 일, 부모 앞에서 개를 꾸짖는 일 등 세세한 조목까지 정하여,[20] 인륜의 문제는 개인의 문제가 아닌 공동체의 문제로 보았다. 부모에 대한 예의뿐만 아니라 부부, 장유, 관민 사이의 예의를 상세하게 적시하고 있다.

율곡은 마을에서 일어나는 모든 일들이 민들의 자율성에 의해 순조롭게 해결되는 공동체를 지향했음을 볼 수 있다. 율곡은 향약에 가입하기를 원하는 사람에게 규칙을 충분히 숙지할 시간을 줄 뿐만 아니라, 수 개월간 그 사람됨을 관찰하고 문제가 있을 때는 충분한 시간을 갖고 개과천선하였을 경우 가입을 승낙하였다.[21] 이 점에서 향약은 자율성에 기초한 자치규약이며, 향회鄕會는 자치적 민회의 성격을 띤다고 볼 수 있다. 시어도어 드 배리가 향약을 '공동체 성원들간의 계약으로 개인들의 인격을 존중하고 있음을 볼 수 있으며 일종의 계약' 으

19 李珥, 『栗谷全書』一, 成均館大學校 大東文化硏究院, 1992, 340-341쪽. "동네 사람이 죽으면 동네 사람들은 각자가 쌀 1되, 빈 가마니 한 장씩을 낸다. 아주 빈궁하여 이를 납부하지 못하면 신역으로 대신한다. 장례 때에는 매호 장정 1명씩을 내어 일을 돕고, 장정을 보내지 않는 사람은 쌀 1되씩을 낸다. 병환으로 농사를 폐기한 사람이 있으면 마을에서 각각 경작을 도와준다. 억울하게 죄진 것으로 처리되어 형을 받게 된 사람이 있으면 마을 사람들이 연명으로 관에 보고하여 죄명을 벗도록 노력한다."

20 앞의 책, 357쪽.

21 앞의 책, 342-343쪽.

로 평가한 것이[22] 큰 무리가 아니다. 그러나 배리는 계약 당사자의 자율성이나 평등성의 문제에 그다지 관심을 기울이지 않은 것 같다. 물론 배리는 계약 당사자가 서구처럼 개인이 아니었다는 사실을 잘 알고 있다.[23] 그러나 향약을 만들고 집행하고 판단하는 주체는 어디까지나 사대부였지 일반 민이 아니었다는 사실을 간과하고 있다. 향약의 제반 규정을 준수하는 자에게만 입회 기회가 부여되며, 그 판단의 주체는 사대부였다. 향촌 사회를 지배하는 것은 향약에 귀속된 회원들이었고, 회원들은 사대부의 덕목을 충실히 따르는 부류였다. 17, 18세기에 이르면 사대부 주도의 향약에 대하여 기층민 주도의 동계洞契들이 대거 등장하면서 갈등이 발생되고[24] 사대부 중심의 향약의 한계가 드러나는 역사적 사실로 볼 때, 향약은 비자율적이고 불평등적이었음을 알 수 있다. 사대부들이 지역 주민 통제와 교화를 목적으로 세운 향약을 비판하면서 민의 자율에 의해 형성된 여러 가지 종류의 계들이 서로 갈등하는 양상이 조선 후기에 이르면서 두드러지게 된 것이다.

율곡은 자율성의 맹아를 철학적으로 찾아내어 향약으로 구체화하려고 했던 점이 비교적 뚜렷하다. 율곡이 25세 되는 1560년에 쓴 「파주향약서坡州鄕約序」에는, 향약이란 마을의 일을 관이 주도하거나 한 지도자가 일방적으로 처리하지 않고 지역 주민들의 자율적 참여에 의

22 시어도어 드 배리 지음/ 표정훈 옮김, 『중국의 '자유' 전통-신유학사상의 새로운 해석』, 이산, 1998, 76쪽.

23 앞의 책, 76쪽.

24 박경하, 「朝鮮時代 忠淸地方의 鄕約 · 洞契의 性格」, 『한국의 향약 · 동계』, 향촌사회사연구회, 1996, 81-114쪽; 박순, 『17, 18세기 전라남도 동계연구』, 중앙대 대학원 박사논문, 1993.

한 합의에 의하여 처리하기 위함이라는 취지가 잘 드러나고 있다.[25] 율곡은 향약을 통하여 가정과 국가가 만나는 자율적 사회를 구상하고 있음을 볼 수 있다.[26] 향약 내용의 대부분이 부모에 대한 효와 국가에 대한 충이 강조되고 있지만, 공동체 성원간의 자율성을 높이고 가정과 국가의 중간 영역이라고 할 수 있는 공동체를 구체화하였다는 점은 근대적 민회의 씨앗으로 평가할 수는 있다. 그러나 향약은 '체제 비판적 영역'[27]으로 발전하지 못하고 체제 유지적 영역으로 전화되는 것이 역사적 현실이었다.

19세기 말 동학의 자율적 조직이 등장할 때 향약은 위정척사운동과 같은 기존 체제 유지를 위한 운동의 조직으로 역할한다. 일제는 향약을 미풍양속이라 하여 식민통치의 지방 거점으로 활용한다. 해방 이후에는 중앙정치의 지방 통제의 연결고리로 활용된다. 민의 자율적 조직화는 19세기 말 수운에 의하여 확보된 자율성에 의거한 접포接包라고 하는 동학 조직에 의하여 이루어진다.

2. 접接과 포包: 자율적 참여조직

향약이 지역에 기초한 민의 자율적 조직으로 성장하지 못한 이면에는 주자학의 자율성과 평등성에 대한 사상적 한계가 작용하고 있었다고 할 수 있다. 인간 존엄성에 기초한 자율성과 평등성의 사상은 동학

25 『全書』一, 268쪽.

26 김경식, 『율곡의 향약과 사회교육사상』, 배영사, 2000, 112쪽.

27 이신행, 『한국의 사회운동과 정치변동』, 민음사, 1997. 이신행 교수는 민주화는 체제 비판적 영역의 조직화와 영역간의 연계망(network)이 형성되었을 때 가능하다는 점을 1987년 민주화운동 분석에서 찾아낸다.

에 이르러 꽃피우고, 접포라는 소규모의 공동체로 구체화된다. 지배 이념이었던 주희의 사상과는 다른 새로운 동학사상에 기초한 접 조직이 조선민의 생활 양식으로 자리잡아 가게 된다.

하버마스는 서구 민주주의가 등장하는 바탕에는 소규모의 자율적인 조직체들이 자리잡고 있음을 비교적 자세하게 분석했다. 서구의 경우에는 철학가, 문학가, 예술가, 부르주아 등이 참여하여 자율적인 소모임을 형성하여 계몽주의를 전파하는 역할도 하고, 정치적 공공 문제를 토의하기도 하며, 또한 정치 문제를 논평함으로써 전체 사회의 공론을 조성하기도 하고, 나아가 구체적인 정책 현안을 비판함으로써 정치적 영향력을 강화하였다.[28]

19세기 말 조선의 경우에도 하버마스가 말하는 공공 영역의 역할을 동학의 접포에서 찾아볼 수 있다. 1880년대에 이르면 거의 전국에 걸쳐서 자율과 평등의 새로운 의식을 갖춘 민들이 자율적으로 소규모의 모임을 갖게 되면서 동학이라고 하는 새로운 사상을 심화 및 체득하는 한편, 당시 조선 사회가 처한 정치 · 사회적 문제를 비판하면서 그 대안을 제시하게 된다. 그렇게 함으로써 정치적 객체에 불과하였던 농민들은 나라와 민족을 걱정하는 정치적 주체로 성장하게 된다. 접은 민의 정치의식화를 촉진하는 효과적인 모임이었다.

접의 인원수는 논자에 따라서 일치하지는 않지만 대략 50가구의 모임이며, 접주가 중심이 되어 경전을 논하거나 강론을 듣거나 다른 접들과 소식을 전달하는 공적인 장소였다.[29] 1894년 동학농민혁명기

28 Harbermas, Jürgen, trans. by Thomas Burger, *The structural Transformation of the Public sphere-An Inquiry into a category of Bourgeois Society*, Cambridge, Mass., The MIT Press, 1989, 57-73쪽.

의 체험담을 살펴보면, 운동에 참여한 사람들은 접 단위로 움직였던 것을 알 수 있다.

수운 최제우는 1862년 '접주제接主制'를 창설하여 제자들의 모임을 만들었다. 최제우는 동학의 수도자들을 가르치고 관리하는 조직으로서 각지에 접이라고 하는 직책을 설정하고 접주와 접소를 두었다.[30] 일차적으로 접은 수운이 제자들을 가르치기 위하여 만든 일종의 공부 모임으로 볼 수 있다. 모임이 커지면서 이를 관리할 사람이 필요해지고 또한 장소가 필요하게 된다. 그리하여 동학에 관심이 있는 사람들은 접을 통해서 수운으로부터 배움을 전달받거나 접주로부터 동학의 도를 전수받았다. 접의 구성원 숫자가 많아질 경우에는 한 지역에 몇 개의 접을 설치하기도 하였다.

동학의 접은 1864년 3월 10일 수운이 대구에서 참형되고 동학에 대한 일대 탄압이 내려지면서 완전히 와해된 것처럼 보인다. 그러나 1871년 이른바 '이필제난'으로 일컬어지는 동학도들의 사회참여 운동을 통하여 볼 때 동학의 기초단위인 접은 붕괴되지 않았음을 보여

29 김지하는 '접은 대체로 10인에서 25인 또는 50인 정도'라고 하고 있다.(김지하, 『옹치격』, 솔, 1993, 243쪽) 박맹수는 '한 지방의 관리 책임자로 접주를 두고 그로 하여금 40-50명의 교도들을 지도 관장하게' 하였다고 보고 있다.(박맹수, 「동학의 교단조직과 지도체제의 변천」, 『1894년 농민전쟁 연구3』, 역사비평사, 1993. 305쪽) 그러나 동학 조직은 인원수로 계산되기보다는 일반적으로 가구수로 계산된다.

30 吳知泳, 『東學史(影印本)』, 亞細亞文化史, 1985, 31쪽.
李敦化, 『天道敎創建史』, 天道敎中央宗理院藏版, 昭和8年, 第一編 42쪽.
"布德이 날로 전진함에 大神師 - 敎門規例를 確定코자 하야 이어 接主制를 實行케 하니 接主制라 함은 各地에 接所를 設하고 接所에 接主를 두어 其管內道人을 統化케 하는 制度이니 이 法이 天道敎 制度의 嚆矢이엇다." 수운 당시 접주는 慶州에 李乃謙, 白士吉, 姜元甫, 盈德에 吳明哲, 寧海에 朴夏善, 大邱淸道 兼 京畿에 金周瑞, 淸河에 李敏淳, 延日에 金伊瑞, 安東에 李武仲, 丹陽에 閔士燁, 英陽에 黃在民, 新寧에 河致旭, 固城에 成漢瑞, 蔚山에 徐君孝, 長鬐에 崔羲仲 등이었다.

주었다. '이필제난' 이후 정부로부터 대대적인 억압을 받자 다시 동학은 표면상 사라지게 되지만, 1878년에 이르면 해월은 강원도에서 다시 접을 설치하게 된다. 수운의 사상이 창도된 지 30여 년 만에 전국에 걸쳐서 접이 형성되기 시작한다. 접은 1890년대에 이르면 거의 전국에 걸쳐 형성된다. 그리고 1894년 동학농민혁명과 1919년 3.1운동의 사상적 · 조직적 기초로서 활동한다. 동학의 새로운 철학을 배우고 사회 활동의 기초가 되는 접은 다음과 같은 특성을 가지고 있다.

첫째, 접은 수운 최제우의 사상을 구현하기 위한 소규모의 정신 생활공동체이다. 접은 수운의 생각을 사회화, 공동체화하는 것이다. 접은 수운이 제시하는 도덕적 목적에 동감하는 사람들의 자발적이고 자율적인 모임이었다. 권력 동기나 이윤 동기보다는 새로운 도덕 가치 지향성이 접의 두드러진 특성 중의 하나이다.

둘째, 접은 인맥 조직이다. 인맥은 동학이라는 새로운 가치관을 전수해 주고 전수받는 교육적 관계였다. 전수자와 피전수자의 관계는 유교처럼 수직적이지는 않았다. 왜냐하면 해월은 "두목 밑에 대두목이 있다"라는 말로서 늦게 전수받았거나 지위가 낮더라도 먼저 깨달음에 이를 수 있다는 점을 분명히 하고 있기 때문이다. 접은 동양의 전통적인 대가족을 연상시키는 인간애로 형성된 소규모 공동체였다. 그러나 가족처럼 사랑이 중심 가치가 아니라 '사람이 하늘'이라는 신인간주의Neo-humanism가 중심이 된 공동체이다.

셋째, 접이 기초가 된 새로운 정치사회를 지향한다. 해월은 접을 열면서 '기수氣數의 질대성쇄迭代盛衰하는 이치理'(『天道敎創建史』 第二編 25쪽)에 의거하는 것임을 강조한다. 흥미로운 것은 새로운 문명 창조의 기초단위를 접이라고 하는 소규모 공동체를 통하여 모색하였다는 점이다. 동학은 정치 절대군주제나 개인이나 정당 또는 계급에 의존하는 정치사회보다는 접이라고 하는 소규모의 정신 생활공동체가 기초생활 단위로 작용하는 정치사회를 구상했다.

접의 구성원들은 새로운 가치관을 공유하는 통일된 의식공동체였으며, 인간적 온기와 호흡이 통하는 대가족이었으며, 새로운 정치사회 질서 탄생의 기초단위였다. 접은 전통 동양이 사회의 기초단위로 삼은 가족보다는 큰 공동체였으며, 인간적 감정보다는 '사람이 하늘이다' 라는 매우 확장된 의식에 기초하였다. 서구 근대사회의 기초단위인 이익 계산적이며 전투적인 집단이나 계급보다는 소규모인 인간적인 관계가 중시되며 수양修養의 성격을 갖는 소공동체였다. 사회의 기초단위로 접의 의미는 오늘날 참여민주주의 실현이라는 측면에서 보아도 시사하는 바가 적지 않다. 지배 · 통치 · 관리의 권력 논리와 교환 · 축적 · 분배의 시장 논리에 의하여 지배되고 있는 현대적 삶의 구조에서 동학적 접이 자리할 수 있는 공간은 매우 협소하다. 그러나 참여민주주의의 실현이라는 시각에서 본다면, 접은 우리가 실현해야 할 이상적인 사회적 삶의 원형이라 할 수 있다.

1880년대에 들어서면서 동학의 새로운 가치관은 경전 간행을 통해 급속히 확산되고 교도들의 숫자도 대폭 증가하였다. 1883년에는 충청 · 경기 출신 제자들이 대거 입도하며 훗날 동학의 중심 역할을 하게 된다.[31] 이러한 상황에서 해월은 1884년 12월에 육임제六任制[32]

31 이 때 입도한 인물들에는 金演局, 孫秉熙, 孫天民, 朴寅浩, 黃河一, 徐仁周, 安敎善, 呂圭德, 金殷卿, 劉敬順, 李聖模, 李一元, 呂圭信, 金榮植, 金相浩, 安益明, 尹相五, 邕宅奎 등이 있으며, 이들은 장차 해월을 중심으로 한 동학의 중심적 역할을 맡아 수행하게 된다.(吳知泳, 1985, 60쪽)

32 校長은 以質實望厚人으로, 敎授는 以誠心修道可而傳授人으로, 都執은 以有風力明紀

를 설치한다. 그리하여 전문 능력을 갖춘 인재들을 수용하고, 조직적 효율성을 높이면서 동학의 대사회적 역할을 강화하게 된다.[33] 다시 말하면 동학도의 수적 증가에 부응하고 대사회적 기능을 원활하게 하기 위하여 포라고 하는 상위 조직이 설치된 것이다. 포는 기능적 전문성과 지역적 통일성을 기하기 위하여 형성되었지만 접에 뿌리내리고 있다.[34] 포의 주인은 포주包主로도 불리지만, 일반적으로 큰 접주大接主로 불리는 것은 접에 기초한 큰 조직이라는 점을 말해 준다. 이러한 포제는 동학이 정치 · 사회적 참여를 강화하기 시작하는 1890년대 후반기에 들어가면서 활발하게 형성된다. 포제가 일정한 체계성을 갖춘 것은 1893년 보은집회로 볼 수 있다. 해월에 의하여 주도된 보은집회는 동학의 참여민주주의가 직접 행동으로 표출된 대중집회였다.

보은집회에 참석한 숫자에 대해서는 기록에 따라 다르지만 최소치를 잡아도 3만여 명으로 추산된다.[35] 당시의 교통 상황을 포함한 여러 가지 사회 여건을 감안할 때 이와 같은 대규모의 인원이 모이는 집회는 매우 생소하고, 조선사에 있어서 초유의 일이었다. 집회는 매우 질서정연하며 규율적이었다고 한다.(『天道敎創建史』 第二編 55쪽) 액면 그

綱知經界人으로, 執綱은 以明是非可執紀綱人으로, 大正은 以持公平謹厚人으로, 中正은 以能直言剛直人으로 定하라 하시다.(李敦化, 昭和8年, 第二篇 34쪽)

33 崔東熙, 「東學思想의 調査硏究」, 『亞細亞硏究』 제12권 제3호, 1969, 87쪽.

34 金龍德, 「東學軍의 組織에 대하여」, 『韓國思想』 12輯, 1974, 240쪽.

35 이 무렵 보은 장내에 모인 도인의 수에 대해서는 “3월 11일 해월신사께서 報恩에 이르니 道人會者數萬人이라.”(李敦化, 昭和8年, 第二篇 55쪽)한 것과 夏 4月 魚允中을 선무사로 하고 洪啓薰을 초토사로 하여 忠淸道와 全羅道의 東學徒를 鎭撫키로 하였는데 이 때 東學軍이 報恩에 모인 數를 “是時東匪會報恩者八萬人”이었다고 한 『梅泉野錄』(124쪽)의 기록과 金允植의 『續陰晴史 上券』 261쪽에는 “聚者可二萬七千餘人”(3월 26일자)이라 있는데 1週日 후 4月 3日字에는 “會者爲七萬餘人”이라는 기록이 있다. 黃炫과 김윤식은 한결같이 東學道人들을 東匪라고 罵倒하는 입장임에도 불구하고 이같이 기록했으니 이 숫자는 과장된 표현이 아니라고 보겠다.

대로 믿지 않더라도 당시 집회는 자치적 규율성과 체계성을 갖추고 있었다고 판단되며, 이는 포제라고 하는 조직적 합리성이 구현되고 있었다는 의미로 해석할 수 있다. 그리하여 보은집회 이후 해월 최시형을 정점으로 하는 접주接와 대접주包[36]제가 비교적 정돈되는 양상을 보였다. 전봉준이 시작한 동학농민혁명도 이와 같은 동학의 포제에 기초[37]하고 있을 뿐만 아니라, 1919년 3.1운동의 경우도 천도교의 접포에 의존하고 있다. 이러한 점에서 동학의 접포는 우리 나라 민주주의의 원형으로 평가할 수 있다. 포의 몇 가지 특성을 살펴보면 동학의 참여민주주의적 성격이 보다 분명해질 것이다.

첫째, 포는 인맥적 공동체인 접과 달리 지역적 체계성과 조직적 합리성이 강조되는 조직이었다고 하는 점이다. 육임제六任制와 같은 역할 분담과 기능 전문화를 통하여 포는 자치적 체계성을 갖추게 된다. 동학의 조직원이 신분이 아니라 능력에 따라서 임명되었다는 사실은 1891년 해월과 접주들간의 갈등에서 잘 나타난다. 해월은 문벌과 귀천이 아니라 능력과 자격이 오직 중요하다는 사실을 강조하면서, 천민이라는 이유로 동학 간부직을 맡을 수 없다는 주장을 일축하고 능력과 도덕에 따른 역할 분담 체계가 이루어졌다.

둘째, 포는 주로 사회운동과 정치 참여와 같은 역할에 무게가 주어졌다. 실질적으로 1894년 동학농민혁명기에 사회운동에 참여한다는

36 忠義大接主 孫秉熙, 忠慶大接主 任奎鎬, 淸義大接主 孫天民, 文淸大接主 任貞準, 沃義大接主 朴錫圭, 關東大接主 李元八, 全州大接主 南啓天, 金構大接主 金德明, 井邑大接主 孫和中, 扶安大接主 金洛喆, 泰仁大接主 金箕範(開南), 詩山大接主 金洛三, 扶風大接主 金錫允, 鳳城大接主 金邦瑞, 沃溝大接主 張景化, 完山大接主 徐永道, 尙公大接主 李觀永, 公州大接主 金知擇, 高山大接主 朴致京.(吳知泳, 『東學史』, 1985, 83-84쪽; 李敦化, 『天道敎創建史』, 昭和8年, 第二篇 55쪽).

37 金龍德, 「東學軍의 組織에 대하여」, 『韓國思想』12輯, 1974, 264쪽.

말로서 '포를 일으킨다起包' 는 용어가 사용되고 있다. 동학의 사회 참여 운동은 주로 대접주들의 주도로 일어났다. 1890년대 동학이 사회참여 운동을 전개하는 시기에 각 포들이 자율적으로 행동하였기 때문에 해월 최시형은 조직적 통일성의 부재를 경고하기도 한다. 이를 볼 때 포는 동학의 사회운동 및 정치운동의 기본단위였음을 알 수 있으며, 접포의 자율성의 정도를 볼 수 있는 측면도 없지 않다. 그러나 아쉬운 점은 포가 전국적으로 발달하면서 그 상위 단위의 조직적 합리화와 체계화가 이루어지기 이전에 일본군에 의하여 주도되는 탄압 세력에 의하여 동학 조직이 1894년도에 궤멸되었다는 점이다. 접포제가 정치화될 수 있는 길이 막히게 된 것이다. 자주적이고 근대적인 정치 권력체계를 형성하려는 동학의 노력은 일본으로 대변되는 서구적 근대국가에 의하여 좌절되었다. 동학의 자율적, 평등적, 참여적 전통은 역사의 뒤안길로 사라지게 된 것이다.

셋째, 포는 자율적 조직체였으나 '용담연원龍潭淵源' 이라는 정신적 구심성에 연결된 네트워크였다. 여기에서 용담은 수운의 '천주 체험' 을 상징하는 정신적 중심 또는 구심성을 의미한다. 달리 말하면 수운에 의하여 자각된 새로운 가치, 새로운 인간, 새로운 사회에 대한 종합적 근원점 또는 기원점으로 이해된다. 그러므로 해월은 용담연원을 생명의 원천으로 보아, '용담연원을 떠나서는 오직 죽음만이 있을 것' 이라고 경고한다.[38] 포는 기능상 조직적 합리성과 자율성에 의하

38 天道教史編纂委員會, 『天道教百年略史』, 未來文化史, 1981, 248쪽. "봄에 솔가지를 찍어 두었다가 여름에 장마를 지내고 보면 잎은 다 떨어지고 줄기만 남나니 이 때를 당하여 도인의 마음이 변하는 자는 솔잎이 장마를 지낸 뒤에 떨어지는 것과 같은 것이요 오직 진실한 마음으로 한울님을 믿으며 세상풍조에 휩쓸리지 않는 자는 솔가지가 그대로 있음과 같으니라."

여 움직이지만, 보다 근본적 지향점은 '사람이 하늘이다' 라는 가치이다. 1894년 동학혁명의 실패 원인에는 여러 가지가 있겠지만 '용담연원' 이라는 정신적 구심성의 약화를 들 수 있다. 정신적 구심성의 약화는 포들간의 부적절한 의사소통망, 포의 방종과 정치적 조직화 미비 등과 같은 원인들과 함께 동학혁명 실패의 중요한 요인이 되었다.

3. 집강소執綱所: 자치체

접포제가 자치체로 발전한 모습을 집강소에서 그 일단을 볼 수 있다. 집강소는 지역의 거의 모든 일을 처리한 동학농민군의 자치체였다. 전주성 함락 이후 동학군이 내건 원정서의 내용을 보면, 탐관오리 숙청과 매관매직 금지와 같은 정치적인 개혁, 전정 · 군정 · 환곡의 삼정문란 시정, 개항 이후 나타난 밀수와 정당치 못한 무역 및 상거래 시정 등의 경제적 개혁, 노비 해방이나 과부 개가 같은 사회적 개혁 등이 망라되어 밑으로부터의 근대화의 성격을 잘 보여 준다.[39]

집강소 체제는 동학농민군이 전주성을 물러난 뒤인 7월 초 전봉준全琫準과 전라관찰사 김학진金鶴鎭이 동학농민군측과 정부측이 협력하여 도내의 안정과 치안 질서를 바로잡고, 그 구체적인 실행 방법으로 군현 단위로 집강소를 두기로 하는 관민상화책官民相和策에 합의함으로써 전면화되었다. 그리하여 전봉준은 전주성 안에 농민군의 총본부인 전라좌우도 대도소大都所를 설치한 뒤 군현 단위로 집강을 두도록 하여 집강소 체제를 갖추었다. 그 결과 나주, 남원, 운봉 등 몇 곳은

39 한우근, 『동학농민봉기』, 세종대왕기념사업회, 1985, 194-202쪽.

양반 지주들의 강력한 반대에 부딪쳐 설치되지 못한 곳도 있지만, 호남 대부분의 고을에 집강소가 동학농민군에 의해 설치되었다. 각 고을의 관아 안에 설치된 집강소에는 1인의 집강 아래 서기, 성찰省察, 집사, 동몽童蒙 등의 임원을 두어 각 지방의 대민 행정 업무를 처리하였다. 각 군현에는 비록 군수나 현령, 현감 등의 지방관이 있었지만, 동학농민군이 호남 일대를 장악한 상태에서 그들의 지위는 형식적인 것에 불과했고 집강소가 사실상 지방행정을 좌우하였다.

집강소가 내건 ① 도인과 정부의 협력, ② 탐관오리 엄징, ③ 횡포한 부호 엄징, ④ 부랑한 유림과 양반 징습, ⑤ 노비문서 소각, ⑥ 천인 해방, ⑦ 청춘과부 개가 허용, ⑧ 무명잡세 폐지, ⑨ 지벌타파 인재등용, ⑩ 왜와 내통자 엄징, ⑪ 공사채 폐기, ⑫ 토지균작의 행정요강은[40] 집강소라는 자치조직의 성격을 매우 분명하게 보여 준다. 즉, 외세에 끌려다니는 사대적 권력 비판과 민족 자주성, 부패 관료를 대신하는 새로운 자치 조직, 부당한 재산 축적에 대한 비판과 균작 등을 통한 경제 개혁, 썩은 유림을 대신하는 새로운 도덕가로서 동학의 대안, 연고제나 노비제, 과부 개가 등과 같은 전근대적 사회 혁신 등이 잘 나타나 있다. 이와 같은 동학의 자주적 근대성의 조직화는 일제에 의하여 단절 · 왜곡되었다. 동학혁명의 실패는 일제에 의한 자주적 민주화의 좌절과 밑으로부터의 참여적 민주주의의 단절을 의미한다.

동학에 의하여 시작된 자율성의 사상과 접포제라는 공공 영역은 동학농민혁명에서는 일제에 의하여 현실화가 좌절되었으나, 일제하의 3.1운동으로 다시 타올랐으며 만주 지방의 독립운동으로 계승되었

40 오지영/ 이장희 교주, 『동학사』, 박영사, 1976, 150-151쪽.

다. 또한 상해 임시정부의 공화제의 사상적 · 역사적 기초가 되었으며, 해방 이후에는 밑으로부터의 민주주의 운동으로 연결되었다고 하겠다. 하버마스가 국가와 자본에 의한 생활 세계의 식민지화의 위기를 초기 민주주의의 공공 영역의 부활을 통하여 찾았다면, 우리는 동학의 '사람이 하늘이라'는 인간 존엄성의 사상과 민이 주체가 되는 접포제와 집강소의 자치공동체 전통의 부활을 통하여 민주주의의 뿌리를 견고히 할 수 있을 것이다. 자생적 민주주의의 전통을 회복하는 길이야말로 수입된 민주주의의 한계를 극복할 수 있는 길일 것이다.

제4절 맺음말: 참여민주주의의 원형

자율성과 평등성에 기초한 동학은 접과 포라고 하는 참여의 조직적 주체를 형성하고 일련의 정치 참여 운동을 전개해 나간다. 동학의 정치 참여 운동은 1894년의 동학농민혁명, 1910년대의 갑진개화운동, 1919년의 3.1운동으로 전개되었다. 그러한 운동을 추진했던 사상으로서 동학의 자율성과 공공성의 사상을 분석하였다.

동학운동은 먼저 기존하는 조선 왕조의 체제 비판으로부터 시작된다. 수운은 주희의 이원론에 입각한 주자학적 정치이념을 비판하고, 동학이야말로 동양 정신의 정통성을 계승하였음을 강조한다. 해월은 관군의 끊임없는 추적과 탄압의 손길을 피해 보따리 하나 들고서 전국을 돌며 주자학적 통치이념을 비판하고 동학이라고 하는 새로운 가치관을 생활화, 조직화하였다. 통치이념에 대한 비판은 현실 비판으로 구체화된다. 동학은 탐관오리의 부패와 착취를 비판하면서 동학적 가치관에 의하여 형성된 자율적, 평등적, 자치적 공동체 조직을 그 대안으로 제시한다. 동학농민혁명이 발발하는 1894년경에 이르면 전국에 걸쳐 접과 포의 조직이 그물처럼 형성되게 된다. 새로운 이념과 새로운 조직에 기반하여 동학은 조선의 중앙정치에 정식으로 문제 제기를 하면서, 그 뒤에는 일제로 대변되는 서구 제국주의를 주된 적으로 설정하게 된다. 삼례집회, 광화문집회, 보은집회를 통하여 이념적 정통성을 강화하고 조직적 체계성을 높이면서 동학은 새로운 정치 권력을 형성할 수 있을 정도로 밑으로부터의 민주주의 역량을 높여 나갔다. 그러나 군국주의 일제의 무력에 의한 동학의 궤멸은 사대적 권위주의에 의한 자주적 참여민주주의의 패배이며, 침략적 외세에 의한 민족 주체성의 패배이며, 총포에 의한 도덕의 패배였다. 이 점에서 동학은 한국에서 자생한 참여민주주의의 원형으로 평가할 수 있다.

동학의 참여민주주의는 동학적 생활정치의 완성을 의미한다. 동학적 생활정치란 '사람을 하늘로 섬기는' 네오휴머니즘에 기초한 생활세계의 구축, 생활 세계에 기초한 시민들의 자율적이고 평등한 공공영역의 형성, 이들의 자발적 정치 참여에 기초한 새로운 정치 권력 창출이라는 과정이 왜곡없이 이루어지는 정치를 의미한다. 19세기 말 동학은 접포제로 공공 영역을 형성하고 자치제를 실시하였으나, 도덕적 권력 창출의 문턱에서 일본 제국주의로 표상되는 서구적 근대성에 의해 좌절되었다. 민의 자율성과 평등성에 기초한 동학의 접포제라는 자율적 공동체와 집강소라는 자치체는 자본과 국가에 의해 전횡되는 현대 민주주의의 문제를 해결하는 하나의 길이 될 수 있을 것이다.

제10장 도덕적 평등사상*

제1절 머리말

'광제창생', '보국안민', '포덕천하'의 구호는 수운 최제우가 19세기 말이라고 하는 당대의 정치 · 경제 · 사회, 국제정세에 대한 현실 인식을 바탕으로 내놓은 동학의 정치 · 사회적 지향성을 잘 보여 준다. 정치 · 사회적 지향성의 바탕에는 '도성덕립道成德立'이 기초하고 있다. 이 점에서 동학의 정치 · 사회적 지향성은 새로운 이상국가나 사회에 대한 동양 전통의 맥을 잇고 있다고 할 수 있다. 수운이 자신의 깨달음과 대동소이하다고 한 공자의 도는 '내성외왕內聖外王'을 궁극 이상으로 제시한다. 안으로는 인격을 완성하고, 밖으로는 도덕정치를 실현하는 왕이 되는 것을 최고의 이상으로 제시한다.

도덕과 정치는 상호 모순적 원리로 이해되고 있으나, 수운은 경신

* 「동학의 도덕적 평등주의」, 『동학학보』 제2집, 동학학회, 2001.3, 205-222쪽.

넌 천주 체험을 인격 완성을 위한 '천도'라 하여 도학 또는 심학임을 밝히고, 다른 한편으로는 사회와 인류를 구원하는 '천덕'이라 하여 '후천개벽' 혹은 '다시개벽'을 실현하기 위한 것임을 밝히고 있다. 안으로는 깨달음을 통한 인격 완성을 지향하고, 밖으로는 사회 변혁과 혁명을 추구하는 정치·사회적 지향성이 분명히 드러나고 있다. 수운을 이은 해월 최시형과 의암 손병희의 경우에도 수행을 통한 인격 완성과 함께 1894년 동학혁명과 3.1운동이라는 구체적 사회정치 운동으로 그 정치·사회적 성격을 보여 주었다.

동학의 정치·사회적 지향성의 정치철학적 바탕이 무엇인가를 모색해 보는 것이 이 글의 목적이다. 이 글은 도덕적 평등주의야말로 동학의 정치철학의 핵심 중의 하나라는 점을 제시해 볼 것이다. 주자학이 가지는 철학적 이원론과 사회·정치적 신분제 질서는 동학의 도덕적 평등주의를 통하여 극복되고 일련의 사회정치적 운동을 통하여 극복되는 모습을 보인다는 점을 분석할 것이다. 여기에서는 도덕적 평등주의의 성격을 명확히 함으로써 동학의 자주적 근대성의 성격을 명확히 그려 보고자 한다.

제2절 불평등 비판과 평등주의

조선은 주희의 성리학을 정치이념으로 받아들여 세워진 국가였다. 주희의 철학은 이理와 기氣를 철저하게 구분하고 이의 우위를 주장하는 이원론이다.[1] 인성론으로 보자면 이에서 나온 사단을 구현한 군자와 기에서 나온 칠정에 끌려다니는 소인이 철저하게 구분된다. 인성론의 차이는 사대부 계급과 피지배 계급으로 고착화되어 사회 전체를 질서화, 체계화하는 사회 구성원리가 된다. 국가는 군신의 관계로 엄격하게 계서화되고, 사회는 반상으로 질서화되고, 가정은 부부로 계층화된다. 다시 세부적으로 반상의 질서는 지방에서는 향약의 형태로 세분화되고, 자식들은 적서로 구분된다. 주희의 이원론은 왕을 중심으로 하는 절대왕조 정치 체계를 정치철학적으로 뒷받침하였다. 주자학은 차이의 질서화였기 때문에 이와 같은 차별적 질서에 대한 비판은 곧 조선의 정치이념에 대한 비판과 마찬가지였다. 유학자의 집안에 태어난 수운은 누구보다도 주자학을 잘 알고 있었다고 하겠다.

수운은 먼저 도덕과 신분의 밀착 고리를 끊어버리는 데 초점을 맞추었다. 조선은 주희의 이원론을 사회화, 권력화하였다. 수운은 먼저 도덕을 신분과 지식으로부터 과감하게 떼어 낸다. 수운이 "몹쓸 사람 부귀하고 어진 사람 궁박타고 하는 말이 이뿐이오 약간 어찌 수신하면 지벌 보고 가세 보아 추세해서 하는 말이 아무는 지벌도 좋거니와 문필이 유여하니 도덕군자 분명타고 모몰염치 추존하니 우습다 저 사람은 지벌이 무엇이게 군자를 비유하며 문필이 무엇이게 도덕을 의논하노"(「도덕가」)라고 한 것은 조선의 신분제에 대한 결정적 비판이다. 왜냐하면 지벌, 가세, 문필이 높은 사람들이 도덕을 점유하고 있다는 조선 사회 구성원리를 근본부터 부정하는 것이기 때문이다. 다시 말하면 지벌이 높고, 가세가 좋고, 문필이 유여하다고 해서 곧 도덕을 이루었다고 말하지 못한다는 것이다. 조선 시대에 신분이 높고, 재산이 많고, 지식이 있는 계층은 사대부였으며, 수운의 비판은 이들이 더

1 牟宗三, 『心體與性體』, 正中書局, 民79 참조.

이상 도덕군자가 아니라는 것이다.

사대부 계층이 도덕군자가 아니면 누가 도덕군자인가? 물론 수운에게는 '천주를 모셔서' 경천순천하는 사람이 군자일 것이다. 도덕군자란 '천주를 모시는' 사람이지 양반 계층, 지주 계급, 지식인이 아니라는 비판이다. "문필도 귀하지마는 문필이란 것은 그실 사람의 적은 재조에 불과한 것이오 도덕은 사람의 타고난 본성을 찾는 것이니 사람이 만일 자기 전체를 잃어버리고 문필뿐 얻는다 하면 이는 미친 사람이 아니고는 들을 수 없을 것이다."[2]라는 수운의 말에서 지식인에 대한 혹독한 비판을 볼 수 있다. 글을 읽고 시를 쓰는 글재주에 도덕이 있는 것이 아니라 자신의 본성인 천주를 찾는 것이 도덕군자라는 비판이다. 수단과 목적의 전도에 대한 혹평을 볼 수 있다.

수운의 사대부 계층에 대한 비판은 사실상 조선의 정치 주체에 대한 비판이기 때문에 곧 권력 비판이라 할 수 있다. 수운의 불철저한 혁명성을 논하는 글들이 있으나, 이미 수운은 조선의 정치이념의 중심적 핵을 비판하고 있다는 점에서 조선의 권력 구조를 부정하는 혁명성을 내포하고 있다. 수운은 권력 구조를 어떻게 할 것인가에 대한 구체적 논의를 할 단계도 아니고 할 필요도 없었지만, 정치철학적 상상력을 동원하여 본다면 수운은 '천주를 모시는' 사람들이 도덕군자로서 권력 중심에 서야 한다는 암시는 충분히 읽을 수 있다.

해월도 "동학을 깨달은 자는 호미를 들고 지게를 지고 다니는 사람 속에서 많이 나오리라"고 하고 "부한 사람과 귀한 사람과 글 잘하는 사람은 도를 통하기가 어렵다"[3]고 하였다. 도는 재산의 유무, 권력의

2 李敦化, 『天道敎創建史』, 天道敎中央宗理院藏版, 昭和8年, 第一編 36-37쪽.

3 『韓國學報』 12(1976), 250쪽. 愼鏞廈 교수의 해설에서 재인용.

유무, 그리고 지식의 유무 등과 같은 인위적 차별과는 아무런 관계가 없다고 하겠다. "부귀한 자만 도를 닦겠는가, 권력있는 자만 도를 닦겠는가, 유식한 자만 도를 닦겠는가, 비록 아무리 빈천한 사람이라도 정성만 있으면 도를 닦을 수 있느니라."(「독공」). 도道 앞에서는 모든 사람이 평등하며 오직 정성만이 중요할 뿐이다. 조선의 사대부 계급은 도덕과 아무런 관계가 없는 것이다. 조선의 불평등 구조를 혁신하고 정성이 중심이 된 도덕 질서에 대한 희구가 잘 나타나 있다. 성은 하늘의 도이기 때문에 정성을 드리는 사람은 누구나 도덕을 완성할 수 있다.

도를 멀리하고 차별을 제도화한 조선의 불평등은 해월에 의하여 강하게 비판된다. "우리 나라 안에 두 가지 큰 폐풍이 있으니 하나는 적서嫡庶의 구별이요, 다음은 반상班常의 구별이라. 적서의 구별은 집안을 망치는 근본이요 반상의 구별은 나라를 망치는 근본이니, 이것이 우리 나라의 고질이니라."[4](「포덕」). 동양에서 국가와 가정은 권력의 기본 구조이다. 권력의 기본 구조가 불평등에 의하여 무너지게 되었다는 것이 해월의 지적이다. 불평등 질서로 말미암아 국가 붕괴와 인간 붕괴에 대한 우려를 볼 수 있다.

동학에 이르러 신분제적 불평등, 반상의 불평등, 적서의 불평등, 남녀간 불평등, 어른과 어린이 불평등을 포함한 일체의 불평등이 극복되고 있다. 수운은 자신이 데리고 있던 하녀 한 명을 며느리로 삼고 다른 한 명은 양녀로 삼았다.[5] 그 자신 서얼 출신으로[6] 불평등의 문제

4 "我國之內에 有兩大弊風하니 一則 嫡庶之別이요 次卽 班常之別이라 嫡庶之別은 亡家之本이요 班常之別은 亡國之本이니 此是吾國內 痼疾也니라.": 『天道教書』, "神師曰, '自今으로 吾道人은 嫡庶의 別을 有치 勿하고 人間平等의 義를 實遵하라.'"

를 스스로 극복하고 있다. 해월은 "내 비록 부인 소아의 말이라도 배울 것은 배우노라. 이제 제군을 보매 거만하고 자존하는 자 많으니 '위가 미덥지 못하면 아래가 의심하며 위가 공경치 못하면 아래가 거만하니라' 함은 이 선사先師의 경계하신 바니라. 위에 있는 자 어찌 반드시 위에만 있으며 아래 있는 자 어찌 반드시 아래에만 있으리오. 두목의 밑에 반드시 백승百勝의 대두목이 많이 있나니 제군은 삼가라."[7] 이와 같은 해월의 말과 실천은 조선 사회의 가부장적 가정 질서와 관료제적 사회 질서를 혁신하는 것이었다. 해월의 한글로 된 「내수도문」과 「내칙」은 평상시와 임신하였을 때 여성의 수도에 관한 내용으로 여성에 대한 존중을 잘 볼 수 있다. 동학에서 남녀평등은 억압적 남성으로부터 여성이 해방됨으로써 성취될 수 있다기보다는, 여성도 자신 안의 본성인 천주를 실현함으로써 성취된다. 내적으로 천주를 모시고 밖으로는 모든 존재를 천주로 섬김으로써 여성은 자아완성을 이루어 남녀평등을 이루는 것이다. 해월은 조선 시대 남녀 불평등의 상징인 '며느리도 천주를 모시고 있다' 라고 하여 여성들도 천주로 섬기라고 하였다.

"두목 밑에 대두목이 많이 있다"라는 해월의 말은 관료제적 불평등 비판으로 볼 수 있다. 효율과 생산성을 위해서는 관료제가 필요하나 관료제적 조직이 곧 도덕의 높고 낮음을 의미하는 것이 아님을 알 수 있다. 비록 낮은 자리에 있더라도 정성을 다하면 도덕을 완성할 수 있음을 보여 준다. 실제로 해월은 천민 출신을 매우 높게 쓴 일이 있다.

5 李敦化, 『天道敎創建史』, 天道敎中央宗理院藏版, 昭和8年, 第一篇 44쪽.
6 앞의 책, 2쪽; 愼鏞廈, 『東學과 甲午農民戰爭硏究』, 一潮閣, 1994, 6쪽.
7 天道敎史編纂委員會, 『天道敎百年略史』, 未來文化社, 1981, 152쪽.

해월은 1891년 호남을 돌아 보면서 호남우도와 호남좌도의 두령간의 불화를 질책할 때 다음과 같은 수운의 일을 상기시킨다. "대신사께서 일찍이 말씀하시되 '우리 도는 후천개벽이요 갱정포태지운更定胞胎之運이라' 하셨으니 선천의 썩은 문벌의 고하와 귀천의 등분이 무슨 관계가 있느냐. 그러므로 대선생께서 일찍 여비 두 사람을 해방하여 한 사람은 양녀를 삼고 한 사람을 자부로 삼았으니 선사의 문벌이 제군만 못한가. 제군은 먼저 이 마음을 깨치고 자격을 따라 지휘에 좇으라."[8] 남계천이 천민 출신이라는 이유로 김낙삼이라는 사람이 호남의 16포에 속해 있는 백여 명을 거느리고 와서 해월에게 항의하면서 조직 안에 불화가 빚어졌다. 해월은, 동학 조직은 신분제보다 도덕과 능력이 중요하다는 사실을 잘 말해 주고 있다. '후천개벽' 과 '갱정포태지운' 이라는 개념에서 동학이 도덕적 평등주의에 기초한 새로운 세상과 새로운 질서를 지향하고 있음을 알 수 있다.

제3절 평등의 근거: 천주를 모심

수운은 어떤 근거로 불평등사상과 사회 체제를 비판하고 평등주의의 대안을 제시하는가? 수운에게 있어서 불평등은 인위적인 것이고 평등주의는 자연스러운 것으로 받아들여지고 있다. 동학의 평등주의는 수운의 경신년 사월 초오일 천주 체험에서부터 시작된다.

일반적으로 천주는 유한한 인간과 별개로, 무한하고 완전하고 초월

8 앞의 책, 159-160쪽.

적인 존재로 그려져 왔다. 수운은 그러한 초월적 존재인 천주가 자신의 마음과 똑같다吾心卽汝心는 천주의 소리를 들음으로써 대도를 깨달았다고 말한다.(「論學文」). 절대존재인 신과 상대존재인 인간이 본마음에서는 평등하다는 사실을 깨달았던 것이다. 본심으로 보면 인간은 신과 하등의 차이가 없는 것이다. 보편존재인 신과 상대존재인 인간이 하나로 이해되고 있다. 이 경지에서는 무한과 유한, 절대와 상대, 보편과 특수는 하나로 관통되어 평등하게 된다. 그러므로 수운은 천주로부터 귀신이 따로 존재하는 것이 아니라 "귀신이라는 것도 또한 나鬼神者吾也"(「論學文」)라는 말을 듣게 되고, "천지 역시 귀신이오 귀신 또한 음양"(「도덕가」)이라고 하였다. 형이상의 천지, 형이하의 음양, 사람의 마음이 하나임을 말하여 절대평등의 경지를 밝혔다. 이 경지에서 보면 모든 존재는 절대적으로 평등하다. 수운의 깨달음은 절대평등의 경지에 대한 체득이라고 말할 수 있다. '시천주'라는 것은 이와 같은 평등성에서 나온 표현이다. 사람도 자연 사물도 그 중심에는 천주를 모시고 있다는 것이다. 수운의 평등성은 모든 존재의 가장 깊은 내면에는 천주가 있다는 사실을 체득함으로써 나온 것이다. 모든 존재의 가장 깊은 내면의 존재는 하나로서, 수운은 그 존재를 '천주', '중中', '천도', '무극대도', '성性' 등으로 불렀다. 평등의 근거가 도덕에 기인하기 때문에 우리는 동학의 평등주의를 도덕적 평등주의라 부를 수 있다. 해월은 이를 더욱 분명하게 해준다.

해월은 수운이 대구 감영에서 효수당한 뒤 1865년 수운 탄신기념식을 고향인 검곡에서 거행한 뒤에 평등주의를 선언하였다. "사람은 한울이라 평등이요 차별이 없나니 사람이 인위로서 귀천을 분별함은 곧 천의에 어기는 것이니 제군은 일체 귀천의 차별을 철폐하여 선사의 뜻을 이어가기로 맹서하라."[9] 이는 해월이 동학도들에게 한 최초의 법설로 전해지고 있다. 동학의 평등주의는 사람이 하늘이기 때문이라는 점이 명확하게 밝혀지고 있다.

'사람이 하늘이다' 라는 명제는 자기가 누구인가라는 정체성에 대한 동학의 대답이다. '나' 가 누구인가라는 문제는 많은 종교와 철학의 탐구 대상이다. 수많은 철학과 종교는 인간이 무엇인가라는 문제에 대하여 나름대로의 대답을 한다. 기독교에서 인간은 신의 피조물이고, 유가에서 인간은 인仁으로 이해되고, 불교에서 인간은 불성佛性으로 이해된다. 철학에서 인간은 '노동하는 존재', '생각하는 존재', '정치적 존재', '경제적 존재' 등으로 이해되곤 한다. 천주와 인간 본성 사이에는 털끝만큼의 차이도 없다는 것이 동학의 인간 이해이다. 여기에서 인간 존엄성의 궁극적 경지를 보게 된다. 인간을 물질 차원, 사회 차원, 의식 차원으로 규정하는 것이 아니라 영성적 차원에서 정의하고 있다. 수운이 자신의 도를 '무극대도' 라고 하는 이유는 인간에 대한 어떤 정의도 인간성을 완전히 표현해 줄 수 없기 때문이라 할 수 있다. 정의될 수 없는 그 끝을 '무극無極' 이라 한 것이다. 하늘을 정의할 수 없는 것과 마찬가지이다. 천주는 어떤 정의도 넘어서는 것과 마찬가지로 인간도 어떤 정의도 넘어서 있다. '사람이 하늘이라' 는 정의는 사람의 본성이 무한하고, 정의할 수 없고, 초월적이라는 뜻을 나타내기 위함이라 하겠다.

동학의 평등주의의 근거는 하늘의 평등성 · 초월성 · 무한성에 있기

9 「天道敎書」, "人은 乃天이라. 故로 人은 平等하여 差別이 없나니 人이 人爲로서 貴賤을 分함은 是 天에 違함이니 吾道人은 一切 貴賤의 差別을 撤廢하여 선사의 志를 副함으로써 爲主하기를 望하노라." ; (李敦化, 昭和 8年, 第二篇 7쪽).

때문에, 비단 사람들 사이의 평등을 주장할 뿐만 아니라 사람과 자연 사이의 평등까지도 주장하게 된다. 자연 사물도 그 중심에는 하늘의 기운이 관통하기 때문에 그 점에서는 인간과 평등하게 된다. 이는 매우 흥미로운 점이다. 서구의 평등주의가 주로 경제적, 정치적, 사회적, 성적, 이성적 차원에서의 평등주의인 데 반하여 동학의 평등주의는 모든 차원(형이상, 자연, 인간)에서의 평등주의이다. 그러므로 동학의 평등주의는 서구의 합리적·이성적 평등주의와 달리 도덕적 평등주의 또는 영적 평등주의라고 부를 수 있다. 서구의 평등주의가 신과 자연에 대한 인간의 우위에 기초하고 있다면, 도덕적 평등주의는 도와 덕의 차원에서는 신이나 인간 그리고 자연이 평등하다고 본다. 그러므로 서구의 근대적인 평등주의와는 분명한 차이점을 보인다.

도덕적 평등주의는 사람들에게 뿐만 아니라 모든 생명-무생명의 존재들에게도 똑같이 적용되는 평등주의라 할 수 있다. 우주 만물의 평등이라고 할 수 있다. 해월은 생나무도 꺾지 말고, 미물의 생명도 귀히 여기고, 새소리도 하느님 소리고, 땅에도 침을 뱉지 말고 어머니 살처럼 여기라고 가르치고 있다. 우주적 차원에 펼쳐진 장엄한 평등주의적 비전을 그려 볼 수 있다. 해월은 자연 사물에까지 미친 평등심의 경지를 '경물'이라고 개념화하였다. 티끌도 하느님의 표현체로 지극히 공경하라는 가르침이다. 자연 사물은 자의식이 없으나, 인간은 자신도 천주이며 자연 사물도 천주의 표현이라는 의식을 갖고 있다. 그렇기 때문에 '인간이 최령最靈'하다고 할 수 있다. 칸트식으로 표현하자면 모든 존재 안에 내재한 도와 덕을 완전히 발현시키는 것이 인간의 정언명령이 된다. 생명 자체의 절멸을 예고하는 환경 파괴의 질주가 가속되고 있는 현대 사회에서 동학의 도덕적 평등주의는 새로운 문명의 지향성을 제시할 수 있을 것이다. 우주 만물의 가장 깊은 심연에 흐르고 있는 하나의 기운에 귀를 기울이지 않는 한 인류 문명과 생명은 희망이 없게 될 수도 있다. 그러나 수운은 도덕적 평등주의의 미래는 매우 밝다고 한다.

제4절 평등의 구현

도덕적 평등주의는 순환론적 역사관에 의거하여 역사철학화된다. 도덕의 완성은 단순히 개인적 차원에서만 이루어지는 것이 아니라 사회역사적 차원으로 확대된다. 수운은 천주 체험을 통하여 하늘 마음과 사람 마음이 똑같다는 사실을 깨달았으나, 이를 단순히 개인적 차원에 국한시킨 것이 아니라 모든 인민에게 확장시킨다. 수운은 이를 '덕을 편다布德' 라고 하였다. 내적으로는 하늘 마음과 같아지는 것이고 외적으로는 모든 존재들이 평등한 존재가 되는 정치 · 사회 질서를 구현하는 적극적 실천으로 발전한 것이다.

순환론적 역사관은 제자들이 "천령이 강림하였다고 하오신데 어찌된 일입니까"라는 질문에 대하여 "가고 돌아오지 아니함이 없는 이치를 받은 것이니라"[10](「論學文」)라는 수운의 대답에 잘 나타난다. '무왕불복' 이란, 온 것은 반드시 가고 간 것은 반드시 온다는 우주의 어김없는 순환법칙을 뜻한다고 할 수 있다. 수운은 「포덕문」을 우주순환론으로 시작하고 있다. "저 옛적부터 봄과 가을이 갈아들고 사시가

■

10 "今天靈降臨先生 何爲其然也 曰受其無往不復之理"

성하고 쇠함이 옮기지도 아니하고 바뀌지도 아니하니 이 또한 한울님 조화의 자취가 천하에 뚜렷한 것이로되"[11](「布德文」)라는 데서 동학의 순환론이 명확하게 나타난다. 순환의 법칙에서 예외는 없다.

순환론에 의하면 무릇 온 것은 반드시 가고야 말 것이므로 '상해지수'를 당하고 있는 불평등한 조선 사회도 반드시 멸망할 것이라는 예측이 가능하게 된다. 실제로 수운은 순환론에 의거하여 "부하고 귀한 사람 이전 시절 빈천이오 빈하고 천한 사람 오는 시절 부귀로세 천운이 순환하사 무왕불복 하시나니"(「교훈가」)라고 하였다. 해월은 이러한 순환론을 보다 분명히 하여 기존하는 불평등적 유교 질서의 종말과 평등적 질서의 도래를 확신시킨다. "성한 것이 오래면 쇠하고 쇠한 것이 오래면 성하고, 밝은 것이 오래면 어둡고 어두운 것이 오래면 밝나니 성쇠명암은 천도의 운이요, 흥한 뒤에는 망하고 망한 뒤에는 흥하고, 길한 뒤에는 흉하고 흉한 뒤에는 길하나니 흥망길흉은 인도의 운이니라."[12](「개벽운수」).

도덕적 평등주의는 순환론에 의하여 다가올 정치사회의 이상으로 제시되게 된다. 순환론과 결합한 도덕적 평등주의는 정치사회적 변혁 이념으로 작용하게 된다. 변혁 이념으로서의 도덕적 평등주의는 구체적인 정치·경제적인 평등사상으로 발전되지는 않았지만, 19세기 말 농민들의 불평등에 대한 저항을 결집시키는 변혁 이념으로 작용했다. 영적·도덕적 평등에서 출발한 평등 개념은 순환론과 결합하여 정

11 "盖自上古以來 春秋迭代四時盛衰 不遷不易 是亦天主造化之迹 昭然于天下也"

12 "盛而久則衰요 衰而久則盛이요 明而久則暗이요 暗而久則明이니 盛衰明暗은 是天道之運也요 興而後에 亡이요 亡而後에 興이요 吉而後에 凶이요 凶而後에 吉이니 興亡吉凶은 是人道之運也니라."

치 · 사회적 평등주의로 발전하였다.

동학의 '무왕불복'의 순환론은 입체적으로 이해되어야 할 것이다. 즉, 흥망성쇠가 단순히 반복되는 것이 아니라 순환하는 가운데 양적으로 확장되고 질적으로 심화되는 거꾸로 선 원추형적 역사 발전으로 이해해야 할 것이다. 계절 순환의 경우도 올봄은 작년 봄과 같이 봄이지만 내용에서는 전혀 다른 봄이다. 1년간의 체험이 축적된 다른 차원의 봄인 것이다. 여기에서 동학의 진보관을 볼 수 있다. 진보란 도의 중심에 나날이 다가가는 길이며, 덕을 나날이 너르게 펴는 일이다. 도의 중심으로 나아간다는 것은 자기의 본성을 실현하는 길이며, 덕을 널리 편다는 것은 천주와 사람의 평등에서 사람과 사람, 사람과 자연 사이의 평등으로 확장된다는 것을 뜻한다. 동학에서 진보는 그러므로 자아완성과 공동체 완성을 뜻한다고 할 수 있다. 도덕적 평등주의는 인생과 역사의 진보의 길로 이해되고 있다.

도덕적 평등주의를 이 땅에 구현하는 것을 '개벽'이라 할 수 있으며, 수운의 정치 · 사회 철학의 핵심은 여기에 있다고 할 수 있다. 개인적 차원에서 도덕적 평등주의를 실현하게 된다면 사람은 군자, 성인, 지상신선이 되는 것이고, 정치 · 사회적 차원에서 이를 구현하게 된다면 사회는 지상천국地上天國이 되는 것이다. 여기에서 동학의 '포덕천하'라는 우주적 공동체에 대한 비전을 볼 수 있다.

제5절 평등이 실현된 이상사회

평등이 구현된 이상사회를 수운은 '동귀일체同歸一體', '만법귀일萬

法歸一' 이라고 하였으며, 해월은 '물오동포物吾同胞', '인오동포人吾同胞' 라 하였다. 자연과 인간 그리고 하늘이 하나로 통일된 상태를 동학에서는 이렇게 표현하였던 것이다. 우주 만유가 하나의 형제 자매라는 뜻이다.

'동귀일체' 란 우주 만물이 한몸으로 돌아간다는 통일성을 의미한다. 다른 말로 풀이하면 우주는 본래 하나로 관통되어 있다는 의미이다. '혼원한 하나의 기운渾元一氣' 이 우주 만물을 하나로 관통하고 있다는 뜻이다. 이 하나의 기운에 통하고 보면 우주 만물을 통하지 못하는 곳이 없으며 통하지 못하는 시간이 없는 것이다. 해월이 말하는 '하늘이 하늘을 먹는다以天食天' 는 말의 의미도 이러한 맥락에서 이해될 수 있다. 우주 만물을 하나로 통하고 보면 모든 존재는 하나의 천주를 모신 존엄한 존재로 평등하다. 해월이 '사람을 하늘과 똑같이 모시라事人如天', '사물을 공경하라敬物' 고 하는 것도 바로 그러한 마음의 경지에 이르러 사람과 자연 사물을 바라보았기 때문이다. 어떤 이원성도 존재하지 않는 절대자유, 절대평등의 경지인 '무극대도' 에 근거한 평등주의라 할 수 있다. 그렇기 때문에 수운의 평등주의는 일반적 의미의 평등주의와 구분하여 도덕적 평등주의라 할 수 있다. '무극대도' 는 우주간의 모든 존재의 심연을 관통하기 때문에 '무극대도' 앞에서 모든 존재는 본래적으로 평등하다고 할 수 있다.

도덕은 신분, 권력, 지식의 유무에 관계없이 우주 만물을 하나로 관통하여 '한몸' 으로 회귀하여 일체 우주 만물을 사사롭거나 사특한 마음이 없이 평등하고 담담하게 바라본다. 사사로움이 없고 사특함이 없는 이 도덕의 경지에서 나온 것이 동학의 평등주의이다. '하나의 몸으로 돌아가고 보면' 모든 인위적인 차별과 분열은 그 의미를 상실하게 된다. 형이상학적으로만 그러한 것이 아니라 실제 생활에서도 그러한 것이다. 해월이 동포론을 이야기할 수 있었던 것도 이와 같은 마음의 경지에 이르렀기 때문에 가능했으리라.

동학의 이상사회에서는 인간과 인간이 평등하고, 인간과 신이 평등하고, 인간과 자연이 평등하다. 물질만 존재한다는 유물론과 신만이 존재한다는 유신론 그리고 인간의 마음이 모든 것이라는 유심론이 하나로 통하게 되어 일체의 미신이 사라지는 세상이라고 할 수 있다. 현대인이 미망에서 헤어나지 못하는 것은 이 셋을 각각 따로 보기 때문이다. 셋을 통하는 하나에 이르고 보면 인간은 물질의 노예도 아니며, 신의 노예도 아니며, 자기 마음의 노예도 아닌 본래의 나를 깨달아 일체 존재들이 하나의 존재의 다양한 모습임을 알게 된다고 하겠다. 그러므로 동학의 평등사상은 "봉건사회에서 근대로 이행되는 과정에서 나타나는 평등사상이기보다는 새로운 후천後天의 세상을 열어 가는"[13] 평등사상이라고 하겠다.

제6절 맺음말

동학의 평등주의는 아직까지 구체적인 정치 제도로 구체화되지는 않았다. 그러나 수운 이후 동학의 역사는 수운이 깨달은 도덕적 평등주의를 구현하기 위한 역사였다고 할 수 있다. 동학의 도덕적 평등주의는 방향을 상실하고 표류하던 조선 말기에 한민족에서 역사의 방향

13 윤석산, 『동학사상과 한국문학』, 한양대학교 출판부, 1999, 211쪽.

성을 제시해 주었으며, 1890년대에 본격화되어 1894년으로 마무리되는 동학혁명운동[14]을 통하여 한민족사의 본령을 이루었다. 백범 김구 같은 지도자의 술회[15]에서도 볼 수 있듯이, 동학의 도덕적 평등주의는 임시정부의 이념 형성에도 이바지하였음을 알 수 있다. 일제 치하에서도 동학을 이은 의암 손병희의 천도교는 평등한 마음으로 다른 종교들과 합심하여 민족간의 평등을 온몸으로 주장하고 불평등 국제질서에 투쟁한 3.1운동을 주도하였다. 어린이도 하늘처럼 받들자고 하여 어린이날을 만든 소파 방정환, 분단을 반대하고 자주적인 통일을 주장하였던 청우당 등은 모두 동학의 도덕적 평등주의를 실현하려 했던 역사의 발자취이다.

사람과 사람간의 여러 가지 불평등의 골이 깊어지고, 사람과 하늘간의 거리가 멀어지고, 사람과 자연간의 지배와 정복 관계가 지속되는 한 동학의 도덕적 평등주의는 날로 의미를 더할 것이다. 현대 사회의 맥락에서 보면 도덕적 평등주의는 참된 인간성을 실현하고 선한 공동체를 구현하는 이념적 좌표가 되어야 할 것이다. 도덕적 평등주

14 "東學革命의 위대성은 거의가 문맹이었던 당시의 民衆을 수운의 創道 以後 不過 三十年이라는 짧은 시간 동안 民衆을 侍天主의 높은 신앙이념으로 계몽시켜 人間의 平等性과 존엄성을 자각시킬 수 있었다는 點과 한발 더 나아가서 그들로 하여금 歷史 갱신의 主體者로서의 역사 감각을 가지고 革命에 동참하게 했다는 점이다"(金敬宰, 「崔水雲의 侍天主와 歷史理解」, 『韓國思想』 15輯, 1977, 223쪽)

15 "내가 공손히 절을 한즉 그도 공손히 맞절을 하기로 나는 황공하여 내 성명과 문벌을 말하고 내가 비록 成冠을 하였더라도 兩班댁 서방님인 주인의 맞절을 받을 수 없거늘, 하물며 편발 아이에게 이런 대우가 과도한 것을 말하였다. 그랬더니 선비는 감동한 빛을 보이면서, 그는 東學道人이라 선생의 훈계를 지켜 貧富貴賤에 差別이 없고 누구나 平等으로 대접하는 것이니 미안해할 것 없다고 말하고 내가 찾아온 뜻을 물었다. … 하느님을 모시고 하늘 도를 행하는 것이 가장 요긴한 일일 뿐더러 常놈된 한이 골수에 사무친 나로서는 東學의 平等主義가 더할 수 없이 고마웠고 …."(金九, 『金九自敍傳 白凡逸志』, 白凡金九先生紀念事業協會, 1969(제8판), 27-28쪽)

의가 단순히 이념에 그치는 것이 아니라 구체적 생활 양식으로 구체화되고 정치 · 사회적 평등주의로 구체화 · 제도화되는 과정을 동학혁명과 3.1독립운동에서 잘 볼 수 있다. 도덕적 평등주의가 실현된 사회를 수운은 '후천개벽' 혹은 '다시개벽'이라는 다소 추상적인 말로 표현했으나, 보다 분명하게 구체화시켜 나가야 할 것이다. 평등주의는 인간의 도덕성을 완성하기 위함이지 단순히 경제적 · 정치적 평등을 구현하는 것은 아니라 하겠다. 경제적 · 정치적 평등은 궁극적으로 인간의 도덕 완성이라는 목적을 위한 것이다.

남녀간, 인종간, 계급간, 지역간, 국가간에 현존하는 불평등 구조를 끊임없이 개선하여 궁극적으로 완전한 평등에 이르러야 할 것이다. 지식의 유무도 차별의 근거가 되어서는 안 되며, 종교를 이유로 사람을 차별해서도 안 될 것이다. 일체의 이원론을 극복하고 천주가 일상생활에서 숨쉬고, 밥먹고, 일하는 가운데 있다는 사실을 자각하여, 지금 여기의 생활 한가운데에서 약동하는 천주를 모셔 평등하여 걸리지 않는 마음을 구현하여야 할 것이다. 그렇게 함으로써 일체의 우상으로부터 자유로워지고 종교적 도그마로부터 해방될 것이다. 그러므로 도덕적 평등주의에서는 신을 인간 세상을 떠난 절대자로 숭배하거나 맹종하지 않으며, 내 생명의 중심으로 모시며, 자연을 더 이상 정복과 지배의 대상으로만 여기지 않고 나와 뭇 생명의 어머니로 섬긴다.

동학의 도덕적 평등주의는 어렵고 멀고 힘든 것이 아니라 일상생활 속에서 누구나 쉽게 행할 수 있는 것이다. '지극한 도는 어렵지 않은 至道無難' 것이다. 도덕적 평등주의는 이념이라기보다는 생활 속의 구체적인 실천에서 시작된다. 평등 사회는 도덕이 있을 때 가능하다.

제11장 영성과 혁명의 변증법*

제1절 머리말

동학은 19세기 말 조선의 내적 모순을 개혁하고 침략적 일제에 대항한 개혁사상이자 자주적 혁명운동이었다. 유교를 통치이념으로 하는 조선조에는 여러 개혁사상가들이 등장하였으나, 대부분 성리학이라고 하는 형이상학과 윤리규범 그리고 통치이념의 경계선을 크게 벗어나지 않았다. 동학을 창시한 수운 최제우는 동학이 유학과 대동소이大同小異하다고 주장하기는 하지만, 실제로는 조선의 통치이념인 성리학을 대체하는 혁명적 정치이념을 제시하였다. 조선조의 개혁사상들이 성리학에 기초한 정치 구조와 사회 체제의 틀 안에서 개혁운동을 추진하였는 데 반하여, 동학은 평등주의적 휴머니즘에 기초하여 민이 중심이 되는 새로운 정치 체제를 지향하였다.

* 「동학의 개벽사상」, 한국정치학회 신정현 외 엮음, 『한국정치의 재성찰』, 한울아카데미, 1996, 347-371쪽.

수운은 "유도 불도 누천년에 운이 역시 다했던가"(「교훈가」)라고 하여 새로운 정치이념의 등장을 직접 선포하여 유교 체제와의 단절을 분명하게 하였다. 실학을 포함하는 조선조의 개혁사상들이 정치 지도자에 의한 위로부터의 개혁을 모색한 반면, 동학은 현존하는 정치나 사회의 상층부가 아닌 밑으로부터의 근본적 개혁을 도모하였다. 이러한 특성을 갖는 동학의 개혁사상을 '다시개벽'이라는 개념을 중심으로 분석해 보는 것이 이 논문의 목적이다.

'다시개벽'이란 후천개벽을 의미한다. 하늘이 열리는 것을 개開라 하고 땅이 열리는 것을 벽闢이라 한다. 음양이 갈라져 가벼운 것은 하늘이 되고 무거운 것은 땅이 되는 우주 탄생을 의미한다고 볼 수 있다. 이는 선천개벽이다. 수운은 경신년(1860) 하느님 체험에서 천주로부터 "개벽후 오만년에 네가 또한 첨이로다 나도 또한 개벽 이후 노이무공 하다가서 너를 만나 성공하니"(「용담가」)라는 말을 들었다고 한다. 이 말에 의하면 후천개벽의 출발점은 1860년이 된다. 후천이란 우주 탄생 이후 인간에 의하여 하늘과 땅이 새롭게 열림을 의미한다. 선천개벽이 우주 탄생이라면 후천개벽은 인간의 노력에 의하여 새로운 하늘과 땅을 창조하는 것이다.[1] 후천개벽은 이처럼 새로운 인간의 탄생과 밀접한 관계를 갖고 있다.

인간이 새로운 우주를 탄생시킨다는 것은 곧 인간의 역사 자체를 의미하는 것은 아니다. 다시 말하면, 인간의 유위有爲적 행위에 의한 역사가 곧 후천개벽은 아니다. 선천이 무위적이라면 후천은 인위적이다. 인위적인 노력은 역사를 만들지언정 후천개벽은 아니다. 후천개

1 黃元吉 註解, 『道德經精義』, 大灣: 自由出版社, 中華民國五十七年, 104-105쪽.

벽은 인간의 무위無爲에 의한 역사를 의미한다. 무위를 터득한 사람들에 의하여 만들어지는 역사라 할 수 있다. 수운은 동학을 '무위이화無爲而化'의 도道라 하면서 자신이야말로 무위적 노력에 의하여 새로운 후천개벽의 역사를 열었다고 주장한다. "우리 도는 무위이화라. 그 마음을 지키고 그 기운을 바르게 하고 한울님 성품을 거느리고 한울님의 가르침을 받으면, 자연한 가운데 화해 나는 것이요."(「論學文」). 달리 말하면 후천개벽은 일반적인 의미에서 개인이나 집단들이 만들어 내는 역사가 아니라, 하늘을 모시는 인격체侍天主가 만들어 내는 역사로 이해될 수 있다. 하늘을 모시는 인간들에 의하여 새로운 역사가 시작되었다는 의미는 동학의 독창적인 역사관이다. 이는 매우 역설적이고 모순적으로 보인다. 왜냐하면 선천은 무위자연이고 후천은 인간들에 의한 유위일 수밖에 없으나 동학은 인위적 무위爲無爲를 주장하기 때문이다. 인위적 무위를 행할 수 있는 사람은 천주를 모신 사람들뿐이다. 왜냐하면 천주를 모셔 천주의 뜻에 따라서 사고하고 행위할 수 있기 때문이다.

개벽은 절대자의 소관으로 무위에 의하여 이루어지는 것으로 이해되며, 인간의 권능을 벗어날 일로 간주된다. 그러나 동학은 그러한 개벽이 시천주적인 인간에 의하여 이루어질 수 있다고 말한다. 그 논리는 매우 간단하다. 천주를 모시는侍天主 자는 곧 하늘이므로人乃天, 이러한 하늘적 인격체에 의하여 새로운 하늘과 땅을 무위적으로 창조할 수 있다는 것이다. 수운 스스로 천주를 체험했다고 하는 1860년 4월 5일을 선천과 후천의 분기점으로 잡는다. 1860년에 새로운 하늘과 새로운 땅이 열리기 시작한 것이다. 이러한 이유로 해월은 동학을 동양 문명의 시원으로 일컬어지는 천황씨의 회복에 비유한다. "운인즉 천황씨가 새로 시작되는 운이요, 도인즉 천지가 개벽하여 일월이 처음으로 밝는 도요"(「開闢運數」)라고 하여 동학은 이전과는 다른 새로운 문명의 서장을 여는 운이며 도라는 점을 밝히고 있다.

동학에서 의미하는 '후천개벽' 또는 '다시개벽'은 매우 인간적인 맥락에서 이야기되면서 동시에 우주 구조적 맥락에서 논의된다. 신문명의 도래를 의미하는가 하면, 또한 새로운 정치사회의 전면적 변혁을 의미하는 개념으로 사용되기도 한다. 이 글은 복합적 맥락에서 사용되고 있는 '다시개벽' 정신의 정치철학적 요체는 무엇이며, 동학의 조직 운영에는 '다시개벽' 정신이 어떻게 구현되었으며, 마지막으로 해월이 이끌었던 개벽운동의 전략은 어떠했는가를 밝혀 본다. 그리하여 '다시개벽'의 철학 구조, 조직 운영, 운동 전략은 영성과 혁명의 묘합으로 일관되고 있음을 밝혀내고자 한다. 영성과 혁명의 변증법으로 개벽을 접근하고자 하는 것이다.

제2절 후천개벽의 철학 : 영성과 기운內有神靈 外有氣化

동학은 새로운 도를 의미하며 동시에 새로운 정치사회의 등장을 의미한다. 도로는 천도이며 학으로는 동학이 정치적 동기로 탄압받았다는 사실은 영성과 권력의 이중성을 단적으로 보여 준다. 동학 자체가 새로운 도덕의 창시이면서 동시에 새로운 정치 운동의 역사이기도 하다. 동학은 새로운 천도에 그친 것이 아니라 구체적이고, "현실적인 정치사회의 모순으로부터 그들을 집단적으로 구원하려던 정치사상"[2] 임은 분명하다. 즉, 동학은 새로운 도의 창시를 통하여 현실 정치의 모순을 근본적으로 해결하고자 하였다. 동학에서 도덕과 정치의 관계는 영성과 혁명의 상호 역동성을 보게 되면 이 점은 더욱 분명해진다.

1. 영성과 혁명의 상호성

수운은 천주 체험 이후 1년이 지난 1861년부터 하늘의 덕을 널리 편다는 의미의 「포덕문布德文」을 작성하면서 동학을 펴기 시작하였다. 수운은 자신이 체험한 천주를 노래로 짓고, 글로 짓고, 주문을 지어 풀어 설명한다. 노래란 일반 민을 대상으로 하는 『용담유사』라는 가사집을 의미하고, 글이란 지식인을 대상으로 하는 『동경대전東經大全』을 의미한다. 수운은 동학의 모든 것이 주문에 집약된다고 하여 자신이 체험한 도의 구체적인 수련 방법을 제정한다. 그러나 수운은 동학을 선포한 지 4년을 넘기지 못하고 혹세무민의 사설邪說을 폈다는 좌도난정左道亂正의 죄목으로 대구에서 참형되었다.

민의 정서에 호소하는 『용담유사』와 지식인의 논리를 자극하는 『동경대전』이 보여 주듯이, 수운은 대중성과 함께 지도 계층을 동시에 염두에 넣고 있다. 주문은 이성적 분석력과 정서적 감성을 종합하면서 동학을 생활 속의 도道로 구체화하는 매개였다. 수운은 시천주侍天主 주문 13자에 버금가는 것은 아무것도 없다고 할 정도로 주문을 동학의 중심으로 여겼다. 주문이 수행의 중요한 일부인 것처럼, 검가를 부르며 추던 검무도 수련의 중요한 일부였다. 수운은 검가를 부르며 검무를 춘 것으로 알려져 있으며, 검가의 내용은 우주를 집어삼킬 만

2 申福龍, 『東學思想과 甲午農民革命』, 평민사, 1991, 262쪽.

한 남아의 기개를 잘 그려 내고 있다.[3] 주문이 자신 안의 천주를 구현해 나가는 인격 혁명적 성격을 갖는다면, 검무는 우주 안에서 천주를 실현해 나가는 정치혁명적 성격을 갖는다. 기운은 필연적으로 사회적·공동체적일 수밖에 없기 때문에 현실 사회적 맥락을 떠날 수는 없다.

영성과 정치 권력의 상호성은 '다시개벽' 개념에 매우 뚜렷하게 나타난다. 수운은 『용담유사』의 도처에서 '다시개벽'을 읊고 있다. 수운은 "아서라 이 세상은 요순지치라도 부족시요 공맹지덕이라도 부족언이라"(「몽중노소문답가」)라고 하여 요순 공맹의 도덕과 정치로는 더 이상 새로운 시대를 감당할 수 없다고 한다. 이제 그 시대가 다했으므로 새로운 도덕정치가 요청되며, 동학은 그러한 역할을 맡기 위하여 탄생했음을 암시하고 있다. 수운이 아내를 위하여 지은 글인 「안심가」에서 임진왜란을 상기시키면서 "십이제국[4] 괴질운수 다시개벽 아닐런가"(「안심가」)라고 하여 질병으로 인한 전 세계의 멸망 이후 새로운 세상이라는 의미로 '다시개벽'을 말하고 있다. 꿈에서 본 노인과의 대담으로 진행되는 「몽중노소문답가」에서도 "십이제국 괴질운수 다시개벽 아닐런가"라고 반복하고 있다. 여기에서 다시개벽은 전체 사회 구조의 전면적 변혁에 따른 새로운 체제의 등장을 의미하고 있다. 이처럼 수운은 '다시개벽'이라는 개념을 새로운 도의 탄생과 새로운 사회 체제의 등장을 의미하는 개념으로 사용하고 있다.

---

3 "시호시호 이내시호 부재래지 시호로다 만세일지 장부로서 오만년지 시호로다 용천검 드는 칼을 아니 쓰고 무엇하리 무수장삼 떨쳐입고 이칼 저칼 넌즛 들어 호호망망 넓은 천지 일신으로 비껴서서 칼노래 한 곡조를 시호시호 불러내니 용천검 날랜 칼은 일월을 희롱하고 게으른 무수장삼 우주에 덮여 있네 만고명장 어디 있나 장부당전 무장사라 좋을시고 좋을시고 이내신명 좋을시고."

4 천하를 십이간지로 나누어진 왕국으로 보는 세계관에서 유래하는 말로, 십이제국이란 전 세계 모든 국가들을 의미한다.

해월의 경우도 '다시개벽'을 새로운 도의 창시와 새로운 우주 구조의 탄생을 의미하는 개념으로 사용한다. 해월은 후천개벽을 '인심개벽人心開闢'(「開闢運數」)이라고 말한다. 선천개벽이 물질적 발달을 의미한다면, 후천개벽은 인간 정신의 개화 또는 열림을 의미한다. 물질 문명이 극치에 이르면 도덕 문명이 바닥에 떨어지게 되며 그 때에 바로 후천개벽의 역사가 시작된다고 말한다. 또한 해월은 후천개벽을 우주에 충만한 음수陰水(「天地理氣」)가 크게 변하는 우주적 변혁으로 설명하며, 의암 손병희는 음수를 대기大氣로 풀이하였다. 우주를 우리의 눈에는 보이지 않는 하나의 거대한 물로 본 해월은 이 음수의 변화를 후천개벽으로 보았고, 의암은 대기의 변화로 풀이하였다. 후천개벽이 전 우주의 구조적 변혁과 밀접한 관계가 있음을 알 수 있다. 후천개벽은 물질 차원이 아닌 정신 차원에서의 근본적 변화와 함께 그 변화의 범위가 우주적으로 확장되고 있음을 알 수 있다. 후천개벽은 인간 정신의 개화를 의미하면서 동시에 우주적 차원 변화와 같은 구조 변혁을 지칭하는 개념으로 사용되고 있다.

정신혁명과 우주 변혁이 이루어지는 가운데 인간 사회가 변치 않을 수가 있겠는가? 그러므로 해월은 우주적 대격변의 와중에서 모든 것이 크게 변화된다고 강조한다. "새것과 낡은 것이 같지 아니한지라 새것과 낡은 것이 서로 갈아드는 때에, 낡은 정치는 이미 물러가고 새 정치는 아직 펴지 못하여 이치와 기운이 고르지 못할 즈음에 천하가 혼란하리라. 이 때를 당하여 윤리 도덕이 자연히 무너지고 사람은 다 금수의 무리에 가까우리니, 어찌 난리가 아니겠는가."(「開闢運數」). 후천개벽이 정치적 대혁명의 의미를 내포하고 있음을 볼 수 있다. 이 때 새로이 등장하는 개벽의 정치는 어떤 정치를 의미하며 그 내용이 무엇인지에 대해서는 자세한 설명이 없다. 개벽정치의 의미를 파악하기 위해서는 동학의 핵심 요체인 시천주 주문을 분석할 필요가 있다.

2. 시천주 주문에 나타난 영성과 권력

수운은 "열세자 지극하면 만권시서 무엇하며"(「교훈가」)라고 말하면서 시천주 주문을 매우 중시하였다. 주문은 수행에서 그 효과를 발휘하는 것이며, 논리로 이해하는 것은 그 다음 문제이다. 그러나 직접적 수행을 글로 전달할 수 없으므로 여기에서는 단지 주문의 논리를 분석할 수밖에 없다. 다행스럽게도 수운은 13자로 된 시천주 주문을 풀이하였다. 주문 13자 가운데 가장 중요한 '모실 시侍' 자를 분석함으로써 주문 이해를 갈음하고자 한다. 시侍는 모신다는 의미이며, 시천주는 천주를 모신다는 의미이다. 이 모심을 수운은 "안으로 신령이 있고 밖으로 기화가 있으며 한 세상 사람들이 각기 옮기지 아니한다內有神靈 外有氣化 一世之人 各知不移"(「論學文」)라고 해석하여 모심이 안팎으로 분석되고 있다. 모신다는 것은 안으로 신령이 있어야 하고, 밖으로 기화가 있어야 한다. 이러한 안팎의 경계를 떠나지 않는 것이 옮기지 않음不移이라 할 수 있다. 그 의미를 보다 자세하게 풀이해 보자.

안으로 신령이 있다는 것은 내면으로 들어가 궁극적으로 만나는 마지막 경계이며 최후의 관조자 또는 주체라고 할 수 있다. 자기 안으로 깊숙이 들어가 내면에 존재하는 최후의 주체를 만난다는 의미인 것이다. 신령은 궁극적 주체로 설정되고 있다. 수운이 「교훈가」에서 "네 몸에 모셨으니 사근취원 하단말가"라고 하는 이유도 여기에 있다. 또한 수운은 "동학은 서양의 도와 무엇이 다릅니까"라는 제자의 질문에 대하여 "도인즉 같으나 이치인즉 아니니라"(「論學文」)라고 말하는 이유도, 영성에는 동서의 구분이 없고 고금의 차이가 없으나 이를 설명하는 철학적 논리는 다를 수 있음을 지적하고 있다. 다시 말하면 궁극적 내면에서 본다면 우주 이치는 하나이며, 진리는 통하며 한마음임을 알 수 있다. 심연의 내면적 주체는 하나의 영성 또는 하나의 보편 진리인 것이다. 그러나 이를 밝히는 이치는 언어와 논리에 따라 다를 수 밖에 없다는 것이 또한 수운의 말이다.

수운은 "무슨 도라고 부르오리까"라는 질문에 대하여 '천도'라고 대답하며, '천령天靈'이 내려왔다는 말이 도대체 무슨 말이냐는 제자들의 질문에 '가서 돌아오지 아니함이 없는無往不復 이치'를 받았다고 대답한다.(「論學文」) 이 순환의 이치를 바라보는 것을 신령이라 하겠다. 시공간과 사람으로 하여금 그렇게 되도록 하는 근본 소이가 도이므로 수운은 도를 천도 또는 천령으로 말한다. 시공간과 사람이라는 상대적 현상을 지켜보는 존재가 천령인 바에야 어찌 가고 옴이 있을 수 있겠는가. 가고 오는 것은 시간, 공간, 사람의 상대 세계에서 바라볼 때의 현상이다. 천령은 가기 이전에 이미 그곳에 있으며, 오기 이전에 이미 이곳에 있으니 가고 옴이 있을 수 없다. 천령이 어떻게 수운에게 내려왔겠는가? 그것은 수운에게 온 적도 없으며 또한 간 적도 없다.

수운은 아득한 옛날부터 어느 한시도 또 어느 곳에서도 결코 떠난 적도 없으며 온 적도 없는 영성을 눈을 뜨고 보았을 뿐이다. 보았다기보다는 그 자리에 이르러 보는 자가 되었다. 신령의 자리에서 본 것이 우주적 순환의 이치라 하겠다. 수운은 오고 감이 없는 순환의 중심에서 오고감의 순환 질서無往不復를 깨달았던 것이다. 이 점에서 무왕불복의 이치를 깨쳤다는 수운의 말은 내면의 신령을 받았다는 말과 동일하다.[5] 그러나 굳이 표현하자니 받았다고 하는 것이지, 어찌 수운이 이를 받았겠는가? 수운은 천주로부터 "내 마음이 곧 네 마음이니라"(「論學文」)라는 말을 들었다고 말한다. 두 마음이 같으니 누가 주고 누가 받았다고 할 수 없는 것이다. 말하는 자와 듣는 자가 동일하므로, 말했다고 할 수도 없고 들었다고도 할 수 없는 것이다. 이것이 내유신령이다. 그러면 신령은 고립된 개체 존재인가?

천주 모심을 밖으로 보면 외유기화이다. 안으로 신령이 있음으로 천주 모심은 끝나는 것이 아니다. 밖으로 기화가 있어야 한다는 것이 수운의 설명이다. 신령이 관조하는 안이라면, 기화는 활동하는 힘이다. 안으로 보면 신령은 하나처럼 보이나, 밖으로 보면 신령은 있지 아니한 곳이 없으므로 다수처럼 보인다. 신령이 우주 삼라만상을 떠나서 고립무원의 천상계에 있다고 생각하는 것은 가장 위대한 착각 중의 하나라고 수운과 해월은 통렬하게 비판한다. 수운은 부모의 혼령혼백이 없다고 하면서 제사도 지내지 않는 사람들이 어떻게 하여 자신이 죽은 뒤에는 천당에 가게 해 달라고 천주께 비는지 그 어리석은 마음을 도저히 이해할 수 없다며 서학을 비판하였다.(「권학가」). 천주는 인간과 동떨어진 별개의 세상에 존재하는 실체가 아니다. 모든 존재 안에는 신령이 내재하고 있기 때문에 따로 밖에서 절대자를 찾는 것은 어리석음이라는 것이다. 수운은 『중용』의 글을 인용하면서 이 사실을 한번 더 상기시킨다.

5 순환 질서의 이치와 이를 바라보는 신령의 관계는 수운의 「불연기연(不然其然)」 전편에 걸쳐서 잘 나타나고 있다. 우주 만물은 순환 질서에 의하여 각기 정해진 수에 따라서 순환하게 마련이지만, 그 순환의 중심에는 어떠한 변화도 운동도 있을 수 없다. "數定之幾年兮여 運自來而復之하고 古今之不變兮여 豈謂運豈謂復고."(不然其然)

'천명이 본성으로 내려와 있고, 이 본성을 성실하게 따르는 것이 도이며, 도의 길을 가도록 힘쓰는 것이 교天命之謂性 率性之謂道 修道之謂敎' 인데도 불구하고, 마치 '천상에 상제님이 옥경대에 계시다고'(「도덕가」) 본 것처럼 말하는 것은 참으로 어리석기 짝이 없고 허황된 이야기가 아닐 수 없다고 비판한다. 도를 닦음으로써 천명을 밝히고 본성을 구현하는 것이 도리임에도 불구하고 마치 천주가 저 푸른 하늘에 있는 듯이 말하는 꼴이 여간 허황되지 않다고 비판한다. 귀신이 따로 있는 것이 아니며, 천지가 따로 있는 것이 아니다. 천지天地 · 귀신鬼神 · 음양陰陽이 모두 내 안에 있는 것이다. 그러므로 사람을 떠나서 따로 하늘이 있는 것이 아니며, 자연 사물을 떠나서 천주가 따로 있는 것이 아닌 것이다.

해월은 또한 부모를 떠나서 천주가 따로 있는 것이 아니므로 천지는 곧 부모이며, 부모는 곧 천지라고 말한다. "나의 굴신동정屈伸動靜이 바로 귀신鬼神이며 조화造化며 이치기운이니 … 천도天道와 인도人道 그 사이에 한 가닥의 머리털이라도 용납하지 않을 것이니라."(「其他」). "나의 한 기운은 천지우주의 원기와 한 줄기로 통했으며, 나의 한마음은 조화귀신의 소사와 한 집의 활용이니, 그러므로 한울이 곧 나며 내가 곧 한울이라."(「其他」). 그러므로 해월은 "성인은 별다른 존재가 아니라 마음가짐에 있다"(「篤工」)라고 분명하게 말한다. 어찌하여 그런가? 외유기화 때문이다. 안으로 천지 만물의 운행을 관조하는 천령은 단지 바라볼 뿐만 아니라 또한 우주를 운행한다. 천주는 천지를 바라보실 뿐만 아니라 우주를 통제하며 다스리는 주체이기도 한 것이다. 이처럼 밖으로 볼 때의 천주는 기화로 나타난다. 우주 삼라만상이 천주 조화의 기운에 의하여 운행된다는 것이다. 인간의 호흡, 생각, 동작이 모두 천주 조화의 기운이라는 뜻이다.

동학과 서학의 차이점을 묻는 제자들의 질문에 대하여 수운이 '운인즉 하나'(「論學文」)라고 하는 이유도 여기에 있다. 도는 천도로서 하나인 것이 분명하나 운運도 하나일 수밖에 없는 이유가 외유기화에 있다. 수운은 우주 운행의 주체를 혼원일기渾元一氣라 부른다. 역동적인 하나의 힘 또는 하나의 권력이 우주 전체를 통제하고 있는 것이다. 이 힘은 우주 만물에 명령하지 아니하는 것이 없으며 통제하지 아니하는 것이 없는 힘이다. 그러므로 천주는 "간섭하지 않는 일이 없고 명령하지 않는 일이 없다無事不涉無事不命"(「論學文」)고 말한다. 일마다 간섭하고, 일마다 명령한다. 밖으로 볼 때 천주 모심은 이처럼 우주 만물에 간섭하고 모든 것을 명령하는 기운이다.

모든 존재의 내면적 중심에는 천주의 기운이 흐르고 있다는 것이 외유기화이다. 여기에서 중심이란 물리적 중앙을 의미하는 동시에 모든 존재들의 가장 깊은 내면에 흐르고 있는 본질적 힘을 의미한다. 외유기화의 논리에 의하면 중심과 주변의 콤플렉스가 일어날 수 없다. 왜냐하면 모든 주변에도 중앙의 혼원일기가 관통하여 흐르고 있기 때문이다. 우주 삼라만상은 이 우주적 기운을 안고 있기에 살아갈 수 있다. 밖으로 기화가 있다 함은 이 우주적 힘을 느끼고 참여하는 것이다. 해월은 "한울님이 간섭하지 않으면 고요한 한 물건 덩어리니 이것을 죽었다고 하는 것이요, 한울님이 항상 간섭하면 지혜로운 한 영물이니 이것을 살았다고 말하는 것이라. 사람의 일동일정이 어찌 한울님의 시키는 바가 아니겠는가"(「道訣」)라고 할 때 외면으로 나타난 천주를 의미한다고 하겠다. 의암은 "그것이 떠나기로 하면 앉아서도 죽고, 길 가다가도 죽고, 먹다가도 죽고, 놀다가도 죽고 하므로 늘 천주를 공경하고 조심하여 섬기라"고 하였다. 이처럼 동학에서 말하는 천주는 우주 삼라만상의 모든 것을 통제하는 힘으로 제시되고 있다.

시천주는 영성과 기화의 통합을 의미한다. 영성은 권력의 내면적 관조자이며, 우주적 힘은 영성의 외면적 모습이다. 양자는 천주 모심에서 불가분리적으로 통합되어 있다. 권력을 떠난 영성은 허황된 망상에 불과하며, 영성을 떠난 권력은 죽음의 물질에 불과한 것이다. 영성과 기화의 두 계기는 구체적 인간에 의하여 통합적으로 실현된다. 그것이 각지불이各知不移이다.

모든 존재들이 이 두 개의 원리를 각자 구현하여 실행하는 것을 각지불이라 할 수 있다. 동학의 조직과 해월의 운동 전략은 19세기 말 조선민에 의하여 구현된 각지불이의 생생한 모습이라 할 수 있다. 주문의 셋째 계기인 각지불이는 접포 조직과 운동 전략의 분석을 통하여 밝혀질 것이다.

제3절 영성 공동체接와 정치사회 운동체包

영성靈性과 기화氣化 또는 도덕과 정치 권력의 관계가 철학적 차원의 통합에 머문 것이 아니라 현실 조직으로 구체화된 것이 접接과 포包라는 조직이다. 영성의 조직적 표현이 접이라고 하는 소집단이라면, 정치 · 사회 운동은 포 조직이 담당하였다. 접이 인맥적 성격을 갖는 공동체였다면, 포는 여기에 더하여 지역적 성격이 가미된 보다 확장된 규모의 운동 조직이었다. 접이 영적 수련 공동체의 성격을 갖는다면, 포는 영성을 사회화 또는 정치화시키는 단위였다. 이러한 조직을 바탕으로 동학은 19세기 한국 사회의 역사적 방향을 잡아 나가는 개벽운동을 전개하였다.

1. 영성 공동체接

동학 조직은 1862년 수운에 의하여 '접주제接主制'로 출발하였다. 수운은 동학의 수도자들을 가르치고 관리하는 조직으로 접주接主라는 직책과 접소接所라는 사무실을 열어 동학의 덕을 널리 폈다.[6] 접은 인맥에 따라서 형성되었다. 교도의 숫자가 많을 경우에는 한 지역에 몇 개의 접을 설치하기도 하였다. 인맥을 따라서 형성된 조직이기 때문에 같은 지역에 거주하더라도 각기 다른 접에 속하는 경우도 있었다. 접주는 해당 접의 일을 자율적으로 처리하였다. 수운 생존 당시 경상도 동북부 지방의 대부분 지방에 이미 접 조직이 광범위하게 형성되었다. 선전관 정운구의 서계에 의하면 '조령에서 경주에 이르는 사백여 리의 마을에는 남녀노소를 불문한 동학의 주문 소리가 그치지 않을 정도'라고 하고 있다.[7]

경상도 동북부 지방에 대한 포덕은 대부분 해월이 담당하였다.

6 吳知泳, 『東學史(影印本)』, 亞細亞文化社, 1985, 31쪽.
李敦化, 『天道教創建史(影印本)』, 景仁文化社, 1970, 第一篇 42쪽. "수운 당시 접주는 경주에 이내겸(李乃謙), 백사길(白士吉), 강원보(姜元甫), 영덕에 오명철(吳明哲), 영해에 박하선(朴夏善), 대구청도 겸 경기에 김주서(金周瑞), 청하에 이민순(李敏淳), 연일에 김이서(金伊瑞), 안동에 이무중(李武中), 단양에 민사엽(閔士燁), 영양에 황재민(黃在民), 신영에 하치욱(河致旭), 고성에 성한서(成漢瑞), 울산에 서군효(徐君孝), 장기에 최희중(崔羲仲) 등이었다."

7 『高宗實錄』, 「日省錄」, 哲宗 癸亥年 12月 20日, 宣傳官 鄭雲龜 書啓, "自鳥領至慶州 爲四百餘里 州郡凡十數 東學之說 幾乎無日不入聞 而環慶州隣近諸邑 其說尤甚 店舍之婦 山谷之童 無不誦傳其文"

1863년 7월 수운은 해월에게 북접주인의 직책을 부여한다.[8] 북접주인 또는 북도중주인이라고 일컬어지는 직책을 부여한 뒤 수운은, 동학의 일체 사무를 북접주인을 거쳐 자신에게 가져올 것을 명하여 해월에 대한 신임을 표하였다.[9] 접주제는 이렇게 하여 동학 조직의 씨앗이 되었으나, 1864년 3월 10일 수운이 대구에서 참형되고 동학에 대한 일대 탄압이 내려지면서 동학 조직은 완전히 와해된 것처럼 보였다. 그러나 1871년에 이필제의 주도와 해월의 소극적 협조로 일어난 영해 이필제 난에 동원된 동학도들의 지역적 분포를 보면, 접주에 의한 동학도들의 활동이 경상도 동북부 지방에서 지속되고 있었다는 사실을 알 수 있다.[10] 수운 사후 경상 동북부를 중심으로 활발하게 조직되었던 접은 완전히 괴멸되게 된다. 동학의 접이 부활한 것은 해월에 의해서이다.

수운이 죽은 뒤 동학의 접을 다시 여는 것은 1878년 해월에 의해서이다. 해월은 수운 사후 14년 만인 1878년 접을 다시 열면서 개접의 의미를 설명하였다. 1875년 조선 사회의 역사 흐름 속에서 살아가겠다는 '용시용활用時用活'을 선언한 뒤 3년 만에 해월은 접을 열고 접소를 설치할 만큼 조직적 성장을 하였다. "대신사 재세의 시에 있어 기수의 질대성쇠하는 이理를 미루어 이미 개접파접의 규례에 말한 바 있었던 것이니, 그럼으로 내 이제 접을 개하고 도를 강하는 것은 전혀 선생의 뜻을 이음이라."[11] 접이란 동학의 도를 학습하고 수련하는 영

■

8 韓國學文獻研究所編, 『東學思想資料集』 壹, 亞細亞文化社, 1979, 182쪽.

9 李敦化, 『天道敎創建史(影印本)』, 景仁文化社, 1970, 第一編 45쪽.

10 金義煥, 「辛未年(1871) 李弼濟亂攷-東學과의 關聯性을 中心으로」, 『韓國近代史研究論集』, 成進文化社, 1972.

11 李敦化, 1970, 第一編 45쪽. "大神師 在世의 時에 있어 氣數의 迭代盛衰하는 理를 미

적 집회였다. 접을 열고 닫음을 계절의 운행에 맞추어 씨를 뿌리고 가꾸고 거두는 것에 비유하고 있다. 이는 동학의 씨를 뿌릴 때가 왔음을 간접적으로 암시하는 것이다. 달리 말하면, 개접開接의 선언은 영성을 조직적으로 전개하겠다는 공공성의 선포를 의미한다. 개접은 동학이 개인 수련에서 집단 수련 또는 개인 수도에서 사회 봉사로 발전하는 계기임을 알 수 있다. 해월은 접이라고 하는 매체를 통하여 동학의 도를 확장시키고 참여원들간의 유대를 다졌으며, 동학의 공공성을 강화하였다.

1880년대에 들어서면서 동학은 경전 간행을 통하여 확산되기 시작하였다. 1883년에는 충청도와 경기도 출신 제자들이 대거 입도하였으며,[12] 동학도의 숫자가 대폭 증가하였다. 이에 따라 1884년 12월 해월은 육임제六任制를[13] 설치하여 접주의 업무를 분담하면서 조직의 전문화와 효율화를 꾀하였다. 육임제란 각자의 자격과 기질에 따라서 분업의 효과를 극대화하기 위한 일종의 분업 체계로서, 구성원들은 각자의 자격에 따라서 육임첩六任帖을 받았다. 육임제의 도입은 사실상 동학이 더 이상의 소규모 집단이 아니라 조직적 체계성과 교육적 기율이 잡힌 하나의 조직격으로 성장하였다는 사실을 단적으로 말해

루어 이미 開接罷接의 規例에 말한 바 잇엇던 것이니 그럼으로 내 이제 接을 開하고 道를 講하는 것은 全혀 先生의 뜻을 이음이라."

12 吳知泳, 『東學史(影印本)』, 亞細亞文化社, 1985, 60쪽; 韓國學文獻硏究所 編, 『東學思想資料集』 壹, 亞細亞文化社, 1979, 429쪽. "이 때 입도한 인물들에는 金演局, 孫秉熙, 孫天民, 朴寅浩, 黃河一, 徐仁周, 安敎善, 呂圭德, 金殷卿, 劉敬順, 李聖模, 李一元, 呂圭信, 金榮植, 金相浩, 安益明, 尹相五, 邕宅奎 등이 있으며, 이들은 장차 해월을 중심으로 한 동학의 중심 역할을 맡는다."

13 "校長은 以質實望厚人으로, 敎授는 以誠心修道可而傳授人으로, 都執은 以有風力明紀綱知經界人으로, 執綱은 以明是非可執紀綱人으로, 大正은 以持公平謹厚人으로, 中正은 以能直言剛直人으로 定하라 하시다."(『天道敎創建史』 第2篇 34쪽.)

준다. 육임제를 통하여 접주제라고 하는 50-60호의 접이 하나의 유기적 조직으로 성장할 수 있었다. 해월이 기화氣化를 어린아이가 몸을 받아 태어남에 비유했듯이, 동학은 육임제적 접을 통하여 사회적 공공성으로 탄생하였다.

2. 정치사회적 운동조직체包

접이 일정 규모를 넘어서게 되면[14] 분가를 하듯이 따로 새로운 접이 탄생된다. 하나의 접은 50-60호로 구성되었던 것으로 보인다. 갓 분가한 접주는 작은 접주가 된다. 이는 종족의 자기번식 과정을 연상시킨다. 이러한 방식으로 동학의 접은 1890년대에 이르면 거의 전국에 걸쳐서 형성되게 된다.

큰 접주는 조직상으로도 책임과 역할이 커지게 되는데, 이를 포包라고 하는 보다 상위의 조직으로 발전시켰다. 『시천교역사侍天敎歷史』의 "1884년 10월 28일에 대신사 수운 탄신기념 제례를 봉행할 때 각 포 두령 83명이 참석했다"[15]는 기록으로 보아 포 조직은 1884년 전후하여 등장한 것 같다. 포 안에는 여러 접이 있었으며, 포주를 일컬

14 한 접(接)은 일반적으로 30-60명 사이인 것으로 추정된다. 表暎三 천도교중앙총부 상주전도사는 "접의 초기 호수는 30호 내지 50호 내외였으나 1894년경에 이르면 70호까지 늘어나기도 했다. 그러나 접원(接員)이 100호를 넘으면 두 접으로 나누는 것이 상례이다. 또한 접주도 두 사람으로 늘리게 된다. 따라서 접은 백호를 넘지 않아서 수백명을 거느린 접은 있을 수가 없으며 그것은 접이 아니라 포(包)이다."라고 하여 대략적으로 30-70가구 정도 된다고 한다.(表暎三, 『接包組織과 南北接의 實像』, (미발표 논문); 김지하 씨는 '접은 대체로 10인에서 25인 또는 50인 정도' 라고 하고 있다.(김지하, 1993. 243); 박맹수 교수는 '한 지방의 관리 책임자로 접주를 두고 그로 하여금 40-50명의 교도들을 지도 관장하게 하였다' 고 보고 있다. 박맹수, 1993. 305).

15 『侍天敎歷史』下, 55쪽, "二十八日設主之降生紀念禮式各包敎頭之來參者八十三人"

어 대접주라 하였다. "접주의 주관 아래 은밀하게 잠행적으로 포교되었던 만큼 포주의 수효도 많지 않고 접주 중심으로 운영되어 왔는데, 교세가 약진하자 동일 지구에 여러 명의 접주가 생겨 같은 지구의 교인이 때로는 복수의 접주에 속함으로써 야기되는 접주 상호간의 분쟁을 방지하고 보다 정연히 체계 있는 조직을 위하여 포, 즉 교구라고 하는 지연적 유대가 대두하였던 것이다"[16] 소규모의 영적 생활공동체들을 하나의 단위로 묶을 필요성이 발생하고, 정치사회적 역할이 증대됨에 따라 보다 큰 규모의 조직 체계가 요청되었다. 인맥 중심의 접의 토대에 사회적 맥락 또는 지역적 연고를 강조하는 포제가 새로이 도입되었다. 1890년대에 들어서게 되면 해월을 정점으로 하는 자율적인 포들이 배치되고, 그 아래에 접 조직이 포진하는 일련의 체계적 조직망 또는 연락망이 형성되었다. 이러한 조직적 체계성은 보은집회를 계기로 일정 정도로 갖추게 되었다.

동학농민혁명기에 손화중포, 김개남포 등과 같이 대접주의 이름으로 포명을 부르는 것을 보아도, 인맥 조직적인 성격을 유지한 채 지역적 관련성이 가미되었으며 또한 정치사회적 운동 단위임을 알 수 있다. 농민혁명 기간에 정치 · 사회 운동을 발기한다는 의미로 '기포起包' 한다는 용어를 많이 사용했던 것이 또한 이를 입증한다. 동학운동은 이처럼 접이라고 하는 영적 공동체 또는 생활공동체가 바탕이 되어 포라고 하는 보다 광범위한 지역의 정치사회적 운동 조직이 중심이 되었다. 영성 중심의 접 조직이 정치 · 사회 운동체인 포 조직으로 발전하면서 조선 사회에 불만을 가지고 있었던 여러 가지 부류의 변

16 金龍德, 「東學軍의 組織에 대하여」, 『韓國思想』12輯, 1974, 240쪽.

혁 지향적 세력들이 동학 조직에 가입하게 되었고, 이에 따라 동학운동은 영성 공동체 운동에서 정치 · 사회 운동으로 발전하였다.

동학이 조직 체계를 갖추면서 수운이 제시한 광제창생廣濟蒼生, 포덕천하布德天下, 보국안민輔國安民이라는 다분히 정치사회적 구호는 현실성을 담보하게 되었다. 정신적 이념과 운동적 조직을 구비한 동학은 명실상부하게 조선의 정치 담론을 이끌어가는 중심적 주체로 등장하게 되었다. 그리하여 해월은 일련의 대중 집회를 통하여 동학이 천명을 받은 정통의 학이며 정당한 정치이념임을 선포하였다. 보은집회에서는 천명의 정통성을 이어받은 동학이 나라를 구하기 위하여 외세배척 운동의 앞에 서게 되었음을 천명하였다.

제4절 혁명운동의 전략

개벽운동을 실질적으로 이끌어간 해월은 한편으로는 대중성을 확보하면서 다른 한편으로는 영성을 심화시켰다. 영성 심화는 '용담연원'에 대한 부단한 강조에서 잘 나타나며, 대중성의 확장은 일련의 집회의 양적 팽창에서 잘 나타난다. 해월은 대중 집회를 한 뒤에는 영적 심화를 강조하는 방식으로 운동을 전개한다. 개벽운동은 일음일양一陰一陽을 연상시킨다. 외면적 힘의 확장과 내면적 영성 심화가 파동의 형상으로 심화 · 확장되었다. 이러한 운동을 통하여 동학은 1890년대에 들어서게 되면 조선 사회의 공론을 반침략주의로 결집시키면서 당시 변혁 운동의 중심 세력으로 등장하였다.

1. 영적 중심과 자율성龍潭淵源 · 自在淵源

접과 포 조직의 운영이 영성과 혁명의 변증법이라는 철학 구조의 연장선상에서 전개되었다. 갑오농민전쟁 기간에 포들이 자율적으로 움직였다는 사실에서 보더라도 접과 포는 상당한 자율성을 가지고 움직였다. 그러나 동학농민전쟁 기간 동안 이와 같은 자율성은 오히려 동학의 분열상으로 나타났다. 그러나 수운이 동학을 '용담[17]에서 연원하여 사해로 펼쳐나가는 물'(「絶句」)에 비유한 점으로 보거나 해월이 '용담연원'의 영적 통일성을 강조한 점을 볼 때, 접과 포는 영성이라는 점에서는 통일적 구심성을 가지는 조직이다. 수운은 『용담유사』의 전편에 걸쳐 '구미용담龜尾龍潭'이라는 말을 자주 반복한다. 수운은 "용담은 사해에 가득한 물의 연원이며, 구미산에 핀 깨달음의 꽃은 천하의 봄을 알린다"[18](「絶句」)라는 시로서 동학의 도는 구미용담에서 시작되고 있음을 강조했다.

접接이 내유신령內有神靈의 영적 수행의 의미가 강한 공동체라면, 포包는 외유기화外有氣化의 정치사회적 확산이라고 하는 권력적 성향을 가지는 운동 조직체이다. 접의 신령神靈은 포의 기화氣化로 부단히 확장되면서 세력 판도를 확장하여야 할 것이며, 포의 기화는 접의 신령으로 부단히 심화하면서 더욱더 도와 용담연원으로 회귀하여야 할 것이다. 양자의 상호 관계가 역동적으로 진행되지 않고 기화가 외면으

17 용담(龍潭)은 수운이 오랜 방황 기간을 거쳐서 고향으로 돌아왔을 때 부친이 지어 놓은 구미산 골짜기의 집을 의미한다. 그 집을 용담정이라 하였고, 앞의 조그만 연못을 용담이라 이름하였다. 그곳에서 수운은 하늘님을 체험하였다. 용담연원이라 함은 동학의 도가 그곳에서 발원하였다는 사실을 의미한다.

18 "龍潭水流四海源 龜岳春回一世花"

로만 치달을 경우 용담연원의 영성적 의사소통은 소원해질 것이며, 포들의 원심적 성향이 강화되어 분열될 수밖에 없을 것이다. 의사소통의 망이 단절될 때 자율성은 분열로 치달을 수밖에 없다. 1890년대 동학의 대중운동이 활발하게 전개될 때 해월의 다음 말은 이 점에서 시사하는 바가 크다.

> "봄에 솔가지를 찍어 두었다가 여름에 장마를 지내고 보면 잎은 다 떨어지고 줄기만 남나니, 이 때를 당하여 도인의 마음이 변하는 자는 솔잎이 장마를 지낸 뒤에 떨어지는 것과 같은 것이요 오직 진실한 마음으로 한울님을 믿으며 세상풍조에 휩쓸리지 않는 자는 솔가지가 그대로 있음과 같으니라."[19]

용담연원에 맥이 닿지 않는 생명은 뿌리를 잘린 나뭇가지처럼 힘없이 소멸됨을 말하고 있다. 해월이 1894년 농민혁명의 와중에서 나타난 동학 조직의 분열적 양상을 빗대어 비판한 말이다. 공동체적 조직망이 와해되는 것은 그 생명의 연원에 줄을 대지 않을 때부터이다. 전봉준에 의하여 동학농민전쟁이 진행중일 때 해월은 용담연원을 다시금 강조한다. "우리 교는 남북 어느 포를 물론하고 모두가 용담연원으로서 위도존사할 뿐이거늘, 이제 들으니 남접 각포는 거의를 빙자하여 평민을 침략하며"[20]라고 하여, 해월은 동학이 동일한 용담연원임을 강조하면서 이러한 영적 통일성을 간과한 운동의 무생명성을 질

19 天道敎史編纂委員會, 『天道敎百年略史』, 未來文化社, 1981, 248쪽.
20 앞의 책, 248쪽, "우리 敎는 南北 어느 包를 물론하고 모두가 龍譚淵源으로서 衛道尊師할 뿐이거늘 이제 들으니 南接 各包는 擧義를 빙자하여 평민을 侵掠하며"

타하고 있다. 여기에서, 잘린 솔가지는 아무런 생명도, 힘도, 의미도 없는 것이다.

용담연원이 운동적 구심력 또는 통일성을 상징하는 개념이라면 '자재연원自在淵源' 이라는 개념은 운동적 원심력 또는 자율성을 상징하는 개념으로 사용되곤 한다. 그러나 이는 수운이 사용한 자재연원 개념과는 거리가 멀다. 수운은 "합기덕 알았으니 무위이화 알지마는 그러나 자고급금 사사상수 한다 해도 자재연원 아닐런가"[21](「흥비가」)라는 말에서 자재연원이라는 개념을 사용했다. 하늘의 덕天德에 합치하고 보면 하늘의 뜻과 나의 뜻이 일치하니 무위이화라 할 수 있다. 이렇게 되고 보면 도란 스승이 전해 주고 제자가 받는 어떤 외면적 실체가 아니라 천덕에 합치하는 것이라 할 수 있다. 하늘의 덕이 미치지 아니하는 곳이 없으므로, 도를 찾아 밖에서 구할 수 있는 것이 아니라 자기 안의 가장 깊은 내면에 존재하는 어떤 것이라 할 수 있다. 이러한 이유로 수운은 도는 자재연원이라 하였다. 비유적으로 표현하면 도는 내면의 빛이라 할 수 있다. 외면의 빛은 밤낮에 따라 시시각각 변하지만, 내면에 빛을 밝히게 된다면 시공간을 불문하고 언제 어느 곳에서나 영원히 빛난다. 이 내면의 빛은 외부의 불처럼 스승이 전해 주고 제자가 받을 수 있는 것이 아니라 자기 안에 내재한 것이다. 실체가 없으므로 주려고 해도 줄 수 없으며 받으려고 해도 받을 수 없다. 그렇다고 해서 텅빈 무無도 아니다. 수운이 자녀들에게 "나는 도시 믿지 말고 한울님만 믿었어라"(「교훈가」)라고 하는 이유도 여기에 있다. 수운이 용담에서 깨달은 바가 바로 이 자재연원이라 하겠다. 그

21 "合其德 알았으니 無爲而化 알지마는 그러나 自古及今 師師相授 한다 해도 自在淵源 아닐런가"

러므로 자재연원은 곧 용담연원이다.

수운은 "임금은 맨처음 자리를 전해준 임금이 없건마는 법강을 어디서 받았으며, 스승은 맨처음 가르침을 받은 스승이 없건마는 예의를 어디서 본받았을까"(「不然其然」)라고 질문하고, "알지 못하고 알지 못할 일이로다. … 나면서부터 알았다 할지라도 마음은 어두운 가운데 있고, 자연히 화했다 해도 이치는 아득한 사이에 있도다"(「不然其然」)라 대답한다. 도대체 어디로부터 왕은 권력의 정통성을 받았으며 스승은 진리를 터득했단 말인가? 대답은 자재연원이다. 자기 안의 가장 깊숙한 곳에 내재한 천주 또는 천도에서 그 기원을 찾을 수 있다는 말이다. 수운은 "일동일정과 일성일패를 천명에 부쳤으니 … 도는 천도요 덕은 천덕이라"(「布德文」) 하였다. 일동일정一動一靜과 일성일패一盛一敗가 모두 천명의 시킨 바임을 알게 되니 도는 천도가 되며 덕은 천덕이라는 것이다. 일체의 생각과 언행이 모두 천주와 연계되어 있다는 사실을 자각하는 것이 자재연원의 의미라 할 수 있다. 수운은 이를 '부지어천명付之於天命'(「布德文」) 또는 '부지어조물자付之於造物者'(「不然其然」)이라 하였다. 자재연원이란 자기의 뜻대로 하는 것이 아니라 일상에서 일어나는 모든 일들이 궁극적으로 천명 또는 천주와 연계되어 있으므로 천명과 천주의 법에 따라서 행하는 것을 뜻한다. 따라서 자재연원은 접포의 자의대로 일을 처리함을 뜻하는 것이 아니다. 즉, 접포의 자율성이라 함은 천도와 천덕과 무관하게 자의적으로 행동하는 것을 뜻하지는 않는다.

해월과 제자들의 문답에서도 이는 분명하게 나타난다. 해월은 용담연원이라 함은 두목이 먼저 도통하고 다음에 그 아래 있는 사람들이 도통하는 것이냐는 제자들의 질문에 대하여, 그렇지 아니하고 두목이라도 정성이 없으면 도통하지 못하고 아래 있는 사람이라도 정성을 기울이면 도통할 수 있다고 말한다.(「修道」). "두목 밑에 대두목이 있다"라는 말도 같은 의미이다. 접과 포는 자재연원하여 자율적이나, 그 때의 자율성은 용담연원에서 벗어나는 것을 의미하는 것은 아니다. 개벽운동은 본질적으로 이러한 영적 통일성에 기초하는 운동이다. 개벽운동은 한편으로는 내면적 구심으로 회귀하는 과정이며, 다른 한편으로는 외면적 확장의 길이었다.

2. 종교혁명과 정치혁명向我設位 · 後天開闢

개벽운동의 전략은 한마디로 내적 수렴과 외적 확장의 파동적 과정이었다. 수렴은 영적 심화로 나가는 계기이며, 확장은 운동의 범위와 대상을 넓혀 나가는 계기였다. 동학의 개념으로 이를 표현한다면, 향아설위向我設位라고 하는 내면적 본성으로의 회귀와 후천개벽後天開闢이라고 하는 우주적 힘의 확장으로 말할 수 있다. 그러나 심연의 내면에서 만나는 것은 우주적 힘이며, 우주적 확장에서 만나는 것은 영적 관조자라는 점에서 수렴과 확장의 궁극점은 상통한다. "무궁한 그 이치를 불연기연 살펴내니 … 무궁한 이 울 속에 무궁한 내 아닌가"(「홍비가」)라는 수운의 말에서 보이듯이, 궁극에 이르고 보면 주관도 무궁하고 객관도 무궁할 따름이다. 그러므로 향아설위와 후천개벽은 무궁한 이치를 안팎에서 본 것일 따름이다.

동학은 1890년대에 들어서면서 몇 차례에 걸친 대중 운동을 통하여 조선 사회의 방향을 제시하는 민운동으로 발전하였다. 일련의 운동은 반제국주의로 귀결되었다. 동학 개벽운동의 특성을 잘 보여 주는 단적인 사례는 1871년 영해 이필제 운동으로 일컬어지는 동학도들에 의한 무장 봉기에 대한 해월의 시각에서이다. 해월은 무력에 의하여 경상도 동해안에 있는 영해 지역을 점령하는 이필제의 계획에 반대한 것으로 전해지며, 내외적 조건이 갖추어지지 않은 상황에서 그와 같은 무력 봉기는 무모할 따름이라고 비판한 것으로 전해지고 있다.

> "선사 조난 후에 일반 도인의 도심이 아직 뿌리를 박지 못하였고 세상 인심이 또한 우리 도에 대하여 이해를 가지지 못한 이 때에 있어 가볍게 의를 들면 이는 때 아닌 계절에 종자를 심는 것과 같아 반드시 실패를 볼 것이요, 만일 오늘날에 있어 실패를 한다면 대도의 기초를 세우지 못할 것이니 그대 십분 명심하여 오직 성경신과 수심정기에 힘쓰면서 후일을 기다림이 어떠하뇨."[22]

영해 이필제 무장 봉기와 관련하여 여러 가지 논의가 있지만,[23] 여

22 天道敎史編纂委員會, 『天道敎百年略史』, 未來文化社, 1981, 125쪽.

23 구절과 관련해서는 많은 논의가 제기되었다. 동학교문에서 간행한 자료들인 『本敎歷史』, 『天道敎會史草稿』, 『天道敎書』, 『侍天敎歷史』, 『海月神師實史』, 『海月先生七十二年史』, 『天道敎創建史』, 『東學史』 등은 이필제난을 伸寃運動으로 보고 있으며, 해월은 위의 인용문처럼 해월이 완곡하게 거절한 것으로 기록하고 있다. 그러나 해월을 중심으로 쓰여진 『道源記書』와 관변측 자료인 『嶠南公蹟』이 발견됨에 따라 해월도 또한 이 伸寃運動에 참여한 것으로 밝혀졌다. 그러나 해월은 '景五 爲此變巨魁' 라고 하는 『嶠南公蹟』 69쪽의 기록으로 보아 참여한 것이 확실하나 주모자는 역시 李弼濟로 기록되고 있다. 表暎三, 「東學의 辛未 寧海敎祖伸寃運動에 關한 小考」, 『韓國思想』21輯, 1989; 朴孟洙, 「嶠南公蹟解題」, 『韓國史學』10, 韓國精神文化硏究院, 1989; 박맹수, 『해월 최시형의 초기 행적과 사상』, 『청계사학』 3, 한국정신문화연구원, 1986; 표영삼, 『신미 교조신원운동의 분석 상,중,하』, 『신인간』, 456-459쪽(1988년 1-4,5); 이이화, 「이필제: 조직적 민중봉기의 지도자」, 『한국근대인물해명』, 학민사 1985; 박맹수, 「1871년 영해 이필제의 병란과 동학」, 『문화저널』 65(1993.10) 참조.

기에서는 단지 해월이 이필제의 무장 봉기에 반대하지는 않았다고 하지만 보다 궁극적인 변화를 위해서는 때를 기다리는 것이 중요하다는 사실과 이 때를 위하여 성경신과 수심정기라고 하는 내면적 수양, 영적 수도를 중시하였다는 점이다. 이 같은 시각에서 해월은 전봉준의 무장 봉기도 비판한다. 해월은 "현묘한 기틀이 아직 나타나지 않았으니 마음을 급하게 갖지 말고 훗날의 공을 이루어 신선의 인연을 이루어 보자玄機不露 勿爲心急 功成他日 好作仙緣"(「歎道儒心急」)라는 수운의 말을 인용하여 전봉준의 무장 봉기를 비판하였다.(『天道教百年略史』, 220쪽). 이 구절로 본다면 해월은 아직까지 결정적인 역사 변혁의 시점이 도래하지 않은 것으로 판단했음을 알 수 있다.[24] 현묘한 기틀이란 물론 여러 가지 의미를 가지지만, 어떤 큰 일을 이룰 조짐이나 기틀이 아직 드러나지 않았다는 뜻으로 본다면 혁명의 조건이 성숙하지 않았다는 의미로 이해할 수 있다. 이는 당시 조선 사회의 공론과 혁명 주체인 동학도의 도심이 깊지 아니하다는 판단으로 받아들여진다. '신선의 인연을 만들어 보자'는 말은 동학적 도가 완전히 실현된 후천개벽의 세상을 의미한다고 보면, 해월은 새로운 사회에 대한 계획을 포기한 것이 아니라는 점이 아니라 혁명의 시점에 대한 인식이 전봉준과 다르다는 사실을 알 수 있다.

해월의 지도 아래에서 1892년 여름에 시작된 공주와 삼례에서의 집회는 1893년 봄에 '척왜양斥倭洋'의 기치를 내건 보은집회로 이어

24 "蓋木之根不固 卽不免遇風顚倒 水之源不深 卽不能盈果前進 根固以後 能茂其枝 源深以後 能朝干海 人之心意如此焉", 『東學聖經大典』, 「通文」(奎章閣圖書) 및 『天道教書』 등에 나타난 해월의 말을 보더라도 해월은 동학의 民의 생활에 뿌리를 보다 깊게 내리고, 동학의 영적 흐름이 보다 널리 사람들의 마음 속에 흐르기를 기대하고 있으며, 아직 그 때가 아님을 말하고 있다.

졌다. 채 1년이 되지 않는 짧은 기간 동안 동학운동의 양적 · 질적 성장은 놀랄 만한 것이었다. 해월은 일련의 집회를 통하여 양적 확장뿐만 아니라 내면적 도의 심화도 동시에 추구하려는 매우 균형된 전략을 구사하였다.

공주와 삼례집회는 지역 관리들의 탐학과 수운의 억울한 누명을 벗겨 달라는 지방관을 상대로 한 집회였다. 집회 결과 관으로부터 동학도에 대한 무자비한 탄압을 하지 않겠다는 간접적 약속을 받아 냈으며 정부로부터 응징을 받지 않았다. 공주와 삼례 집회에서 해월은 운동의 원심력이 영적 구심력을 넘어서지 않도록 운동의 속도를 조정하였다. 이 집회 이후 해월은 동학 조직의 핵심이라 할 수 있는 육임제를 정지시키고(『天道教百年略史』, 164-166쪽), 천지가 곧 부모天地父母라는 법설을 통하여 수도와 영성 심화를 강조하였다. 부모에 대한 효와 나라에 대한 충성을 강조하는 유교 윤리를 감안하여, 해월은 참 부모는 천지이므로 천지에 효를 하는 것이 진정한 효이며 참된 충이라고 하여 유교적 충효의 실질적 내용을 혁신시키는 전략을 보이고 있다. 충청감사와 전라감사에게 보내는 글이나 동학도들에게 보내는 글에서 공히 동학은 유불선의 정통적 도를 이었다는 사실을 강조하였다. 그 결과 개벽운동은 대상을 중앙의 왕으로 확장시켜 광화문 앞에서 복합상소를 제기할 정도로 확장되었다.

권력 핵심의 상징인 서울의 광화문 앞에서 상소라고 하는 유학자들의 방식으로 동학의 정치적 정통성을 과시하였으며, 다른 한편으로는 당시 조선의 정치를 좌지우지하던 외국 세력에 대한 경고문을 도처에 붙이기도 하였다. 광화문 복합상소로 인하여 동학은 대내외적으로 알려지게 되고, 조선 사회를 이끌어가는 담론의 중요한 역할을 차지하게 된다. 해월은 광화문 앞에서 중앙정부에 대하여 동학의 정치적 정통성을 선언하면서 동시에 동학도들에게 "나무의 뿌리가 굳건하지 못하면 바람을 만나 거꾸러짐을 볼 것이요, 근원이 깊지 못하면 능히 웅덩이를 채우고 전진하지 못할 것이다"(『天道敎百年略史』, 199쪽)라고 하여 궁극의 목적을 성취하기 위한 내면적 깊이를 강조하고 있다. 통유문의 형식을 빌린 해월의 다음 말은 개벽운동의 성격을 단적으로 보여 준다. 해월은 동학도에게 "무궁한 진리를 통하고 무극의 대운에 참여"(『天道敎百年略史』, 198쪽 ; 『天道敎創建史(影印本)』, 1970, 第二編 55쪽)하라고 말한다. 풀어 본다면 안으로는 영성 수련을 통하여 내적 혁명을 이루고, 밖으로는 역사의 흐름에 참여하여 새로운 개벽세상을 열어야 한다는 강한 메시지가 담겨 있다.

보은집회는 우리 나라 최초의 민의 집회이며,[25] 동학 운동 조직인 접포가 체계화되었으며, 척왜양으로 당시 조선 사회의 공론을 집중시켰으며, 나아가 변혁 지향적인 세력들을 결집시켰다.[26] 1년여 대중집회를 통하여 해월은 보은에 동학도를 중심으로 하는 변혁 지향적 민을 3만 이상[27] 결집시켰다. 당시 집회를 그려 낸 여러 가지 기록들

25 양호도호사에 임명되어 보은을 방문한 어윤중은 보은집회를 서양의 민회를 닮은 바 있다고 평했다. "又日渠等比會 不帶尺寸之兵及是民會 嘗聞各國亦有民會 朝廷政今 有不便於民國者 會議講定 自是近事 豈可措爲匪類乎" 『東學亂記錄』 上, 114쪽. 신일철 교수는 萬民共同會나 獨立協會運動의 시원을 보은집회에서 찾을 수 있다고 평가한다 (신일철 1985, 12).

26 國史編纂委員會, 『東學亂記錄』上 聚語, 1959. 보은집회에 대한 연구는 매우 많으며 보다 자세한 분석은 필자의 졸저 『해월의 뜻과 사상』을 참조.

27 이 무렵 보은 장내에 보인 도인의 수에 대해서 "3월 11일 해월신사께서 報恩에 이르니 道人會者數萬人이라" (李敦化, 『天道敎創建史』, 1970, 제2편 55쪽)한 것과, "夏 4月 魚允中을 선무사로 하고 洪啓薰을 초토사로 하여 忠淸道와 全羅道의 東學徒를 鎭撫키로 하였는데 이때 東學軍이 報恩에 모인 數를 '是時東匪會報恩者八萬人' 이었다" 고 한 黃炫의 『梅泉野錄』(124쪽)의 기록과, 金允植의 『續陰晴史 上券』 261쪽에는

을 살펴볼 때, 보은집회는 동학이라고 하는 영성이 중심적 역할을 하면서 다양한 변혁 지향적 세력들을 결집시킨 집회였다. 그러나 보은집회는 영성의 심화와 정치운동의 확장이라는 해월의 개벽운동 전략의 종말을[28] 의미하기도 했다. 해월은 일련의 집회를 통하여 조선 사회의 공론과 역사적 방향을 반침략주의로 모아 가고 있었다. 보은집회는 도덕이 중심이 된 정치 집회의 한 모델이라 할 수 있다.

1871년 영해의 이필제의 신원운동부터 전봉준의 동학혁명까지 해월에 의하여 주도된 운동의 특징은 이처럼 영성과 혁명의 종합으로 볼 수 있다. 일련의 운동이 외면적 권력 확장으로 치닫지 않도록 해월은 부단히 영성으로 회귀시켰으며 동시에 외면적인 확장을 가속화하였다. 일음일양一陰一陽의 파동적 심화 확장의 전형을 보여 준다. 남북접의 협동에 의한 이른바 동학혁명 9월기포를 통하여 해월은 반침략주의를 반침략 전쟁으로 구체화하였다. 전쟁에서 실패한 이후 해월은 1897년 경기도 이천군에서 "향아설위는 신인합일의 이치를 표시하는 것이며 천지만물이 내 몸에 갖추어 있는 이치를 밝힘이니라"[29]라고 말하면서 직접 향아설위를 한 것으로 전해진다. 존재의 실존적 변

"聚者可二萬七千餘人"(3월 26일자)이라 있는데 1週日 후 4月 3日字에는 "會者爲七萬餘人"이라는 기록이 있다. 黃炫과 김윤식은 한결같이 東學道人들을 東匪라고 罵倒하는 입장임에도 불구하고 이같이 기록했으니 이 숫자는 과장된 표현이 아니라고 보겠다.

28 동학 내의 보다 정치 지향적인 이른바 남접은 보은집회와는 달리 금구 · 원평에서 집회를 가짐으로써 내적 분열 양상을 보였다. 이들은 격문을 돌리고 방을 내거는 등 본격적인 정치운동의 성향을 보였다. 금구에 1만여 명이 넘는 동학도들이 모였다는 보고가 있다.(崔永年, 「東徒問答」, 『東學亂記錄』 上 155쪽); 원평에 모인 동학도 1만여 명이 보은집회로 향했다는 보고도 있다.(金允植, 1960, 券七 264쪽); 호남취당은 보은집회와 달리 發文揭枋하는 행동으로 나타나고 있다고 지적하고 있다. (「聚語」, 『東學亂記錄』 上, 121-122쪽)

29 『天道教創建史』, 第二編 77쪽.

혁이 없는 제도 혁명은 무의미하다고 할 수 있다.

해월은 "우리 도의 진행 여부는 오직 내수도의 선불선에 있는지라"[30]라고 하여 안을 닦지 않고는 진보가 이루어질 수 없음을 말하고 있다. 내수도가 되지 않을 경우 "입실入室은 고사姑捨하고 문진問津도 기약할 수 없다"[31](「明心修德」)고 하여 '방에 들어가는 것은 고사하고 마을 밖을 나가는 나루터도 묻지 못할 정도'라 하였다. 내면의 도를 닦지 않는다면 가정은 말할 것도 없고 마을 사회도 제대로 이루지 못할 것이라고 말한다. 그러나 동학의 변혁 운동이 단지 안으로 도만 닦는 내수도에 국한된 것이 아니라는 사실도 분명하다. "오도는 대운이라 장차 신으로, 가로, 국으로 천하에 기화 급할 지니라 … 천하 각심의 억조가 오도를 득하여 동귀일체하면 이 곧 도덕문명의 세계이다"[32]라는 말에서 알 수 있듯이, 내면으로의 수렴과 함께 외면으로의 확장이 동시적으로 추구되고 있다.

여기에서 동학의 독창적 역사관을 추론해 낼 수 있다. 동학이 보는 역사의 진보는 내면적 본성으로의 회귀이자 곧 외면적으로는 기운의 우주적 확장으로 정의할 수 있다. 그것은 안으로는 무궁한 진리를 터득하는 것이며, 밖으로는 무궁한 우주까지 팽창하는 기운이라 할 수 있다. 영적 심화 없는 외면적 확장이나 외면적 확장이 없는 영성의 심화는 진보라 할 수 없을 것이다.

■

30 『天道敎百年略史』, 292쪽. "우리 道의 進行與否는 오직 內修道의 善不善에 있는지라"

31 "入室은 姑捨하고 問津도 기약할 수 없다."

32 『天道敎書』. "吾道는 大運이라 장차 身으로, 家로, 國으로 天下에 氣化 及할지니라. … 天下 各心의 億兆가 吾道를 得하여 同歸一體하면 이 곧 道德文明의 世界이니라."

제5절 맺음말

동학에서 영성과 권력 또는 도덕과 정치의 묘합妙合을 만나게 된다. 이는 비단 철학에서뿐만 아니라 조직 운영에서, 운동 전략에서 그대로 적용되고 있음을 살펴보았다. 이는 수운이 사용한 '천도'와 '동학'이라는 개념의 관계와 같다. 수운은 자신이 체험한 천주를 도로는 천도라 하였고 학으로는 동학이라 하였다. 천도가 역사와 시대를 넘어서는 보편 진리를 칭하는 개념이라 한다면, 동학은 사회 구조와 역사 시대에 구속되는 개념이라 하겠다. 수운이 동학을 설명하면서 '무위이화無爲而化'의 도라 말할 때는 우주 법칙天命을 의미하며 만물의 본성性을 의미한다. 이 때의 동학은 역사와 사회를 넘어서는 보편성을 내포하고 있다. 그러므로 이 때 동학의 도는 하나이며, 도라 하면 이미 도가 아니므로 이원성을 넘어선다. 이 때 동학은 일원론이다.

수운은 "내가 또한 동에서 나서 동에서 받았으니 도는 비록 천도나 학인즉 동학이라"(「論學文」)고 하였으며, "우리 도는 이 땅에서 받아 이 땅에서 폈으니 어찌 가히 서라고 이름하겠는가"(「論學文」)라고 하여 동학은 역사와 시대를 떠난 추상의 도가 아님을 분명히 한다. 역사사회적 맥락을 강조한 말이라 하겠다. 동학을 우주 보편적 맥락과 역사사회적 맥락을 종합한 사상이자 운동이라 하는 이유가 여기에 있다. 또한 동학을 영성과 기화의 묘합, 또는 영성과 정치 권력의 종합이라 하는 이유가 여기에 있다. 양자는 하나이면서 둘이며, 둘이면서 하나이다. 철학적으로 그러할 뿐만 아니라 조직 운영과 혁명 전략도 이 원리에 의하여 움직였다. 영성과 정치의 변증법은 의암 손병희의 사상과 운동 그리고 천도교청우당의 정치사상에도 연속되고 있다. 성신쌍전, 교정일치의 개념에서 이를 볼 수 있다.[33]

해월은 내면적 수렴과 외면적 확장一陰一陽을 매우 조화롭게 진행시켰다. 대중 운동을 통하여 외면적 확장을 하게 되면 다음에는 내면적인 영적 심화를 도모한다. 다음 단계에는 더 확장된 규모의 대중 운동을 전개시키고 그에 상응하는 도의 심화를 또한 강조한다. 그렇게 함으로써 해월은 영성과 혁명의 역동적 상승 작용을 이끌어 낼 수 있었으며, 조선 사회의 공론을 주도하여 정치적 영향력을 증대시킬 수 있었다.

개벽사상은 물질 문명과 정신 문명의 이원화, 의식과 물질의 괴리, 지식과 실천의 갈등, 도덕과 정치의 분리 등과 같은 극단적 이원화의 현상을 보이고 있는 현대 사회에 새로운 의미를 제공해 준다. 동학의 개벽사상은 도인이 정치의 중심이 되며 도덕이 권력의 중심을 이루는 도인정치 또는 도덕정치를 추구하였다. 후천개벽은 인간의 얼굴을 한 정보화 사회를 추구하는 것이 아니라, 신의 얼굴을 한 영적 공동체를 모색한다. 개벽사상은 영적 심화를 통하여 인간화를 이루어 내고, 정치적 확장을 통하여 우주적 공동체화를 이루어 내고자 하였다. 그리하여 동학은 모든 존재를 하늘처럼 존엄한 존재로 보는 사람인 도인이 사회의 중심에 서서 봉사할 수 있는 정치를 지향하였다.

33 천도교와 천도교청우당의 정치사상에 대한 보다 자세한 논의는, '임형진, 『동학의 정치사상: 천도교청우당을 중심으로』, 모시는 사람들, 2002' 참조.

〈참고문헌〉

▨ 1차문헌

『高宗實錄』
金允植, 『續陰晴史』上下, 國史編纂委員會, 1960.
『論語』
「能斷金剛般若經」, 歐陽竟無 編, 『藏要』, 上海書店, 1995.
『東經大全』
『東學亂記錄』 上下.
東學農民戰爭史料叢書編纂委員, 『東學農民戰爭史料叢書』1-30, 史芸硏究所, 1996.
『栗谷全書』一 二, 成均館大學校 大東文化硏究院, 1992.
『梅泉野錄』, 國史編纂委員會, 1971.
『孟子』
『十三經疏註』上下, 北京: 中華書局影印, 1979.
『與猶堂全書』
王陽明, 『王陽明全集』上, 上海: 上海古籍出版社, 1997.
『용담유사』
『日省錄』
『莊子』
『莊子集釋』, 北京: 中華書局, 1982.
『傳習錄』
鄭喬, 「大韓季年史」, 『東學農民戰爭史料叢書』4.
周濂溪, 『通書』
朱熹 / 郭齊 尹波 點校, 『朱熹集』七, 四川教育出版社, 1996.
『周敦頤集』
『天道教經典』, 天道教中央總部, 1992.
『天道教書』(영인본), 1920.
黃宗羲 著/ 全祖望 補修, 『宋元學案』第一冊, 臺北, 1983.

▨ 2차문헌

金敬宰,「崔水雲의 神槪念」,『韓國思想』12, 1974.
———,「崔水雲의 侍天主와 歷史理解」,『韓國思想』15, 1977.
金光載,「東學農民運動의 歷史的 意義」,『東學研究』11, 한국동학학회, 2002.
金 九,『金九自敍傳 白凡逸志』, 白凡金九先生紀念事業協會, 1969(제8판).
金容德,「東學思想研究」,『中央大論文集』제9집, 1964.
金龍德,「東學軍의 組織에 대하여」,『韓國思想』12, 1974.
金義煥,『우리 나라 近代化史攷』, 三協出版社, 1959.
———,「初期 東學思想에 관한 研究」,『우리 나라 近代史論考』, 1964.
금장태,『다산실학탐구』, 소학사, 2001.
김경식,『율곡의 향약과 사회교육사상』, 배영사, 2000.
김만규,『조선조의 정치사상연구』, 인하대학교 출판부, 1982.
김명하,「한국 상고대 정치사상에서의 천인관계」,『동양정치사상사』제1권1호, 2002.
김무진,「율곡향약의 사회적 성격」,『학림』5, 연세대 사학연구회, 1983.
김상일,『동학과 신서학』, 지식산업사, 2000.
———,『수운과 화이트헤드』, 지식산업사, 2001.
김석근,「'단군신화'와 정치적 사유: 한국정치사상의 시원을 찾아서」, 한국정치사상학회 월례발표논문, 1997.
김승복,「精神開闢」,『신인간』236, 1964.
김양식,「전남 동부지역의 농민군 활동」,『호남문화연구』23, 1995.
김영작,『한말 내셔널리즘 연구』, 청계연구소, 1989.
김우태,「한국민족주의연구」, 부산대학교 정치학 박사학위논문, 1984.
김정의,「동학 · 천도교 문명의 자연관」,『문명연지』4-2, 한국문명학회, 2003.5.
김지하,『생명』, 솔출판사, 1992.
———,『옹치격』, 솔, 1993.
김창수,「동학혁명전의 전개」,『동학연구』11, 한국동학학회, 2002.
김한식,「고대 한국정치사상연구의 제문제」,『한국정치외교사논총』제20집, 1988.
노길명,「동학에서의 신관념의 체계화 과정」,『인문대논문집』13, 고려대, 1995.

勞思光, 『中國哲學史』三上, 三民書局, 中華民國70.
노태구, 「동학의 사회관」, 『동학학보』2, 동학학회, 2001.
———, 「동학의 무극대도와 통일」, 『동학학보』4, 동학학회, 2002.
牟宗三, 『中國哲學的特質』, 上海: 上海古籍出版社, 1997a.
———, 『中西哲學之會通十四講』, 上海: 上海古籍出版社, 1997b.
———, 『心體與性體』, 正中書局, 中華民國79.
睦貞均, 「東學運動의 求心力과 遠心力」, 『東學思想과 東學革命』, 청아출판사, 1984.
박경하, 「朝鮮時代 忠淸地方의 鄕約 · 洞契의 性格」, 『한국의 향약 · 동계』, 향촌사회사연구회, 1996, 81~114쪽.
박경환, 「동학의 신관」, 『동학학보』2, 동학학회, 2001.
박맹수, 「해월 최시형의 초기 행적과 사상」, 『청계사학』3, 한국정신문화연구원, 1986.
———, 「동학의 교단조직과 지도체제의 변천」, 『1894년 농민전쟁연구3』, 역사비평사, 1993.
———, 「1871년 영해 이필제의 병란과 동학」, 『문화저널』65, 1993.10.
박 순, 『17,18세기 전라남도 동계연구』, 중앙대 대학원 박사논문, 1993.
朴容玉, 「東學의 男女平等思想」, 『歷史學報』제91집, 1981.
박종홍, 「발간사」, 『한국사상』제1 · 2호 합본, 1957.
박찬승, 「1894년 농민전쟁의 주체와 농민군의 지향」, 한국역사연구회 편, 『1894년 농민전쟁연구 5 농민전쟁의 역사적 성격』, 역사비평사, 1997.
朴忠錫, 『韓國政治思想史』, 三英社, 1982.
——— · 유근호 공저, 『조선조의 정치사상』, 평화출판사, 1982.
백완기, 「율곡의 사회사상」, 『율곡사상연구1』, 율곡학회, 1994.
부산문화예술대학교 편, 『해월 최시형과 동학사상』, 예문서원, 1999.
손문호, 「퇴계 이황의 정치사상」, 『퇴계의 사상과 그 현대적 의미』, 한국정신문화연구원, 1997.
宋榮培, 「洪大容의 상대주의적 思惟와 변혁의 논리」, 『韓國學報』74, 일지사, 1994.
시어도어 드 배리 지음/표정훈 옮김, 『중국의 '자유' 전통– 신유학사상의 새로운 해석』, 이산, 1998.
申福龍, 『東學思想과 甲午農民革命』, 평민사, 1985.
愼鏞廈, 『東學과 甲午農民戰爭硏究』, 一潮閣, 1994.

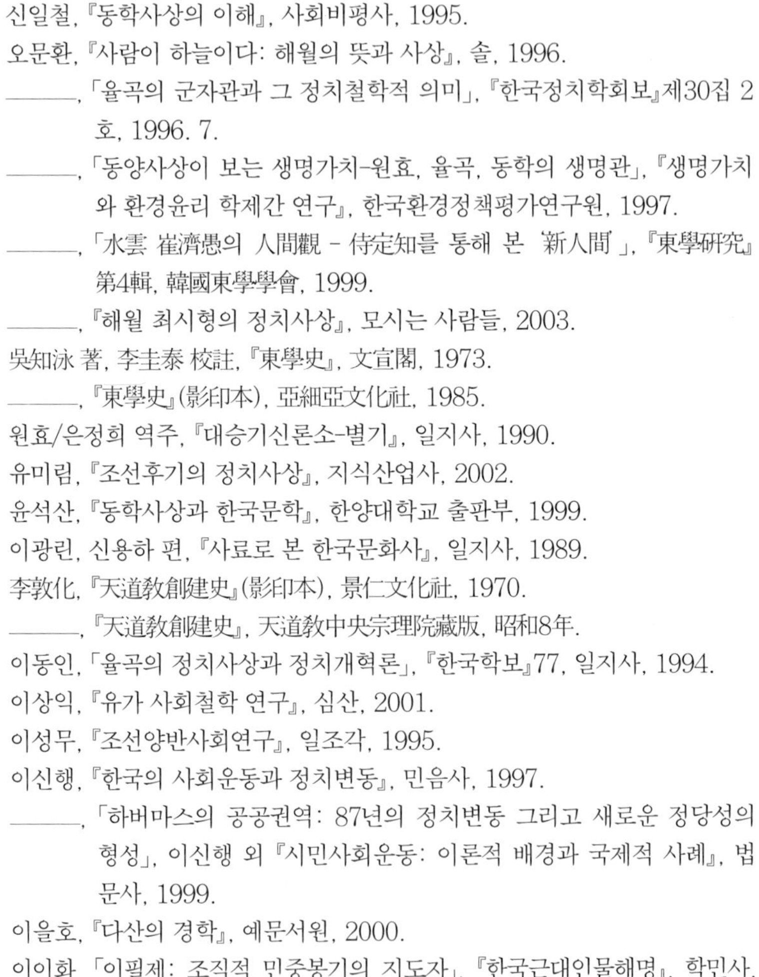

신일철, 『동학사상의 이해』, 사회비평사, 1995.

오문환, 『사람이 하늘이다: 해월의 뜻과 사상』, 솔, 1996.

———, 「율곡의 군자관과 그 정치철학적 의미」, 『한국정치학회보』제30집 2호, 1996. 7.

———, 「동양사상이 보는 생명가치-원효, 율곡, 동학의 생명관」, 『생명가치와 환경윤리 학제간 연구』, 한국환경정책평가연구원, 1997.

———, 「水雲 崔濟愚의 人間觀 - 侍定知를 통해 본 '新人間'」, 『東學研究』第4輯, 韓國東學學會, 1999.

———, 『해월 최시형의 정치사상』, 모시는 사람들, 2003.

吳知泳 著, 李圭泰 校註, 『東學史』, 文宣閣, 1973.

———, 『東學史』(影印本), 亞細亞文化社, 1985.

원효/은정희 역주, 『대승기신론소-별기』, 일지사, 1990.

유미림, 『조선후기의 정치사상』, 지식산업사, 2002.

윤석산, 『동학사상과 한국문학』, 한양대학교 출판부, 1999.

이광린, 신용하 편, 『사료로 본 한국문화사』, 일지사, 1989.

李敦化, 『天道教創建史』(影印本), 景仁文化社, 1970.

———, 『天道教創建史』, 天道教中央宗理院藏版, 昭和8年.

이동인, 「율곡의 정치사상과 정치개혁론」, 『한국학보』77, 일지사, 1994.

이상익, 『유가 사회철학 연구』, 심산, 2001.

이성무, 『조선양반사회연구』, 일조각, 1995.

이신행, 『한국의 사회운동과 정치변동』, 민음사, 1997.

———, 「하버마스의 공공권역: 87년의 정치변동 그리고 새로운 정당성의 형성」, 이신행 외 『시민사회운동: 이론적 배경과 국제적 사례』, 법문사, 1999.

이을호, 『다산의 경학』, 예문서원, 2000.

이이화, 「이필제: 조직적 민중봉기의 지도자」, 『한국근대인물해명』, 학민사, 1985.

이재봉, 「동학의 본체론」, 『대동철학』5, 대동철학회(부산), 1999.

이재석, 「조선조말 위정척사론의 정치사상적 위상」, 『한국정치외교사논총: 한국정치사상의 성찰』제17집, 한국정치외교사학회, 1997.

이택휘, 「조선후기 척사논의의 전개와 그 의의」, 한국정치외교사학회, 『한국정치외교사 논총: 조선조 정치사상연구』제4집, 평민사, 1987.

임형진, 『동학의 정치사상: 천도교청우당을 중심으로』, 모시는사람들, 2002.

장숙필, 「율곡 이이의 성학연구」, 고려대 민족문화연구소, 1992.
張立文, 『宋明理學研究』, 北京: 中國人民大學出版社, 1982.
정문길 외 15인 지음, 『삶의 정치 -통치에서 자치로』, 대화출판사, 1998.
정연식, 「상고대 조선의 정치이념에 관한 연구」, 부산대 박사학위논문, 1983.
정영훈, 「'단군민족주의'와 그 정치사상적 성격에 관한 연구」, 단국대 박사학위논문, 1993.
鄭診相, 「제1차 동학농민전쟁」, 『한국사』39, 국사편찬위원회, 1999.
정창렬, 「동학농민전쟁의 역사적 의의」, 『한국사』39, 국사편찬위원회, 1999.
정혜정, 「동학의 성경신 이해와 분석」, 『동학학보』3, 동학학회, 2002.
天道教中央總部, 『天道教百年略史』上, 未來文化社, 1981.
──────, 『天道教經典』, 天道教中央總部出版部, 1993.
최동희, 「동학의 신앙대상」, 『아세아연구』8-2, 고려대 아세아문제연구소, 1965.
───, 「동학의 신관」, 『철학연구』4, 고려대 철학회, 1965a.
───, 「東學思想의 調査研究」, 『亞細亞研究』제12권 제3호, 1969.
───, 「天道教 指導精神의 發展過程」, 『3.1운동 50주년 기념논집』, 東亞日報社, 1969.
최민자, 「우주진화적 측면에서 본 해월의 삼경사상」, 『동학학보』3, 동학학회, 2002.
최연식, 「정도전의 정치현실주의와 성리학: 창업의 정치학」, 『정치사상연구』 제3집, 2000.
카프라, 프리초프/김용정 · 김동광 옮김, 『생명의 그물』, 범양사출판사, 1999.
退翁 性徹, 『敦煌本 六祖壇經』, 장경각, 불기2542.
표영삼, 「신미 교조신원운동의 분석」 상 · 중 · 하, 『신인간』456-459, 1988년 1월, 4월, 5월.
韓國學文獻研究所 編, 『東學思想資料集』 壹貳參, 亞細亞文化社, 1979.
韓沽劤, 「東學思想의 本質」, 『東方學志』제10집, 1969.
───, 『동학농민봉기』, 세종대왕기념사업회, 1985.
함석헌 주석, 『바가바드 기타』, 한길사, 1997.
황선희, 『한국 근대사의 재조명』, 국학자료원, 2003.
黃元吉 註解, 『道德經精義』, 臺灣: 自由出版社, 中華民國五十七年.

侯外廬 · 邱漢生 · 張豈之 主編, 『宋明理學史』, 北京: 人民出版社, 1997.

▨ 英文文獻

Bateson, Gregory, *Mind and Nature: A Necessary Unity*, New York: Dutton, 1979.

Capra, Fritjof, *Uncommon Wisdom*, New York: Simon & Schuster, 1988.

Habermas, Jürgen, *Theorie des kommunikativen Hadelns Band 2 - Zur Kritik der funktionalistischen Vernunft*, Frankfurt am Main: Suhrkamp Verlag, 1981.

____________, trans. by Thomas Burger, *The Structural Transformation of the Public Sphere-An Inquiry into a Category of Bourgeois Society*, Cambridge, Mass., The MIT Press, 1989.

Jung, Hwa Yol, *The Crisis of Political Understanding -A Phenomenological Perspective in the Conduct of Political Inquiry*, Pittsburgh: Duquesne University Press, 1979.

Margulis, Lynn, and Dorion Sagan, *Microcosmos*, New York: Summit, 1986.

Ricci, Matteo S.J, *The true Meaning of the Lord of Heaven* 天主實義, Taipei-Paris-Hongkong: Ricci Institute, 1985.

Strauss, Leo, *The Rebirth of Classical Political Rationalism*, Chicago and London: University of Chicago, 1989.

〈찾아보기〉

【ㄱ】

【ㄴ】

【ㄷ】

【ㄹ】

【ㅁ】

【ㅈ】

【ㅊ】

오문환 吳文煥

연세대학교 정치외교학과 졸업, 동 대학원 정치학 석·박사(한국정치사상 전공), 北京大學校 政治學與行政學系 硏究學者.
현 경기대·숭실대 등 강사, 연세대 사회과학연구소 선임연구원.

【저서】『사람이 하늘이다: 해월의 뜻과 사상』(솔출판사, 1996), 『해월 최시형의 정치사상』(모시는 사람들, 2003)
【공동저서】『한국정치의 재성찰-전근대성, 근대성, 탈근대성』(한울, 1996), 『삶의 정치-통치에서 자치로』(대화출판사, 1998), 『시민운동론: 이론적 배경과 각국의 사례』(법문사, 1999), 『해월 최시형과 동학사상』(예문서원, 1999), 『한국정치사상사』(집문당, 2002)
【주요논문】〈다산 정약용의 근대성 비판: 인간관 분석을 중심으로〉, 〈동학사상에서의 자율성과 공공성〉, 〈동학사상 연구현황〉, 〈동학의 천주관: 영성과 창조성〉, 〈등소평의 개혁적 안정주의와 중용사상〉, 〈동양사상이 보는 생명가치-원효, 율곡, 동학의 생명관』, 『율곡의 군자관과 그 정치철학적 의미〉

동학학술총서 402
동학의 정치철학 : 도덕, 생명, 권력

등록_ 1994.7.1 제1-1071
인쇄_ 2003년 10월 25일
발행_ 2003년 10월 30일

지은이_ 오문환
펴낸이_ 박길수
펴낸곳_ 도서출판 모시는 사람들
110-722/서울시 종로구 당주동 미도파B/D 1006호
대표전화 723-6487 / 팩스 723-7170

표지디자인_ 이현민
편집_ 김혜경
필름출력_ 삼영출력소(2277-1694)
인쇄_ 수연인쇄(2277-3524)
제본_ 새마음제책사(735-9981)
홈페이지_ http://www.donghakinfo.com

값 18,000원

ISBN 89-90699-15-0
(세트) ISBN 89-90699-10-X